www.tredition.de

AF177135

Emil Keller

Traumhund

Grundwissen über Auswahl, Bindung, Prägung und Erziehung

www.traumhund.ch

© 2016 Emil Keller
Lektorat: Dr. Matthias Feldbaum, Augsburg
Covergestaltung: Karl F. Schneider, Engwilen

Verlag: tredition GmbH, Hamburg

ISBN
Paperback: 978-3-7345-4055-4
Hardcover: 978-3-7345-4056-1
E-Book: 978-3-7345-4057-8

Printed in Germany

Das Werk, einschließlich seiner Teile, ist urheberrechtlich geschützt. Jede Verwertung ist ohne Zustimmung des Verlages und des Autors unzulässig. Dies gilt insbesondere für die elektronische oder sonstige Vervielfältigung, Übersetzung, Verbreitung und öffentliche Zugänglichmachung.
Bibliografische Information der Deutschen Nationalbibliothek:
Die Deutsche Nationalbibliothek verzeichnet diese Publikation in der Deutschen Nationalbibliografie; detaillierte bibliografische Daten sind im Internet über http://dnb.d-nb.de abrufbar.

Zum Geleit

Emil Keller begegnete ich erstmals auf meinen Spaziergängen zwischen Wiesen und Feldern außerhalb unseres Dorfes Engwilen im Thurgau. Während ich mich um gesundheitliches Wohlergehen und Ausgleich zur Büroarbeit sorgte, war sein Motiv offensichtlich ein völlig anderes: Er führte seinen Hund aus. Nun begegnet man auch auf dem Land ständig Leuten, die sich bemühen, andere Zeitgenossen nicht unnötig durch ihre Hundebegleitung zu ängstigen, oft ein wortreiches und mäßig erfolgreiches Unterfangen.

Aber hier war alles anders. Kein an die Leine nehmen, kein Rufen, keine Hektik. Eine auffallend unaufgeregte Begegnung mit einem Hundehalter und seiner nicht ganz ungefährlich aussehenden Begleitung, welche bei späterer Gelegenheit als Malinois Dame vorgestellt wurde. Eine bemerkenswerte Begegnung mit einer, wie es schien, Einheit aus Mensch und Tier, welche sehr beeindruckend war und bei folgenden Begegnungen über das höfliche Grüßen hinaus schnell zu erstem Gesprächsbedarf meinerseits führte, was sich dann erfreulicherweise als nicht einseitig herausstellte und im Folgenden eine neue Freundschaft begründete.

Je mehr ich auf diese Weise über Hunde, und wie es zu einer gelungenen Beziehung zwischen ihnen und dem Menschen kommen kann, erfuhr, desto deutlicher erschien wieder das Bild von Kim vor meinem Auge, unseres wunderschönen und gutmütigen Leonberger-Labrador Rüden, dem gegenüber ich mich immer noch schuldig fühle in der Gewissheit, ihn nicht so behandelt zu haben, wie es nötig gewesen wäre und er es hätte erwarten dürfen. Und mein neues Wissen wuchs schnell, nicht nur durch unsere Gespräche, sondern auch nachdem Emil Keller mich auf seine Website hingewiesen hatte. Dort war nicht nur viel Unverzichtbares für einen Hundehalter oder einen, der es werden will, zu finden. Vielmehr vermittelten die Texte ein emotionales Engagement, welches nicht anders als liebevoll genannt werden kann. Aber es war schlicht unmöglich, den ganzen Umfang des ins

Web gestellten Materials am Computer zu lesen, das wäre eine Strapaze. So kam es zur Idee, es in Buchform zu bringen.

Emil Keller schenkt mit diesem Buch seinen Lesern nicht nur profundes Fachwissen, sondern darüber hinaus eine tiefe Einsicht in die Tatsache der Mitgeschöpflichkeit von Mensch und Tier, welche die besondere Qualität des Buchs kennzeichnet. Möge es viele Leser erreichen und bereichern.

Karl F. Schneider, Dipl.-Ing. Architekt SIA

Engwilen, im Juli 2016

Vorwort

Traumhund nennt sich dieses Buch deshalb, weil ich von meinen ersten Hund Donar immer wieder träume. Diesen Deutschen Schäferhund kaufte ich mit 25 Jahren, und er begleitete mich über neun Jahre hinweg. Während der darauffolgenden 28 langen Jahre war es mir aus beruflichen Gründen nicht möglich, eine so erlebnisreiche Freundschaft einzugehen, doch jetzt konnte ich mir wieder für mein liebstes Hobby die Zeit nehmen, die es dazu braucht.

Das besondere Wesen „Hund", das Brücken zur Natur schafft, und so viel mir zu geben imstande ist, bereicherte mein Leben enorm. Diese Fülle, meine Liebe, mein Respekt und meine Wertschätzung für den Hund sind der Grund für die Abhandlungen, die ich hier schrieb.

Mit meinen Aufsätzen versuche ich, Menschen in diese faszinierende Welt einzuführen und aufzuzeigen, wie ehrlich, anspruchsvoll und aufopfernd so eine Beziehung ist. So wird der Umgang miteinander und damit das Zusammenleben von Beginn weg für alle zur Freude.

An meinen Donar denke ich noch heute voller Zuneigung. Durch ihn habe ich viel gelernt: Ich erfuhr die Natur, und er zeigte mir, wie tief Urinstinkte genetisch verankert sind. Er beschützte mich wie ein Wolf, indem er beispielsweise auf Bergwanderungen, mich durch ein tiefes und wiederholt leise knurrendes „mmm … wuff" weckte, und auf Menschen, die in der Nähe unseres Biwaks noch zur Berghütte gingen, aufmerksam machte. Danach lief er von mir weg, um aus gewisser Distanz zu unserer Schlafstätte die nächtlichen Bergwanderer zu verbellen. Anschließend kehrte er über einen großen, weiten Bogen zum Nachtlager zurück. Dies machte er instinktiv, um mein Nachtlager nicht den Menschen zu verraten. Donars Verhaltensweise ist analog zu vielen Reaktionen anderer Wildtiere, so schützt der Wolf in der Natur ebenso seine Jungen in der Höhle vor Feinden.

Am nächsten Morgen beim Sonnenaufgang teilten wir das Frühstück auf dem Berg. All die vielen Erlebnisse gaben mir stets zusätzliche Kraft, im Alltag vorwärtszugehen und zu bestehen.

Durch fairen Umgang und gegenseitigen Respekt erfährt man viel von der seit Jahrtausenden gewachsenen Symbiose zwischen Mensch und Hund. Der Hund ist Begleiter, Freund, Beschützer und in der heutigen Zeit oftmals Therapeut zugleich und zeigt uns die Welt auf seine Weise:

Jeder sucht nach dem Sinn des Lebens, hofft oder denkt zurück, der Hund lebt nur vom Augenblick und schenkt uns damit sein Glück!

Inhalt:

---

* Die Abkürzung „IPO" steht für Internationale Prüfungsordnung, nach der auch die internationalen Grossveranstaltungen (FCI-WM, WUSV-WM) beurteilt werden. Bei IPO werden Fährte, Unterordnung und Schutzdienst geprüft

Ich kauf mir meinen „Traum"-Hund

Es gibt einige, die träumen von einem Hund, der schon mit allem Können ausgestattet zur Welt kommt, und man müsste nur warten, bis er groß, stark und mit den besten Instinkten versehen mit uns die Zukunft bestreiten kann. Wäre dies der Fall, gäbe es bis heute wohl nicht so viele Bücher über Erziehung, Sport, Familientauglichkeit und vieles mehr rund um den Hund. Ja, es liegt viel Wissen über dieses Wesen vor, das uns Anreiz und Herausforderung zugleich ist, wie Verantwortung zu übernehmen, um im Gegenzug einen echten Teampartner zu erhalten. Ein Hund ist eben nicht etwas komplett anderes als ein kleines Kind. Das Erziehen eines Hundes ist, wie einen Diamanten aus einem Rohling zu schleifen, und dies wünschen wir uns ja auch für unsere Kinder, welche wir mit großer Sorgfalt durch die ersten Jahre begleiten; sie erziehen, schulen und fit fürs Leben machen. Nichts anderes geschieht bei unserem Hund. Daher ist es von großer Wichtigkeit, bevor wir unseren Hund anschaffen, für die erste und schwierigste Zeit einen Leitfaden zu haben, an dem wir stets überprüfen, ob wir es richtig angehen.

Nur wenig gelingt sofort. Wer um die Schwierigkeit des Anfangs und die Tücken des Erziehens weiß, bringt leichter jene Zuversicht auf, die zu beharrlicher Zielstrebigkeit gehört. Erziehungsfehler bieten uns die Chance, zu Kennern der Materie zu werden. Wer Holzwege begangen hat, lernt sie zu vermeiden. Ganz besonders zahlt sich Geduld im Umgang mit dem Tier aus. Schenken wir dem Hund mehr Zeit der Beobachtung, so lernen wir, ihn besser einzuschätzen. Erst wenn wir versuchen, seinen Blickwinkel einzunehmen, entwickelt sich bei uns ein besseres Verständnis, welches dem Ziel dient, einer konfliktarmen Ausbildung näher zu kommen.

Was wäre, müssten wir vor dem Hundekauf eine Halter-Eignungsprüfung ablegen oder vor dem Kinderkriegen die Ehe- und Erziehungstauglichkeit nachweisen? So manch einer würde ohne den ersehnten Vierbeiner nach Hause gehen, von Partnerschaft und Kindern ganz zu schweigen. Doch auch ohne Hundeführerschein bedarf es eines praktischen Leitfadens, denn ohne Grundwissen bezahlen wir oftmals viel zu viel unwiederbringliches Lehrgeld. Dabei wünschen wir uns doch alle in gleichem Maße einen umgänglichen und sicheren Hund als Teampartner, oder nicht?

Warum wir all diese Gedanken vor dem Kauf eines Hundes entwickeln sollten, möchte ich hier an dem lebensnahen Beispiel meines Hundes Jypsy zeigen, die ich bis zur IPO-Weltmeisterschaft geführt habe. Wie jeder Mensch ist auch jeder Hund etwas ganz Besonderes. Folglich gibt es auch keine allein selig machende Anleitung für die Erziehung. Es müssen Anreize geschaffen werden und durch genaues Beobachten und Wahrnehmen des Hundes, diesen vorangebracht werden, nur so kann das für uns alle erstrebte Ziel durch – gegenseitiges Vertrauen – erreicht werden.

Wer kennt nicht das Gefühl, nachdem der Hund bereits einjährig ist, dass zu Vieles hätte besser gemacht werden können? Motivierbarkeit und Beziehung sind holprig, und man beginnt sich zu fragen, was denn falsch gelaufen ist. Gemachte Fehler zeigen sich postwendend. Allzu häufig wird das gezeigte Verhalten des Hundes durch den Menschen falsch interpretiert, was oft zu einer unerwünschten Entwicklung führt. Dabei können selbst Außenstehende Rückschlüsse ziehen, wenn sie kritisch und genau sein gezeigtes Verhalten analysieren. Von unserem Verstand her scheinen uns viele Befehle logisch, werden aber vom Hund nicht so verstanden. Um diese Fehlinterpretationen zu vermeiden, sollte man wissen, welche Voraussetzungen der Hund mitbringt. Hunde verfügen über ein gutes Gehör, emotionales Gedächtnis und sind äußerst sensibel. Die Wissenschaft errechnete, dass die Riechfläche eines Schäferhundes zum Beispiel etwa dreißigmal so groß und sechzehnmal so dick wie beim Menschen; sprich 0,1 Millimeter statt 0.006 Millimeter beträgt. Seine Riechschleimhaut birgt eine gewaltige Zahl von Sensoren; bis zu zweihundertzwanzig Millionen Riechzellen statt der mickrigen fünf Millionen bei seinem Herrchen. Auch sein Riechhirn ist ca. vierzigmal größer. Also alles in allem, ein Hund ist ein ebenso fantastisches und komplexes Wunderwerk der Natur wie der

Mensch selbst. Diese Grundkenntnisse und noch viele mehr braucht es, um nicht später Tierpsychologen oder Ausbildungsleiter im Übermaß strapazieren zu müssen; denn Erziehungsfehler zu beheben ist weitaus schwieriger, als man denkt. Vor allem bleiben so manche, je nach Tiefe des hinterlassenen Eindruckes, auf dem Grund der Seele des Hundes ein Leben lang gespeichert. So erkennen erfahrene Übungsleiter immer wieder bei Hunden zögerliches Verhalten und Unsicherheiten, die von falschem Umgang zeugen. Unbewusst bemerkt dies der Halter genauso, versucht sie zu verdrängen oder die Schuld der Eigenart seinem Hund zuzuschieben, doch in Wahrheit handelt es sich um begangene Erziehungsfehler. Solche „Störungen" beeinflussen die Leistungs- und Lernfähigkeit des Hundes und schmälern die Freude des Hundebesitzers. Gerade aus diesem Grunde sollten wir uns Gedanken machen, ehe wir uns unseren Hund aussuchen, geschweige überhaupt die definitive Entscheidung für das Haustier treffen. Hatten wir zuvor schon einen Hund, kennen wir nur zu gut die Schwierigkeiten der Lernfähigkeit, die Problematik im Umgang, und dass es immer Hunde gibt, die wesentlich einfacher zu führen sind, wie der Eigene.

Voraussetzungen schaffen

Gute Voraussetzungen schaffen, bevor der Hund da ist, sowie sich mental vorzubereiten und sich ein gewisses Maß an Wissen anzueignen, ist somit von größter Bedeutung! Ein Hund entwickelt sich rasant und überfordert uns sehr schnell. Mit einem Jahr ist er beinahe ausgewachsen und lebt sich bereits mit all seinen Instinkten und Anlagen aus. Daher müssen wir ihm sogenannte Leitplanken setzen, das heißt erziehen und mit Sinn und Verstand den Hund anleiten. So stellen wir uns die Frage, wie gehen wir mit diesem jungen, kleinen Wesen, das aus seinem Familienverband herausgerissen wurde und uns nun anvertraut ist, überhaupt um? Welche Befehle nutze ich im Alltag. Es ist abzuwägen wie wir zwischen lernendem Spiel und Freizeit uns ausdrücken wollen. Zum Beispiel gewöhne Dich an „Komm", „Daher", „Zu Mir", „Dableiben", „Lieg", „Warten" anstatt die Sportausdrücke: „Fuß", „Platz", „Steh", „Kehrt", „Zurück" oder „Hier". Dies sind

Arbeitskommandos, die früher oder später gelehrt werden, aber taugen nur für den Hundesport und würden sich im Alltag abnützen.

Ein Hund ist kein Spielzeug

Ein Hund ist kein Spielzeug, weder für Kinder noch für Erwachsene. Er ist mit viel Geduld, liebevoll und mit Frühkonsequenz zu Beginn und später mit Konsequenz zu erziehen und zu führen. Nur dies bringt uns den Erfolg und macht aus uns ein harmonierendes Team. Korrigieren oder beschimpfen Sie ihren Welpen nie in emotionaler Form, sondern lernen Sie, so zu erziehen, dass ihr Hund es versteht! Bewahren Sie stets Ruhe und fallen Sie niemals über ihren Welpen her, denn wir sind für diesen beängstigend, übermächtig, beeindruckend und verunsichern ihn schnell. Durch Unkenntnis kann dieses Wesen weit mehr geschädigt werden, als wir uns vorstellen können; was wir im Verlaufe seines Lebens aber noch spüren werden.

Beobachten

Durch Beobachten lernen wir ihn verstehen und seine Bedürfnisse, die er durch immer wiederkehrende Verhaltensmuster anzeigt, zu deuten. Dies setzt gleichzeitig ein großes Engagement und viel Zeit voraus.

Den richtigen Hund wählen

Den unserer Persönlichkeit entsprechenden Hund anzuschaffen, heißt, denjenigen zu wählen, der uns vor allem in Temperament am ehesten entspricht, und den wir kräftemäßig auch als ausgewachsenes Tier führen können. Nur so sind wir in der Lage, in unserem Rudel „Leithund" zu sein und eine von Beginn an sanfte, klar strukturierte Führung vorzugeben, die jedes Tier so dringend braucht. Schließlich lernt es die Grenzen seiner Freiheit nur durch uns.

Mischlinge

Mischlinge machen in unserer Gesellschaft den größten Anteil der Hundepopulation aus. Diese Entwicklung entstand möglicherweise aus der fälschlichen Vorstellung, Mischlinge seien robuster, weil man Studien über verschiedenste Krankheitsprobleme nur bei Rassehunden durchführte. So sind Hüftgelenksdysplasie (HD), Ellenbogendysplasie (ED) und weitere Erkrankungen im Volksmund lediglich das Resultat von Überzüchtungen der Rassehunde. Niemand führt Statistiken über die Erkrankungen der Mischrassen. Genetisch vererbte Erkrankungen werden ebenso auf Mischlinge übertragen. Bei Rassehunden bestehen Vorschriften für die Zulassung zur Zucht. Diese beinhalten u.a. auch tierärztliche Zeugnisse, die bestätigen, dass gewisse vererbbare Krankheiten in Schach gehalten und damit reduziert werden. Somit bieten reinrassige Tiere, die zur Zucht offiziell zugelassen sind, die größere Gewähr, sich zu gesunden Hunden zu entwickeln. Mischlinge sind einfach nur die preiswerteren Hunde, wenn sie überhaupt etwas kosten. Man sieht einen rührenden Welpen und schon ist er mitgenommen. Daher sind auch unsere Tierheime überfüllt mit diesen vielen, schnell hergegebenen Mischlingshunden, da sie, wenn sie schwierig, zu groß oder zu aggressiv werden, oftmals einfach wieder weggegeben werden wie ein Spielzeug, das doch nicht so funktionierte wie gedacht. Also werden sie ohne viel Aufhebens entsorgt, waren ja auch nicht teuer. Doch das, was wir diesem Lebewesen zugefügt haben und was aus ihnen geworden ist, fällt in den meisten Fällen auf den erziehenden Ersthalter zurück. Denn gerade diese Wesen in den Tierheimen erfuhren selten eine kompetente Prägung. Die nun verlassene Seele soll jetzt selbst sehen, wie sie weiterkommt! Wo bleibt da das Verantwortungsbewusstsein?

Todsünde

Eine Todsünde begeht derjenige, der seinen Welpen schlägt, beschimpft, wegsperrt, auf ihn Jagd macht (weil er vielleicht ein Kissen vom Sofa zwischen den Zähnen hat), ihn über Gebühr anschreit, den Welpen unterwirft, auf den Rücken dreht oder glaubt, ihn mit Verachtung strafen zu können. All dies beschädigt das Vertrauen und verunsichert ihn. Wenn man meint, dass die Mutterhündin auch recht robust zurechtweist, so bezweifle ich, dass wir dies zum einen nachahmen können, denn wir beherrschen weder eine hundegerechte Körpersprache noch ein gleichartiges, hundegerechtes Verhalten, und zum anderen sind wir für ihn neu und übermächtig. Wie soll er uns also verstehen, wenn wir so grob mit ihm umgehen. Angst ist schließlich für jedes Wesen die schlechteste Voraussetzung, um lernen zu können.

Hundezucht: Mehr Hobby als Geschäft

Seriös betriebene Hundezucht ist mehr Hobby als Geschäft und der Preis eines guten Tieres sollte absolut irrelevant sein. Ein Hund ist in der Haltung ohnehin weitaus teurer als der nicht ins Gewicht fallende Kaufpreis. Wichtig ist, dass wir einen Hund mit Ahnentafel erhalten, dass wir etwas über das Aussehen und die Eigenschaften der Elterntiere erfahren, dass wir fachgerecht beraten werden und dass die kleinen Welpen artgerecht geprägt und mit Sachkenntnis aufgezogen werden. Wenn man im Volksmund sagt: „Was nichts kostet, ist auch nichts wert", so trifft das selten so zu wie in der Hundezucht. Zudem hat ein hoher Preis schon manchen veranlasst, seinen Schützling verantwortungsbewusster zu umsorgen, weil er eben „wertvoll" ist.

Bei einem Mischling kann man über dessen Erbanlage und damit über Gesundheit und Charakter zu Beginn nur Vermutungen anstellen, da die meisten seiner Ahnen, wenn überhaupt bekannt, mit großer Sicherheit wenig Aufschluss geben. Dies birgt ein bedeutend größeres Risiko als bei einem Tier aus einer Rassezucht mit Stammbaum. Zudem geben Mischlinge die ehemals herausgezüchteten Veranlagungen ihrer Elterntiere, insofern diese reinrassig waren, ebenso gemischt weiter. Und keiner weiß, zu welchen Fähigkeiten dieser Hund Talente aufweist. Die drei wichtigsten Kriterien für einen verantwortungsvollen Züchter, die ihn auszeichnen, sind Gesundheit, Wesen (Verhaltenseigenschaften) und erst zum Schluss die Schönheit.

Für die Zulassung zur Zucht müssen zum Beispiel bei einem Deutschen Schäferhund folgende Anforderungen erfüllt sein: Erstens eine Wesensprüfung, zweitens eine Arbeitsprüfung (IPO 1 oder Entsprechendes), drittens eine DNA-Analyse für den Abstammungsnachweis, viertens Röntgenbilder über Hüftgelenk- oder Ellenbogen-Dysplasie, sprich vererbbare Knochenkrankheiten und fünftens die „Körung" samt Prüfung zur Bestimmung der Körklasse. Bis zur definitiven Zuchtzulassung sind die Hunde bereits zwei bis drei Jahre alt und meistens ordentlich ausgebildet. Wichtig ist auch der Zuchtwert der Elterntiere, der beim Züchter nachgefragt werden kann. Je niedriger der Wert, umso weniger risikoreich ist das Vererben von HD (gute Werte liegen zwischen 70–85). Ebenso haben wir die Möglichkeit, von vorgängigen Würfen respektive deren Haltern zu erfahren, wie sich ihre Hunde gesundheitlich entwickelt haben. Ein gewissenhafter Züchter gibt hier gerne Auskunft. Andererseits sind Mischlingshunde nur von „Liebhabern" gezüchtet und deren Kenntnisse sind zumeist eingeschränkt und mehr von Emotionalität als von Sachverstand geprägt.

Die Vorschriften der Rasseklubs sind die Leitfäden zu einer erfolgreichen Zucht. Mit der Kenntnis über das erzielbare Optimum und der Bewertung der Elterntiere können wir bereits früh in etwa abschätzen, was uns erwartet. Wer sich einen Sport- oder Arbeitshund wünscht, für den ist es wichtig, sich darüber zu informieren, welches Zuchtziel vom Züchter verfolgt wird. Die einen züchten vermehrt auf Schönheit, andere auf Leistung. Die einen züchten geeignete Tiere als Blindenhunde, Familienhunde und andere mit gleicher Rasse Schutz- respektive Sporthunde. So muss man selbst wissen, welcher Hund und welche Zuchtlinie von uns die Gewünschte ist. Reine Leistungslinien sind Hunde mit bedeutend mehr Temperament, oftmals gemischt mit ganz leichter Unsicherheit, welche sich bei korrekter Führung wieder zurückbildet respektive im Sport kanalisiert und durch diesen eliminiert wird. Diese Hunde sind absolut nicht gefährlicher als andere, doch sie brauchen einfach mehr Erfahrung und Können während der gesamten Ausbildung. Auch über die Genetik kann sich der angehende Hundesportler informieren, sofern er sich einer höheren Ausbildung als der eines Familienhundes zuwenden will. Für Familienhunde ist Selbstsicherheit ein gefragtes Attribut, denn Unsicherheit ist oftmals gleichbedeutend mit „Angstbeißer". Aber es ist schon richtig, wir prägen und „machen" den Hund selbst, und deshalb sind wir in der heutigen Zeit mehr denn je gefragt, uns ausreichendes Wissen anzueignen. So etwa, dass Gelenkschäden wie HD/ED zum Beispiel **nicht nur** auf die Vererbung zurückzuführen sind. Zum Entstehen dieser Schäden können viele verschiedene Faktoren beitragen wie Überfütterung im ersten Lebensjahr, glatte und rutschige Bodenbeläge oder zu viel Bewegung. Welpen, die auf stark rutschigen Platten oder Keramikböden gehalten werden, um die Zwingerreinigung zu vereinfachen, sind gefährdet. Somit liegt es stets auch am Halter, seinen Hund mit Verstand und möglichst viel Kenntnis dort zu kaufen, wo die Verhältnisse seinen Vorstellungen am ehesten entsprechen respektive artgerecht, vielseitig und mit Verstand und Zuneigung früh geprägt und mit viel Fachwissen aufgezogen wird. Es gibt auch sogenannte „Vermehrer" von Hunden, diese sind zu meiden.

Schussangst

Dies scheint mir ein wichtiges Thema zu sein. Leidet eine Mutterhündin bereits, wenn am Nationalfeiertag oder Jahreswechsel Raketen gezündet werden, oder wenn Kinder zur Zeit des Karnevals mit Knallpistolen spielen oder ein Gewitter über das Land zieht, unter Schussangst, dann leiden ebenso deren Welpen. Daher ist es außerordentlich wichtig, dies nachzufragen, um nicht später selbst in die Lage zu geraten, hilflos den Angstzuständen seines Hundes ausgeliefert zu sein.

Hunde aus Tierheimen

Ältere respektive Hunde aus Tierheimen aus zweiter oder dritter Hand eignen sich eher für erfahrene Hundeführer, die wissen, wie mit Hunden umzugehen ist, oder für Menschen, die aus irgendwelchen Gründen gerade diesen Typ Hund suchen. Es sind bereits geprägte Hunde mit all ihren Tugenden und „Macken". Ohne entsprechende Erfahrung in der Hundeführung sind negative Verhaltensmuster oftmals schwierig in kontrollierbare Bahnen zu lenken. Der einzige Vorteil: Oft kann man diese Tiere versuchsweise für eine Woche zu sich nehmen, und wenn man mit ihnen und ihren erlernten Verhaltensweisen nicht zurechtkommt, sie wieder zurückbringen. Aber ein selbst aufgezogener, gut geprägter Hund hat einen überragenden Vorteil und ist weitaus einfacher auf die eigenen Bedürfnisse hin zu erziehen. Er ist verlässlicher und passt sich besser dem gewünschten Umfeld an.

Wie muss ich mein Zuhause vorbereiten

Wer seine persönliche „Lieblingsrasse" gefunden hat, muss im nächsten Schritt sein Zuhause entsprechend vorbereiten. Wo schläft der Hund? Wie und wo ist sein Lager (anfänglich Hunde-Flugbox mit Gittertür)? Hat der Hund eine gewisse Übersicht (er möchte keinen Ankömmling oder jemanden, der geht oder kommt, verpassen)! Ist der Platz groß genug, wenn der Hund ausgewachsen ist? Ist dieser Ort genügend geschützt (kein Durchzug, trocken und nicht zu hell), und bietet er die notwendige Ruhe? Weiter muss überlegt werden, in welchen Räumen sich der Hund aufhalten darf und wo nicht. All dies sollten wir bis zum Tag X bereits gut durchdacht und vorbereitet haben.

Spielsachen

Ein paar wenige Spielsachen (z. B. alte Pappschachteln) sollten vor Ankunft des Hundes besorgt werden, ebenso ein kleines Halsband, eine leichte Leine, eine längere Leine, um ihn immer unter Kontrolle zu haben und passende Fress- und Wassernäpfe. Auch die Adresse des nächsten Tierarztes muss griffbereit sein, Informationen über Prägungskurs für Welpen sollten beschafft sein, zudem wäre es sinnvoll, den Welpen schon im Vorfeld dort anzumelden, um sich einen Platz zu sichern. Zu Beginn möglichst dasselbe Futter geben wie der Züchter, an das der Hund bereits gewöhnt ist. Ein Tuch aus der Wurfkiste des Welpen soll mitbestellt werden. So kann der Welpe zu Beginn noch den Duft seiner Kinderstube schnuppern, was ihm Geborgenheit vermittelt. All dies hilft uns, Stress und vieles mehr zu vermeiden.

Duschgelegenheit

Eine Duschgelegenheit für den Hund braucht es, denn gerade in der nasskalten Jahreszeit kommt man triefend und total verdreckt nach Hause. Das Treppenhaus, die Wohnung, alles zeigt Spuren. Ideal ist, wenn man den Hund in der Garage abspritzen, trocknen und so relativ sauber in die Wohnung bringen kann. Wenn andere das Treppenhaus kehren müssen, ärgern diese sich sehr oft über die Halter der Hunde, die gerne mal eine Dreckspur hinterlassen, und dies gibt Zündstoff für Diskussionen und kann zu Missmut in der Wohngemeinschaft führen. Im Vorfeld muss natürlich eine Tierhaltebewilligung vom Vermieter eingeholt werden.

Spiele und Gegenstände

Positive Erlebnisse und Spiele mit Gegenständen, die er ausreichend besitzen darf, machen gleichzeitig anderes für den Welpen uninteressant. Wichtig ist jedoch, dies dem Hund „schmackhaft" zu machen. Viele können sich nicht vorstellen, was sie mit einem so kleinen Hund alles unternehmen können. Ein Tipp: Ganz sachte beginnen, immer etwas bereitstellen und seien dies nur ein dickes Seil, Kartonschachteln, ein Ball und so fort; so lenken Sie den Hund ab und machen ihn zum „umweltverträglichen" Hausgenossen.

Wie kann ich ihn sonst **noch lenken**? Natürlich mit einem laut gesprochenen NEIN. Und schaut er uns verdutzt an, locken wir ihn freudig zu uns, lenken ihn also einfach ab. Dies ist besser als Hinrennen, selbst wenn vielleicht mangels unserer Aufmerksamkeit bereits etwas zu Bruch gegangen ist. Spielt der Hund mit dem Vorhang oder knabbert er an Tischbeinen oder Pflanzen, können wir durch einen sanften Ruck, der die empfindlichen Halswirbel nicht verletzt, über die Schleppleine den Hund stören, denn der sanfte Ruck wird vom Hund mit dem verbunden, was er gerade betrachtet (z. B. als Strafe des Vorhangs), und nicht mit dem Hundeführer in Verbindung gebracht; natürlich nur, solange wir in der Wohnung die Schleppleine (ca. 8–10 m) benutzen. Kommt er nach der „Strafe des Vorhangs" daraufhin auf uns zu, loben wir ihn für sein Kommen ausgiebig. Nur so bleiben wir ihm vertraut. Nach sechs bis sieben Monaten erkennen wir bereits große Unterschiede zu Hunden, die durch ihre Besitzer für sie unverständliche, ja sogar schmerzliche und/oder beängstigende Erfahrungen gemacht haben. Das Vertrauen unseres Welpen zu uns wird auf die oben beschriebene Weise allmählich belastbarer und verstärkt sich, weil wir ja den Hund nie anfassen (außer zum Loben und streicheln), weder ihm etwas entreißen noch ihm Gewalt antun. Sein Vertrauen muss aber weiter gepflegt und erhalten werden, denn dieses bleibt noch über lange Zeit in einem sehr zerbrechlichen Zustand. Weil wir die Erfolge täglich sehen, lernen wir – um dieses riesige, bereits sich anhäufende Kapital nicht zu verlieren – das Beste zu geben, denn **Vertrauen und Kommunikation sind eineiige Zwillinge** und gleichzeitig die Grundvoraussetzung für den Umgang mit unserem Tier! So erleben wir einen Hund, der weitaus kommunikativer und freudiger ist als Hunde, mit denen in der Jugendzeit nur wenig verständnisvoller Umgang gepflegt wurde.

Logik beim Hund

Der Hund kennt keine Logik. Er verknüpft eine Erfahrung – zum Beispiel Schafe – mit Gefahr, sofern er beim Herangehen mit dem zu deren Schutz aufgestellten Elektrozaun in Berührung kommt. Er glaubt, dass die Schafe ihm den „elektrischen Schlag" verabreicht haben, und hütet sich von nun an vor ihnen. Über logisches Denkvermögen verfügt er nicht, sondern das Erlebnis bewirkt eine geistige Verknüpfung von Schaf und Schmerz. Er versteht nicht jedes Wort, doch er lernt Haltung mit Stimmlage und Worten zu kombinieren. Er kann einen entsprechenden Gegenstand mit der Zeit einem Wort zuordnen. Als junger Hund wird er besonders ausgeprägt mit Augen und Ohren lernen. Die Körpersprache respektive auch das Handzeichen des Menschen in Verbindung mit dem Wort hilft der Einprägung (Verknüpfung). Er wird immer wiederkehrende Redewendungen, die zu bestimmten Anlässen gesagt werden, mit den entsprechenden Handlungsabläufen (Bewegungsmustern) auf diese Weise mit der Zeit von uns lernen. Dressieren heißt erziehen, schulen, lehren, Kunststücke beibringen, und wenn kein logisches Denkvermögen beim Hund vorhanden ist, müssen wir uns überlegen, wie wir unsere Wünsche zeigen können, damit sie der Hund richtig verstehen lernt. Dies ist später gleichbedeutend mit anfänglicher Früh- und später absoluten Konsequenz zur präzisen Ausführung, gutem und genauem Führen und gleichzeitiger Belohnung mit einer immer wiederkehrenden Gestik und Worten in gleicher Befehls- oder Tonlage. Wenn wir dies begriffen haben, fällt es uns etwas leichter, mit unserem Hund erfolgreich zu arbeiten. Wie bringe ich ihm etwas bei, heißt, sich im eigenen Kopf zuerst klar zu sein, was ich von meinem Hund will. Sodann muss dies durch viele Wiederholungen geübt werden. Man ist der Auffassung, dass ein einfacher Befehl innerhalb von drei Wochen erlernt wird, sofern man täglich zwei bis drei Mal dieselbe Übung wiederholt.

Zeigen wir unserem Welpen, was Lob bedeutet durch einen herzlichen Ausruf „Brav gemacht!" und was schlecht und falsch ist durch ein (enttäuschtes) „Nein!" Wir nehmen zumeist an, der Hund könne uns verstehen, aber wir sprechen für ihn eine „Fremdsprache". Somit könnte es auch hilfreich sein, im Frühstadium mit einem „Klicker" zu bestätigen, was gut ist und dies mit einer Belohnung verbinden, was ebenso eine gute Methode ist. Wir können versuchen, ihn mit einem Futterstück in eine gewissen Stellung wie „Platz" zu bringen, indem wir ihm dieses zwischen die Vorderpfoten schieben und wenn er dann das gewünschte „Platz" macht, den Klicker betätigen und ihm gleichzeitig das kleine Futterstück übergeben. So lernt er, dass ein Klicken eine Bestätigung darstellt. Auch wenn es auf den ersten Blick ein wenig aufwendig erscheint, ist es für den Hund aber bedeutend einfacher zu verstehen, als wechselnde Stimmlagen und Worte zu interpretieren.

Grundsätzlich hat ein Hund kein schlechtes Gewissen. Erkennt der Hund eine bevorstehende Strafe für das Herunterreißen eines Tischtuches, während wir nicht gleichzeitig zugegen waren, und würden wir im Nachhinein strafen, so wäre dies der Beweis **unseres** Fehlverhaltens. Er erinnert sich nur durch unser vorher mal gezeigtes Entrüstungs- und eventuelles Drohverhalten an Ungemach, weiß aber nie, weshalb wir so reagieren. Ein Hund kann und darf eben genau wegen seiner mangelnden Logik und Denkweise nie im Nachhinein für eine

Tat bestraft werden (Vertrauensverlust!). Hier ist zu berücksichtigen, dass der Welpe diesbezüglich eine noch langsamere Leitung zum Hirn hat, und deshalb ist sofortiges Lob nach leichter Korrektur besonders wichtig. Beim Welpen ist es besser, manchmal nichts zu sagen, zu „Übersehen" und eher Nachsicht zu üben, anstatt unüberlegt zu handeln. Dies lässt uns Zeit zu überlegen, wie wir ihm sein Fehlverhalten abgewöhnen könnten. Der Welpe muss eine Verknüpfung schaffen können, mit der er lernend durch Erfahrungen Fehlverhalten meidet. So ist man ebenso verstandesmäßig gefordert, wie auch der Hund.

Familien- oder Sporthund respektive Begleithunde

Für die persönliche Wahl und den eigenen Geschmack das richtige Tier zu finden, ist die erste große Hürde für den angehenden Halter. Die meisten Hunde eignen sich als Familien- und Begleithunde. Wichtig ist nur, was wir aus dem Jungtier machen, vor allem, wie wir ihn prägen, halten und lehren und wie stark wir uns engagieren wollen. Nachlässigkeiten in der Prägungsphase zeigen sich gerade dann, wenn wir uns es anders überlegen und einen relativ guten Hund später doch im Sport einsetzen wollen. Dort rächen sich zuallererst unsere möglichen Mankos in der Prägung, was alles deutlich schwieriger macht.

Alle Hunde brauchen sehr viel Auslauf, Spiel und aktive Zuwendung, was ein hohes Engagement voraussetzt. Es gibt aber Hunde, mit denen noch verstärkt gearbeitet werden sollte, damit ihr Triebverhalten respektive ihr Überschuss an Temperament nicht in Aggression umschlägt. Dies gilt vor allem für Arbeitshunde wie den Deutscher Schäferhund, Rottweiler, Dobermann, Belgischen Schäferhund (Malinois) und noch viele andere Rassen. Solche Hunde können bei falscher Führung eine aktive Dominanz selbst dem Halter gegenüber entwickeln. Durch ihre Kraft, ihren Trieb (Temperament) und die entsprechende Veranlagung ist ein Anfänger schnell mit diesen Rassen überfordert. Hier reden wir von Leistungszucht und von Hunden, für die eine gewisse Erfahrung des Führers und ein entsprechendes Umfeld eine zwingende Voraussetzung sind. Je ernster die Prägungsphase des Hundes wahrgenommen wird, je fairer wir mit ihm umgehen, je weniger wir ihn selbst zur Aggression ermutigen, umso sicherer bleibt sein Umgang mit den Mitmenschen. Dies heißt jedoch nicht, dass er, wenn der Hund erwachsen ist, gestellten Aufgaben im Schutzdienstbereich nicht genügen kann. Im Gegenteil, er lernt ja „Arbeit" und „Freiheit" zu unterscheiden und ist somit mit Sicherheit weitaus glücklicher als derjenige, der durch zu frühe Aggressionsförderung stets „unter Strom" steht und bei der kleinsten unerwarteten Situation sofort auf Aggression schaltet. Diese Belastung als Führer aushalten zu müssen, ist eine schwere Bürde, die nicht sein muss. Auch ein vernachlässigter Hund kann ebenso aggressiv werden, verblödet in gewissem Sinne und wird nur noch mit großer Schwierigkeit zu führen sein. Fazit ist: Jeder Hund braucht Führung! Ebenso sollte er möglichst sich nur einer einzigen Person unterordnen müssen, denn er braucht eine konsequente Hand und kann nicht gleichzeitig zwei oder mehreren „Herren" dienen.

Wenig Zeit

Ein Hund ist kein Golfsack, den man in die Garage (Zwinger) stellen kann und der nur bei Sonnenschein hervorgeholt wird. Ein Hund will alle Tage mehrere Male hinaus, bei Wind und Wetter. Er ist ein Rudeltier und benötigt engen Kontakt. Durch Nässe und Schmutz bringt er etliches an Staub und Dreck in den Wohnbereich, und daher ist es wichtig, seinen Bewegungsradius im Wohnbereich so zu bestimmen, dass wir gut damit leben können. Wenn wir ihm nur den Eingang zur Verfügung stellen wollen, so müssen wir alles andere von Beginn an verbieten respektive absperren, damit er nie die Gelegenheit hat, andere Räume zu betreten. Dies erst nach der Prägungszeit durchsetzen zu wollen, könnte sich zu einer nachträglichen Herkulesarbeit entwickeln. Deshalb ist Konsequenz vom ersten Tag an so wichtig. Doch vergessen wir dabei nie, dass der Hund ein Rudeltier ist und mit seiner Meute zu leben wünscht!

Rassewahl

Durch Kino und Fernsehen kommen gewisse Rassen leicht in Mode. Hier erlebt man die schönsten Fantasien, was Hunde angeblich zu denken und zu leisten vermögen, und manch einer glaubt, dass es sich in diesen Filmen immer um das gleiche Tier handelt, was natürlich nicht stimmt. Der eine macht dies gut, der nächste jenes, und das geübte Auge erkennt, dass in einem Film oft mehrere, fast gleich aussehende Hunde beteiligt sind. Mit allen Tricks zusammengeschnitten erscheinen uns diese als wahre Helden. Solche Hunde gibt es aber nicht, vor allem keine mit logischem Denkvermögen, denn komplexes Denken beherrscht er nicht, sondern muss immer dazu angeleitet werden. Gerade dafür sind wir eben Hundeführer.

Für die Wahl unseres Hundes müssen andere Kriterien gelten: Darf mein Hund mehr oder weniger Laut geben (bellen), habe ich genügend Zeit zur Beaufsichtigung, muss er klein, mittelgroß oder darf er groß sein? Hat er genügend Ruhe bei mir, habe ich überhaupt Zeit für eine zusätzliche Fellpflege (Langhaarrassen), kann ich den Hund auch kräftemäßig führen? Wie reagiert die Nachbarschaft, wohne ich im Parterre mit Garten oder im fünften Stock, kann ich mir ein Tierheim während meiner Urlaubsreise leisten. Wie lange kann ich ihn unter Umständen allein lassen (muss aber bei jeder Rasse unbedingt erlernt und eingeübt werden)? Findet sich in der Nähe einen Hundeverein, eine Welpenschule, oder wie komme ich von A nach B? Soll der Welpe zu einem Sporthund oder einem Familienhund herangezogen werden? Ist es mir egal, in schmutzigen Kleidern herumzulaufen, wenn er aufgrund seines großen Temperaments noch anfänglich oft hochspringt, im Spiel und auch bei schlechtem Wetter? All dies sollte ich mir durch den Kopf gehen lassen. Danach nehmen wir einen seriösen Ratgeber zur Hand, z. B. „Kynos großer Hundeführer" (Kynos Verlag) und informieren uns über all die Rassen und deren Merkmale respektive Eigenschaften. Sollte uns eine Rasse bereits vorschweben, so gibt es die Möglichkeit, uns in einem aktiven Club zu informieren, und durch Beobachtung und Gespräche Hilfe zu erhalten, um zum richtigen Züchter respektive Hund zu gelangen.

Auf diese Weise finden wir unseren Favoriten und treffen die Wahl. Von Bedeutung ist das Temperament, welches meiner Person und meinem Lebensstil entsprechen soll. Die Vorstellung oder noch besser der Versuch, einen Hund zurückzuhalten, wenn eine Katze vor uns die Straße überquert, lässt manchen Hundeführer überlegen, ob die persönliche Kraft auch ausreichend ist. Nichts ist demoralisierender, als vom Hund über die Straße gezogen zu werden (unter dem schadenfreudigen Blick von Nicht-Hundehaltern). Nur ein ganz gut ausgebildeter Hundeführer kann den Hund so erziehen, dass er nicht jagt. Wer hier nicht genügend Erfahrung mitbringt oder kein entsprechendes Umfeld kennt, sollte dies in sein Kalkül einbeziehen. Die Hoffnung, man werde dies schon schaffen, ist leider keine Sicherheit, und wenn es dann doch nicht funktioniert, auch kein Trost, sondern nur nachträglicher Ärger.

Wie gut schützt auch ein kleinerer Hund? Keiner kann dies genau wissen, und das ist gut so und ausreichend für die persönliche Sicherheit. Jeder Hund beschützt seinen Meister, wenn echte Not herrscht. Ganz wichtig ist es zu wissen, dass in solchen Fällen der Hund angeleint und eng bei sich geführt werden muss. Er sollte der treue Begleiter sein für Alltag und Freizeit. Anerzogene Aggression macht Hunde sehr schnell unkontrollierbar und gefährlich. Wenn mich ein junger Hund nicht mehr zu seinem Fressnapf hinzutreten lässt, zeigt er Dominanz über mich, was nicht passieren sollte. Es liegt allein in unserer Hand, dem Hund von Beginn weg nur das zuzugestehen, was wir für angemessen und gut erachten. Wird er selbst uns gegenüber zu forsch, so müssen wir die Fortsetzung seines Spieles erkennen und sofort unterbinden. Gerade hier braucht es absolut keine Gewalt, sondern lediglich ein klares „Nein" oder emotionsloses kurzes Fassen und nicht übertriebenes kurzes Blockieren am Nacken ohne Worte, und der Hund lernt schnell, sein Verhalten anzupassen. Machen Sie nie Jagd auf den Hund, denn hierbei erlebt er das „Fang-mich-Spiel" und/oder er ängstigt sich durch unsere Größe, wenn wir ihm nachjagen und zu fassen versuchen. All dies sollten wir immer bedenken. Es ist einer der vielen Momente, in dem der Hund uns gegenüber auch in einen Vertrauenskonflikt geraten könnte. Schnappt er sich einen Gegenstand wie eine

Fernbedienung, so ist das scharfe „Nein" von Vorteil, und sobald er den für ihn interessanten Gegenstand loslässt, innehält oder uns auch nur verdutzt anschaut, rufen wir ihn und belohnen sein Kommen, indem wir etwas anderes zum Spielen anbieten oder ihn mit einem Leckerli locken und es ihm geben.

Für junge Hunde ist eine glückliche, sichere und harmonische Umgebung genauso wichtig wie für Menschenkinder. Wollen wir nervenfeste, sichere und wesensstarke Hunde mit einem unerschütterlichen Vertrauen zu uns heranwachsen lassen, die sich obendrein ordentlich verhalten, müssen wir uns dementsprechend von Beginn an ebenso korrekt und dem Hund gegenüber verständlich verhalten. Ebenso müssen wir ihr neues Zuhause mit klaren Regeln gestalten.

Rüde oder Hündin

Soll es ein Rüde oder eine Hündin sein? Es gibt Zeiten, in denen Rüden bevorzugt werden, und dann wiederum sind eher Hündinnen gesucht. Wissenschaftlich gibt es mehr Rüden als Hündinnen, die zur Welt kommen. Der Rüde ist größer und kräftiger und markiert, die Hündin tut dies hauptsächlich zur Zeit der Hitze (Läufigkeit). Nach der Kastration markiert diese weniger und ist in der Lage, ihre Blase auf einmal zu entleeren. Rüden benötigen durch das ständige Markieren länger, bis die Blase vollständig geleert ist.

Wenn Rüden miteinander kämpfen, ist der Kampf meist friedlicher als zwischen Hündinnen. Durch die Kastration nehmen wir dem Rüden enorm an Persönlichkeit und degradieren ihn zum Neutrum. Dadurch werden sie von Weibchen oftmals angegriffen respektive verjagt oder fremde Rüden reiten auf. Sie verlieren bedeutend mehr an Persönlichkeit als eine Hündin, die sterilisiert wird.

Warum so viele Rüden früh-kastriert werden, ist mir persönlich ein Rätsel. Man kann ihm doch nicht 30 % seines Temperamentes „wegoperieren" und damit gleichzeitig die triebbedingte Lernfähigkeit nehmen, um ihn in unser persönliches Leben problemloser integrieren zu können. Es kommt mir vor, als versuchte man, aus einem stattlichen Hund einen künstlich führbaren zu machen, gefügig, temperament- und kraftlos. Das Thema Kastration beim Rüden wäre ein wichtiges Thema für den Tierschutz! Es ist dazu zu bemerken, dass kastrierte Rüden genauso aggressiv werden können wie gesund belassene. Wer einen bereits auffälligen Hund später kastriert und glaubt, damit ihn zahmer machen zu können, irrt, denn in den meisten Fällen ändert er sich nach erfolgter Prägung und den gemachten Erfahrungen im ersten Lebensabschnitt trotz Kastration praktisch nur noch sehr wenig. Kastrierte Hunde haben im Allgemeinen die Tendenz, dick zu werden und daher ist ein genaues Abwägen und Einteilen der Futtermenge oft eine zusätzliche Herausforderung.

Die Hündin kann zur Zeit der Hitze empfindsamer sein und verlangt Einfühlungsvermögen vom Hundeführer. Sie irritiert durch ihre Duftstoffe das Verhalten der Rüden, sollte die Witterung in deren empfindsame Nase gelangen.

Ansonsten ist die Hündin dem Rüden absolut gleichwertig. Sie sind kleiner, weniger gewichtig, und daher leichter zu führen. Es empfiehlt sich, während der Hitze die Hündin nicht in der Nähe des Wohnsitzes zu versäubern, denn dies könnte streunende Rüden anziehen. „Höschen" verhindern das beflecken der Teppiche und Blattgrüntabletten reduzieren die Wirkung ihrer Duftstoffe. Eine Kastration der Hündin, im Gegensatz zum Rüden, verändert ihr Verhalten in der Regel „nur" unwesentlich mit der Einschränkung, dass wir hier nur den Familienhund meinen und nicht den ausgesprochenen Sporthund. Hündinnen, die im Sport eingesetzt werden, können nach drei oder vier Jahren kastriert werden, nachdem die gesamte Entwicklung des Hundes normal durchlaufen wurde und die Erziehung abgeschlossen ist. Sehr früh kastrierte Hündinnen entwickeln sich langsamer. Die Einbuße an Temperament ist weniger erkennbar als bei Rüden, aber möglicherweise ändert sich trotzdem etwas. Bei Frühkastrationen nämlich geht auch die triebbedingte Lernfähigkeit wie bei den Rüden zurück. Hündinnen fressen öfter jeglichen Unrat, den sie finden.

Es gibt somit weder Vor- noch Nachteile, sondern nur eine persönliche Vorliebe aufgrund von Erwartung und Vorstellung. Die meisten Rüden werden auf Wunsch von bequemen Besitzerinnen früh kastriert, um das freie Streunen zu ermöglichen und damit der Verpflichtung, „regelmäßig Gassi zu gehen" zu entgehen. Dies freut die Tierärzte, denn nur diese machen große Kasse, doch der Hund ist der absolute Verlierer! Eunuchen lassen grüßen!

Wo finde ich meinen Hund?

Wer sucht, der findet. Die Schweizerische Kynologische Gesellschaft SKG verfügt über die Adressen sämtlicher Rasseklubs der Schweiz, der Österreichische Kynologenverband ÖKV über diejenigen für Österreich, der Verein Deutscher Hunde (VDH) über diejenigen für Deutschland usw. Durch diese Fachverbände erhalten wir Auskunft über die gesamte Palette der Hundevielfalt. Sich über gesunde Zuchtlinien zu informieren, ist genauso wichtig wie die Frage nach den gegenwärtigen Problemen mit Erbkrankheiten. Wo finden sich gute und verantwortungsbewusste Zuchtstätten? Wann haben diese Welpen zu verkaufen? All diese Fragen kommen auf, nachdem ich mich für eine Rasse entschieden habe. Fragen zum Züchter sollten am besten vor Ort abgeklärt werden. Wie ist der Zwinger angelegt? Wir wollen ja auch wissen, wie die Hunde gehalten werden, aufwachsen und welche Kontakte (zu Erwachsenen und Kindern) diese bereits erlebt haben. Auch denke ich, dass es wichtig ist, wenn ich weiß, was für einen Auslauf sie haben und welche Böden sie schon kennen (Rasen/Kies/Platten/ Roste). Wie sie geprägt werden, d. h., ob mit ihnen schon Spaziergänge oder Autofahrten gemacht wurden. Darf ich als Erster oder Zweiter oder „nur" erst als Fünfter aus den Welpen auslesen. Was für mich noch wichtig zu wissen ist, ob ich einen Sachverständigen (Hundehalter aus einem Rasseverein) mitnehmen darf, um zu sehen, welchen Eindruck die Welpen auf ihn als Experten machen. So erwerbe ich vielfältige Kenntnisse und erhalte Aufschluss über die Kompetenz des Züchters und dessen Zuchtstätte. Der engagierte Züchter freut sich, seine Welpen an verantwortungsvolle Hundehalter verkaufen zu können und wird gerne bereit sein, umfassend und hilfreich zu informieren.

Abholen des Welpen

So holen wir unser kleines Wesen zwischen der achten und zwölften Woche und wissen, dass der Hund noch so klein ist, dass er viel schlafen muss und Ruhe braucht. Wir achten, dass er vor der Heimfahrt nichts zu fressen bekommt; denn, sollte es ihm übel werden oder müsste er gar erbrechen, wäre dieses Erlebnis für alle Beteiligte unangenehm. Vor allem der Hund könnte für lange Zeit ein Unbehagen für Autofahrten entwickeln. Im Auto legt man ihn am besten auf eine Decke und setzt sich neben den Hund oder nimmt ihn auf den Schoß, sofern wir nicht selbst fahren müssen. Nicht gerade ideal ist, wenn wir ihn in die Hundebox legen, es sei denn, er wurde vom Züchter bereits ans Autofahren gewöhnt. Vernünftige Züchter verlangen sogar, dass der Welpe am Vormittag abgeholt und durch eine Zweitperson während der Fahrt betreut wird. Oftmals wehren sie sich dagegen, dass der Welpe die erste Autofahrt vereinsamt in einer Box verbringt. Gut ist, er wäre auch bereits an die Leine gewöhnt und man hätte schon kleinere Ausflüge in die Umgebung gemacht usw.

Zu Hause bringen wir ihn zum Platz zum Versäubern und lassen ihn diese Umgebung erstmal erkunden. Danach füttern wir ihn an dem dafür vorgesehenen Platz in der Wohnung. Anschließend bringen wir ihn zu seinem Ruheplatz, nachdem wir den Lappen aus der Wurfkiste des Züchters in die Box gelegt haben, und lassen ihn schlafen. Die Bezugsperson setzt sich am besten zum Welpen hin, bis er einschläft. Ganz wichtig ist, dass stets genügend frisches Wasser zur Verfügung steht, was vor allem bei Trockenfutter gilt.

Beginnt der Welpe, unruhig zu werden und zu fiepen, so holen wir ihn heraus und tragen ihn zu allererst direkt an den Ort zum Versäubern. Unsere Bestätigung mit „So ist brav" und viel weiterem Lob dient der Konditionierung. Dies animiert den Hund, uns möglichst zu gefallen. Mit der Zeit können wir den Hund so erziehen, dass er uns anzeigt, wo er hingemacht hat. Dies erreicht man durch eine kleine Belohnung, nachdem er sich gelöst hat. Das ist eine verblüffende Leistung des Hundes und zudem eine große Hilfe, um im hohen Gras seine Hinterlassenschaften aufnehmen zu können und nicht vor lauter Suchen noch selbst hineinzutreten. Jetzt können wir ihn wiederum herumspringen und erkunden lassen, danach folgt wieder Ruhe.

Bindung

Bindung, Vertrauen, Prägung, Erziehung und allgemeines Grundwissen

Der Welpe

Zart und fein sind die Gefühle
früh erwacht ist der Instinkt
alles gemischt durch die Lebensmühle
welch' Wunder uns das Neue bringt

Eine Leine voller Hoffnung
Wie naiv sind viele schon
nur Kenntnis, Wissen, und Erfahrung
bringen erst den gerechten Lohn

Haus, und Umfeld vorbereitet
Vereinfacht vieles zu Beginn
von großer Kenntnis angeleitet
steckt auch Harmonie darin

Wir lernen dieses Wesen kennen
entdecken auch, was es empfindet
werden uns nicht gleich verrennen
damit Vertrauen niemals schwindet

Jedes Geschöpf sucht seinen Wert
urteile nie mit einem Schwert
überprüfe alles, oft ist's verkehrt
Gelassenheit hat oft Chancen vermehrt

Lass dich niemals arg verwirren
dumme Sprüche gibt's zuhauf

bleib dir treu, Du wirst nicht irren
nimm nie Risiken in kauf

So trage Sorge deiner Liebe
auf dass sie wachse wie ein Baum
Geborgenheit heißt auch die Wiege
leb' und liebe deinen Traum

So lass den Hund nun wachsen
lebe nur die Frühkonsequenz
lass ihn erst Vertrauen fassen
sonst überschreiten wir die Grenz'

Warum ein Welpe und kein ausgewachsener Hund? Mit der richtigen Vorbereitung und Einstellung kommt eigentlich nur ein Welpe infrage. Nur so können wir unseren zukünftigen Partner zum größten Teil selbst formen und lernen diesen durch seine Reaktionen bei den verschiedensten Erlebnissen gut kennen und verstehen. So ist es möglich, selbst spätere Verhaltensweisen entsprechend zu interpretieren, über die sonst nur noch Vermutungen angestellt werden können. Es gibt kaum ein Wesen auf dieser Welt, das uns den Spiegel innerhalb dreier Jahre so drastisch vor Augen hält wie der eigene Hund. Durch sein Verhalten deckt er schonungslos auf, was wir gut oder schlecht gemacht haben. Eine **echte Bindung** zum Tier kann nur entstehen, wenn wir sanft, mit Rücksicht und viel Kenntnis die Erziehung **angehen** und dieses entstehende und wachsende **Urvertrauen vom Hund zu seinem Führer** sachte festigen, damit zu allererst eine gesunde Belastbarkeit und großes Vertrauen zum Hundeführer wachsen kann!

Der Spiegel

Wer kann so schauen wie ein Hund
Seine Augen widerspiegeln, und geben kund

Erziehung, Pflege, und Dein Wissen
Du erkennst Dich gleich, frag Dein Gewissen

Er zeigt durch sein Verhalten
Ob Nerven, Verstand im Zaume gehalten

So gleicht der Hund sehr seinem Meister
Es nutzen weder Farb' noch Kleister

Bemühe Dich durch Dein Verhalten
Sein Vertrauen zu Dir doch zu erhalten

In seinen Augen erkennst Du sein Leben
All die Liebe, die Du ihm gegeben

Er wird zum Abbild, stell dir vor
Er ist Dein Spiegel, sehe Dich vor!

Wenn wir bereit sind, den Welpen und den Junghund mit Geduld und Liebe, mit entsprechenden Möglichkeiten und Kenntnissen aufzuziehen, und ihm ausreichend Zeit widmen, dann dürfen wir uns auf großartige Erlebnisse gefasst machen; denn nichts macht den Hund aufnahmefähiger, als eine harmonische, liebevolle und abwechslungsreiche Jugendzeit. Die große Lernphase beim Hund beginnt mit vier Wochen und endet mit etwa vier bis fünf Monaten, wobei jeder Zeitabschnitt wichtige Lernstufen beinhaltet. Die Sozialisierung mit Menschen beginnt schon ab der vierten Woche. Daher ist ab diesem Zeitpunkt ein positiver Kontakt zu verschiedenen Personen wichtig und liegt bis zur Übernahme des Hundes weitestgehend in den Händen des

Züchters und seiner Familie. Selbst hierüber sollte mit dem Züchter das Gespräch gesucht werden, denn je mehr Einfühlungsvermögen er für seine Welpen zeigt, umso mehr Vertrauen hätte ich zu ihm. Ein junger Hund auf Probe existiert nicht.

Der Welpe ist ein Wesen, das abhängig vom Menschen ist, was aber nicht automatisch auch Bindung bedeutet. Je besser wir ihn führen lernen, umso einfacher ist seine Integration in unsere Gemeinschaft. Das Ziel ist eine gute Bindung und dies bedeutet uneingeschränktes Vertrauen zu seiner Bezugsperson. Denken wir also **vor dem Kauf** über alle Konsequenzen gut nach und entscheiden uns erst dann, wenn wir uns nach bestem Wissen und Gewissen mit allen auf uns zukommenden Themen gründlich befasst und alles durchdacht haben. Wir übernehmen ein Wesen, das seine Mutter und seine Geschwister verliert und sich uns deshalb sehr eng anschließt. Es wird durch uns geprägt. Übernehmen wir einen Welpen aus einem Rudel Junghunde erst nach fünfzehn Wochen oder noch später, ist dieser meist verstärkt auf Hunde geprägt und bindet sich, sofern sich der Züchter mit seinen Familienmitgliedern nicht speziell bemüht hat ihn gut zu sozialisieren, schlechter an die Menschen an.

Wie erwerben wir das Vertrauen, die echte und gute Bindung zu unserem Hund? Bindung ist im Grunde das Grundvertrauen des Hundes zu uns. Er ängstigt sich nicht, auch wenn wir neben ihm aufspringen, ihn anschreien, gegen ihn gestikulieren oder unsererseits ein Drohverhalten einnehmen. Der Hund kommt trotzdem auf den Befehl „Hier" mit erhobenen Ohren und mit dem Schwanz wedelnd zu uns! Dies soll man aber nicht mit dem Welpen tun! Das ist erst bei einem Hund möglich, der so um die zwei Jahre alt ist und mit viel Bedacht aufgezogen wurde. Würde er fliehen, würde dies belegen, dass etwas zwischen Hundeführer und Hund nicht stimmt, dass das Vertrauen gewissen Einschränkungen unterliegt und ein Vertrauensverlust verursacht wurde. Je nach Grad dieses Bruches ist das Arbeiten mit so einem Hund bedeutend schwieriger, denn er erkennt durch unsere Emotion oder Überreaktion unsere innere Haltung ihm gegenüber, fühlt sich verunsichert, ja in gewissen Fällen sogar blockiert, kann sich somit nicht mehr genügend auf uns einstellen und verliert damit einen Teil seiner Aufmerksamkeit und Lernfähigkeit. Dieses Verhalten kennt man ja auch bei Menschenkindern. Selbst Gerüche können in ihrem Gedächtnis bedeutende Erlebnisse wachrufen. So kann der Stress des Hundeführers seine persönliche Ausdünstung verändern, obwohl dieser davon nichts bemerkt. Der Hund erinnert sich an schlechte Erlebnisse und bringt diese in den damaligen Zusammenhang. Durch den Schlaf werden Erinnerungen eines Säugetiers verankert, die Erinnerung an das Erlebte und Gelernte wird in den Neuronen gespeichert und wieder abgerufen, wenn ähnliche Situationen auftauchen. Keiner weiß, wovon Hunde träumen, und gerade auch deshalb sollten wir Übungen stets mit einer positiv gelungenen Aufgabe und mit Lob beenden.

Es ist ungemein wichtig, unserem Welpen gegenüber möglichst in ausgeglichener Stimmung zu sein. Üben wir ein sinnvolles Maß an Toleranz und Verständnis für seine Bedürfnisse und natürlichen Instinkte, bleiben wir ihm gegenüber verständig, erhalten uns die Bewunderung für sein Wesen und schreiten nur so ein, dass der Hund niemals uns als **die strafende Person erkennen kann**, dann haben wir das große anfängliche Ziel erreicht. Denn auch der Schriftsteller Friedrich von Bodenstedt (1819) schrieb das folgende passende Zitat: „Des Zornes Ende ist der Reue Anfang."

Wer glaubt, der Hund vergisst unsere emotionalen Ausrutscher wieder, täuscht sich. Bewusst oder unbewusst bleiben gerade Erfahrungen der **ersten Monate seines Lebens** in seiner Seele gespeichert. Wie viel ein Welpe in dieser Zeit zu lernen in der Lage ist, grenzt an ein Wunder. Nicht umsonst nennt man diese Zeit die wichtigste in seinem Leben.

Wir sind gerade in den ersten Lebensmonaten gefordert, den Welpen so zu lenken, dass er dies im Grunde noch gar nicht durchschaut. Wir können mit unserer Stimme ihn von irgendwas wegrufen, ablenken und spielerisch ihn dazu erziehen, das zu tun, was wir für gut erachten. Wir können durch ein klares „Nein" ihn zum Ablassen von irgendwas bewegen, das wir nicht wünschen, und schaut er uns daraufhin verdutzt an, locken wir ihn mit einem lohnenden Spielgegenstand oder durch fröhliches Ansprechen weg.

Das Alleinlassen des Hundes muss gelehrt werden

Manche glauben, der Hund könne ohne Weiteres allein sein. Das ist nicht wahr, und er war es auch als Welpe bisher nie gewohnt. Er ist von Natur aus ein Rudeltier und will immer um uns sein. Er konnte sich bisher an Geschwister anschmiegen und nun sind wir für ihn verantwortlich. Also sind wir zu Beginn immer in Hör- und Sichtweite und setzen uns dazu, bis er einschläft. Man kann die Hundebox auch in der Nacht ganz am Anfang ins Schlafzimmer holen, und wenn der Hund unruhig wird, ihn umgehend hinaus tragen und auf den zum Versäubern bestimmten Platz bringen. Bei Erfolg wird er entsprechend gelobt. In der Nacht wird nicht gespielt, sondern man bringt ihn danach sofort wieder in seine Box. Schläft er nach einiger Zeit durch, können wir die Hundeschlafbox sukzessive aus unserem Schlafbereich entfernen, bis sie an der geplanten Stelle ist und bleibt. In Notfällen hören wir ja unseren Hund, denn man sollte immerzu in Hörweite sein, um sicherzustellen, dass alles in Ordnung ist.

Wichtig ist die Konsequenz, mit der man ihm verbietet, sich in gewissen Räumen oder auf unseren Sessel/Diwan zu begeben. Ansonsten gehört eines Tages die gesamte Wohnung ihm, er verteilt den Dreck überall, denn der junge Hund hat die Angewohnheit, einem auf Schritt und Tritt zu folgen. So ist es auch wichtig, dass wir ihn zwischendurch in die Box legen, wenn wir in der Nähe sind, damit er sich daran gewöhnen kann. Er sollte uns dabei aber hören können. Wenn wir kurz hinausgehen, kann das Radio leise weiter laufen, was ihn beruhigt. Auf keinen Fall darf vergessen werden, ihm zu sagen: „Ich bin gleich wieder da", auch wenn wir nur für fünf Sekunden weggehen. So lernt er, ohne den Zeitbegriff in Wirklichkeit zu kennen, „Ich bin gleich wieder da" bedeutet für ihn, dass man sehr kurze Zeit weggeht und wiederkommt. Damit übt der Hund das Warten. Mit der Zeit werden die Abstände etwas größer, und es reicht ihm, uns nur zu hören, um ruhig zu bleiben, oder die Illusion des Radios gaukelt ihm vor, wir wären noch in der Wohnung. Eine kleine Belohnung nach der Rückkehr ist ebenso empfehlenswert und kostet fast nichts, lehrt ihn aber, auf die Belohnung zu warten, und das brave Ausharren wird so zum freudigen Erfolgserlebnis.

Schnell versteht und lernt der Hund, dass durch Fiepen oder Jammern seine Notdurft bekannt wird und er hinausdarf. Das macht er aus seiner Natur heraus, denn im Grunde verschmutzt kein gesunder Hund seine Schlafstätte.

Lasse ich ihn frei in der Wohnung laufen, kann bei Futterunverträglichkeit oder Krankheit Durchfall auftreten oder, wenn ich abgelenkt bin und den Hund nicht genügend beobachte, oder solange ich sein Verhalten noch nicht lesen kann, ein kleines Unglück passieren. Doch dann nützt nur das Bewahren von Ruhe. Grundsätzlich sind wir es, die seine Anzeichen übersehen haben, und sind selbst schuld. Den Hund niemals nachträglich über eine ihm längst nicht mehr bewusste Missetat beschimpfen, denn der freut sich ja, wenn wir zu ihm gehen, und wir würden das Vertrauen wieder zerstören, das sich gerade jetzt in einer wichtigen Aufbauphase befindet. Auf den Hund nicht achtend kann man, sofern man will, den Kothaufen oder den kleinen See während des Aufnehmens beschimpfen, aber niemals den Hund! Kommt man hinzu in dem Moment, wo es passiert, dann nimmt man den Hund wortlos und ohne Hektik auf, trägt ihn wort- und emotionslos auf das gewohnte Plätzchen, und schafft er es, sich weiter zu versäubern, so lobt man ihn ausgiebig! Danach wird das von ihm verunreinigte Örtchen aufgeputzt und möglichst desinfiziert. Dies nicht, weil wir nicht gut geputzt haben, sondern weil der Duft stets animiert, sich erneut an dieser Stelle zu versäubern. Eine Option ist auch das Entfernen der Teppiche in der Anfangszeit. So können wir billigste, rutschfeste Unterlagen, die leicht weggeworfen oder auch gewaschen werden können, benutzen, die einen guten Übergangsdienst erweisen.

Das Belohnen zu Beginn der ersten Zeit liegt vor allem im Verbalen und in Streicheleinheiten. Wir sollten möglichst wenig Leckerli gebrauchen (bestenfalls von seinem Welpenfutter), denn der Hund ist in dieser Phase mit uns selbst noch sehr zufrieden, und so schaffen wir das

Grundvertrauen auf unsere ganz persönliche Art und Weise. Ein ständiges Belohnen mit Futter macht aus uns eine „Milchkuh", und dies sind wir mit Sicherheit nicht. Ebenso sollte das Futter für spezielles Loben von der Tagesration stets abgezogen werden, sonst hat man allzu schnell einen dicken und gesundheitlich gefährdeten Hund.

Strafen

Korrekturen aufgrund zu konsequenter persönlicher Vorstellungen oder radikales Verhalten verängstigen den Welpen und blockieren sein Lernverhalten. Wir gewinnen dadurch keinen freudigen Freund, sondern einen Hund, der sich zu seinem Führer mit der Zeit passiv verhält, sich ängstigt und dadurch nicht mehr gut zuhört und schwieriger lernt. Dies heißt aber nicht, dass der Hund sich nicht gleichwohl später enorm interessiert zeigen kann an Beutespielen mit dem Ball. Das ist jedoch ein rein beutebezogenes Verhalten und hat mit Bindung überhaupt nichts zu tun.

Ein Hund mit Bindung ist lernbereiter, fröhlicher und akzeptiert auch ein „Nein" ohne Problem, sofern wir ihm etwas anderes anfänglich dafür anbieten. Die Kunst des Hundeführers besteht nicht im Aberziehen, was der Hund nicht darf, sondern im Anerziehen, was er darf und tun soll.

Positive Erlebnisse und Spiele mit Gegenständen, die er ausreichend besitzen soll, machen, wie oben schon erwähnt, gleichzeitig anderes für den Welpen uninteressanter. Wichtig ist jedoch, dies dem Hund erst einmal „schmackhaft" zu machen. Viele können sich nicht vorstellen, was sie mit einem so kleinen Hund alles unternehmen können. Ein Tipp: Ganz sachte beginnen, immer etwas bereitstellen und sei dies nur ein dickes Seil, Kartonschachteln oder ein Ball.

Frühkonsequenz heißt ganz einfach, den Hund durch Lob oder ein Futterstückchen so zu lenken, dass er macht, was wir wünschen. Alles bitte ohne Druck oder Ungeduld! Sitzt er nicht korrekt bei Fuß, so ermuntern wir ihn, dies zu verbessern und belohnen **nur**, wenn er unseren Wunsch korrekt erfüllt. Wir müssen lernen, nur bei richtigem Verhalten zu bestätigen, und was macht ein Welpe nicht alles für ein Stückchen Wurst oder einen kleinen, gewünschten Gegenstand? Kommandos wie „So ist's brav, Fuß, Sitz, Platz, Steh, Hier oder Komm" lernt er so, sukzessive zu verstehen. Mehr braucht es nicht. Mit dem Befehl „Kehren (Wenden)" während des Spaziergangs ergänzen wir liebevoll und freundlich. Viel mehr braucht der Welpe in der ersten Zeit nicht. Wichtig ist nur, Freundlichkeit, Verständnis, Schutz und Sicherheit zu bieten, um so den Welpen zu bestärken. Zu einer zuvor befohlenen „Stellung" sollte man den Hund niemals handgreiflich zwingen. Führt er aber einen dieser Befehle aus, ohne dass wir ihn dazu geheißen haben, so bestätigen wir dies genauso mit „Brav Platz, Sitz", indem wir zum Hund hingehen, uns zu ihm korrekt hinstellen und erst danach lobend sagen: „Brav, sitz", oder „Platz". So lernt er, wie wir es haben wollen und wie er belohnt werden wird. Frühkonsequenz heißt, bestimmt zu üben, mit so viel Einfühlungsvermögen und so wenig „Druck" wie möglich, damit der Hund sich nie eingeschüchtert oder missverstanden fühlt.

Mit sechs bis sieben Monaten nimmt ein Hund eine seinem Alter entsprechende Korrektur ohne Angst oder Meiden (fliehen/zurückweichen) entgegen. Konsequentes Führen an der Leine oder allenfalls den Hund mit festem Griff in die richtige Position bringen, danach den Griff langsam lockern und sobald alles richtig ist, übergehen zu Streicheleinheiten und verbalem Bestätigen mit „So ist es brav". So vollzieht sich der Wechsel von Frühkonsequenz zur Konsequenz, der bewirkt, und dies ist das Erstaunliche daran, die Erhaltung der bereits bestehenden Bindung. Setzen wir uns ab dem siebten Monaten nicht mit fester Hand durch, würde der Hund sein Vertrauen zu uns sukzessive verlieren und selbst die Führung „seines" Rudels zu übernehmen versuchen. Daher ist es außerordentlich wichtig, uns wohlüberlegt stets durchzusetzen. Durch die dadurch erreichte wachsende Aufmerksamkeit des Hundes erfahren wir ein weiter ansteigendes positives Verhalten. Dieser Wandel ist sehr beglückend für das Team, jedoch führt der Weg nur über den Aufbau des Grundvertrauens, denn dies ist und bleibt die Basis.

Konrad Lorenz (1903–1989), österreichischer Verhaltensforscher und Nobelpreisträger (gefunden von P.M.-Leser Klemens Hartl, Österreich) machte folgendes Zitat:

„Wer einen Hund oder Affen, ja jedes höhere Säugetier wirklich genau kennt und trotzdem nicht davon überzeugt ist, dass diese Wesen Ähnliches erleben wie er selbst, ist seelisch abnorm. Er gehört in eine geschlossene psychiatrische Klinik, da seine Schwäche ihn zu einem gemeingefährlichen Wesen macht."

Bindungsverlust zeigt sich dadurch, dass der Hund nicht erkennen kann, was er nun wirklich machen soll. Er ist durch das Verhalten des Hundeführers verunsichert und misstraut ihm. Im Grunde bräuchte der Hund nun Hilfe, doch wird dies nicht erkannt und man belastet ihn mit weiteren Korrekturen oder Befehlen, so belasten wir unsere Beziehung zu ihm erheblich. So bahnen sich Konfliktsituationen an, die als relevant angesehen werden müssen. Sollte sich dies weiter verschlechtern, kann es irgendwann zum Bruch des Vertrauens führen.

Wenn der Konflikt dazu führt, dass der Führer den Hund nicht mehr beherrscht und unbeherrscht straft, wird es schwierig, die zerbrochene Bindung wieder aufzubauen. Sollte der Druck des Führers so groß werden, dass sich der Hund verängstigt zu wehren beginnt, kann dies ein Zeichen sein, dass der Hund um sein Leben fürchtet. Der Halter glaubt sich durchsetzen zu müssen, wendet Gewalt an, was nie zum Ziel führt. Hier wäre ein Halterwechsel eine Option, um die Bindung zu einem neuen und erfahrenen Führer eventuell wieder herstellen zu können. Ein Hund ist hierzu in der Lage, sofern der neue Halter entsprechende Fähigkeiten und die notwendige Erfahrung mitbringt und der Hund nicht bereits zu stark geschädigt wurde.

Man könnte als weitere Option den Hund einige Monate „stehen lassen", d. h. die Ausbildung ganz von vorne beginnen: beherrscht, sich in der Vorstellung seines Hundes als Kleinkind zurückversetzend, und liebevoll langsam erneut das Vertrauen des Hundes wieder erarbeitend. Andere Befehle benutzen, wie „Komm" anstatt „Fuß" oder „Assis" für „Sitz" und alles immer mit liebevoller Konsequenz. Dies könnte ohne Einschüchterung des Hundes und mit viel Geduld und Zuneigung zu einem neuen Bindungsverhalten führen. Garantien für eine neue Harmonie wird es kaum geben, doch befreien sich beide vom Druck, ist dies ein Versuch wert. Konsequenz bedeutet im Grunde nur klares und zielbewusstes Führen des Hundes, aber dies muss ohne Zwang und Strafe durchgesetzt werden.

Oft wird die Liebe zum Hund mit der Liebe des Hundes zum Führer verwechselt. Durch die Abhängigkeit des Hundes vom Besitzer glauben viele, eine „Bindung" zu erkennen, doch dies ist sie nicht! Bindung muss man leben, um den Hund zu erleben. Nur die Leistungsaufforderung an den Hund und uneingeschränktes Vertrauen lässt dies erkennen, sofern er sich nie verängstigt zeigt und später auch bei lautem Tadel oder auch einem lauten „Nein!" vertrauensvoll uns sucht.

Wie strafen wir ohne Bindungsverlust? Um es vorwegzunehmen: Beim Welpen/Junghund gibt es überhaupt keine Strafe. Wer konsequent das Gute lobt, braucht sich nicht zu ärgern, denn der Hund sucht automatisch das Lob. Was er nicht versteht, das bringen wir ihm ohne laute Worte oder gar Schläge bei. Was wir mitbringen müssen, sind Verständnis, Geduld, einfachstes Grundwissen und Einfühlungsvermögen, mehr nicht.

Verbeißt er sich in den teuren Teppich, so geht man hin, fasst den Welpen am Kragen und schubst ihn zurück. Wir selbst tun so, als beachten wir den Hund nicht, sagen weder Pfui noch sonst was, und tun, als wäre nichts geschehen. So lernt der Hund, was er darf und was nicht, und glaubt, die Bestrafung käme vom Teppichnagen. Dies jedoch nur solange, wie er uns noch nicht kennt oder eine mögliche Korrektur seines Handelns nicht voraussieht. Das Gleiche gilt bei Möbel oder anderen Gegenständen. Diese Art zu Strafen wenden wir nur zu Beginn an, beispielsweise in den ersten ein bis zwei Tagen, nachdem der Hund zu uns gekommen ist. In den meisten Fällen braucht es nur eine ganz kleine Korrektur (Schubser). Denken Sie daran; sobald der Hund unsere Absicht erkennt, korrigieren Sie nie mehr direkt. In dieser Situation unterbinden wir mit „Nein!", und nimmt er Schuhe, strafen Sie den Schuh anstatt den Hund, und hier dürfen Sie aus sich

herausgehen und gegen den Schuh treten, ihn auf den Boden schlagen und wettern, was das Zeug hält. Nach wenigen Malen lässt er auch diesen in Ruhe. Lassen Sie ihm die Freiheit in seinem Bereich, Sie können auch ganz teure Gegenstände für eins bis zwei Jahre wegräumen, aber bei guter Überwachung ist dies kaum notwendig. Der Hund lernt unglaublich schnell, sofern wir es vom Beginn weg richtig machen. Wehrt er sich gegen uns, wenn wir ihn irgendwo wegheben wollen, so fassen wir ihn mit fester Hand, beruhigen ihn und setzen ihn ohne weiteren Kommentar zu Boden. Wer sich vom Welpen in dieser Phase beeindruckt oder gar verängstigt zeigt, verliert wichtige Autorität. Wer sich an solchen Reaktionen sogar freut und meint: „Hast Du gesehen, was für ein wilder Teufel er ist?", der wird in Kürze eine Korrektur machen müssen, und dies bedeutet eine unnötige, dumme und zusätzliche Belastung für Halter und Welpe, denn er wird ja immer stärker und wird es weiter versuchen. Hier gilt das Motto: Wehret den Anfängen! Ein Tipp aus Eric H. W. Aldingtons Buch „Von der Seele des Hundes": „Zu Hause ist der Welpe mit Halsband/Brustgeschirr und Schleppleine zu versehen, um so stets einen indirekten Zugriff zum Welpen zu haben, ohne ihn handgreiflich korrigieren zu müssen. Der Welpe verknüpft den Leinenruck mit dem Objekt und nicht mit uns und schaut er uns nun verdutzt an, so rufen wir ihn und **belohnen sein Kommen** und nicht das Ablassen von einer unerwünschten Tätigkeit."
Sollte es sein, dass der Hund den Schuh verteidigt und den Halter angreift, ändern Sie die Korrektur, respektive man verhindert das Knautschen am Schuh mit einem „Nein", und legt den Schuh wieder an seinen Platz. Hält sich aber an die Kosequenz und versucht durch Ablenkung sein Interesse an den Schuhen zu eliminieren. Der Fantasie sind nie Grenzen gesetzt!

Strafen wir unbedacht, vielleicht mit einer Zeitung, kommt es vor, dass der Hund vor uns flieht. Hier hat uns das Tier nicht verstanden außer, dass wir für ihn mit der Zeitung eine Gefahr darstellen. Wir haben im Grunde nur erreicht, dass wir für ihn „bedrohlich" sind und dadurch an Vertrauen einbüßen. Wenn wir hingegen erkennen, dass auf ein pures „Nein!" unser Hund erstmal aufhorcht, er zu uns kommt und wir durch einen freudigen Zuruf oder Streicheleinheiten den Welpen bestätigen, haben wir gewonnen und ihn gelehrt, dass ein „Nein" nicht nur Verlust, sondern auch etwas Angenehmes bedeutet. Immer, wenn wir den Hund beim Namen rufen und er dann kommt, belohnen wir ihn mit Freude! Rufen wir und er reagiert nicht sogleich, so korrigieren wir innerhalb der nächsten drei Sekunden. Dies sollte man nie in ärgerlicher Stimmung machen, sondern emotionslos. Zeigen Sie sich im Nachhinein beleidigt oder strafen Sie später, kann er dies weder ein-, noch zuordnen und wir belasten damit nur unnötig sein Vertrauen zu uns.

Wir müssen lernen, die natürlichen Instinkte zu kanalisieren. Benimmt er sich nicht richtig, beginnt er am Tischtuch zu ziehen, so versuchen wir durch ein scharfes „Nein" sein Tun zu stoppen. Reicht dies nicht aus, rufen wir den Hund durch eine andere Motivation weg und präparieren danach den Tisch. Zieht er abermals am Tischtuch, fallen neben ihn ein paar leere, leichte Büchsen, Pfannendeckel oder sonst was zu Boden, damit es so richtig scheppert und er sich erschreckt. Dies wirkt in fast allen Fällen als heilsame Erfahrung. Das sind ganz einfache Mittel, und doch sind diese besser als jeder persönliche **EINGRIFF** für das Vertrauensverhältnis zwischen Halter und Hund. Es handelt sich um sogenannte praktische Erfahrungen des Hundes, die er verstehen und verarbeiten vermag und die er nicht mit seinem Halter in Verbindung bringt.

Zuviel und zu früh perfektionieren, zu große Belastungen durch ungeduldige Kommandos für „Sitz, Platz" oder „Fuß" zerstören ebenso sein Vertrauen zu uns. Wer Geduld und Distanz zur Aufgabe hat, sich Zeit nimmt, über Probleme zu reflektieren, kann durch freudvolles Führen und durch Lob fast alles erreichen. Es ist belanglos, ob wir zu Beginn schneller oder langsamer vorankommen. Wichtig ist, dass wir mit Freude **über das Spiel** – im wahrsten Sinne des Wortes – zu motivieren versuchen. Der Hund wird damit freier, fröhlicher, aufmerksamer und zudem umgänglicher. Sozial verträgliche Hunde sind in der heutigen Gesellschaft wünschenswert, sind Balsam für die Seele, schaffen spannenden Ausgleich, machen Spaß und bringen Gesundheit. Viele Hunde lechzen nach Betätigung und noch mehr Bestätigung, also geben wir ihnen dies durch Lob und Freude, denn so entsteht eine Balance aus Geben und Nehmen. Wer dies erreicht, ist großartig! So wird schlussendlich die ganze Erziehung zu einem permanenten zielgerichteten Spiel. Bis wir diese Kunst beherrschen, braucht es allerdings etwas Übung und den Einsatz unserer Fantasie. Erziehung respektive Dressur über Strafe ist oftmals nur der Beweis der Hilflosigkeit des Menschen gegenüber dem Tier!

Opfern wir ein paar Kartonschachteln während der Welpen- und Jugendzeit des Hundes. Dies ist für den Tätigkeitsdrang des Hundes ein tolles Ventil. Ärgern wir uns nicht über die herumliegenden Kartonschnipsel! Entreißen wir ihm niemals einen eroberten Gegenstand, sonst bringt er uns nichts mehr. So funktioniert Erziehung. Überlassen wir ihm auch immer genügend Spielsachen, um sich selbst zu beschäftigen. Das ist es, was er zusätzlich braucht, um überschüssige Energie ablassen zu können. Werden wir großzügig und tauschen – denken wir daran, ein Stück Karton kann für den Hund mehr Wert sein als die Fernbedienung unseres Fernsehers!

Ein zu früh und ungelernt alleingelassener Hund, oder ein Hund, den man in Abwesenheit in ein Zimmer sperrt, also nicht mehr in der normalen täglichen Umgebung belässt, kann durch die Einengung und die damit entstehende Erregung zum „Terroristen" verkommen. Er wird Möbel, Kissen und anderes annagen, zerreißen; kurz und gut, je nach seinem Charakter mehr oder weniger zerstörerisch auf die Situation reagieren. Ein Hund muss alles erst lernen, oder wir lehren ihn, im Zwinger zu leben. Wie lange dieser Lernprozess zu Hause dauert, ist individuell verschieden und nie genau vorhersehbar. Abgesehen davon entwickelt sich ein weggesperrter Hund ohne viel Abwechslung nicht so vielseitig wie ein Hund im menschlichen „Rudel" mit viel Abwechslung und Sozialkontakten. Es kann bis zu einem Jahr dauern, bis man ihn allein und ohne Einschränkung zu Hause lassen kann. Strafen wir nie, wenn wir nach Hause kommen und der Hund mitten im Chaos schläft, denn wir sind selbst schuld, denn wir haben den Hund nicht korrekt auf diese Situation vorbereitet, respektive er hat es noch nicht verstanden beziehungsweise lernen können!

Ein konsequentes Durchsetzen einer Übung ist erst ab sechs bis sieben Monaten wichtig, tun wir dies dann allerdings nicht, geht der bisherige Lerneffekt des Hundes sukzessive dahin, das heißt, er lernt das Ausweichen, das Verhindern und nimmt dieses Verhaltensmuster in die weitere Erziehungsphasen mit. Später sucht jeder Hund aus natürlichem Instinkt unsere Schwächen und nutzt sie aus, wenn wir dies nicht frühzeitig erkennen lernen. Hundeausbildung ohne vollstes Engagement im Verstandesbereich ist vergebene Liebesmühe. Dies betrifft unsere Einstellung zum Hund, indem wir ihm im Spiel zu zeigen versuchen, wie oder was wir gerne zu erreichen wünschten, um dies für den Hund verständlich zu machen. Durch Bestrafung kann der Hund nicht lernen. Negative Emotionen belasten das Vertrauen zu uns, verunsichern und verhindern positives Lernen. Strafen aus einer Emotion heraus (Wut, schlechte Laune) beschädigt, verunsichert und verhindert die Kommunikations- und die Lernfähigkeit!

Erste Spaziergänge im Alltag

Selbst das Führen eines Hundes die Straße entlang muss gelernt sein. So nehmen wir die kurze Leine, halten diese aber stets lose, damit der Hund ausweichen kann. Man führe ihn von Anbeginn an immer links. Sollten Geräusche von Autos usw. ihn ängstigen, lässt man die Leine so lang, dass er nicht angefahren werden kann, eben so lang, dass er selbst in eine für ihn sichere Zone ausweichen kann und darf. So lernt er, dass ihm nichts passiert, und wir gehen mit ihm weiter, ihn aufmunternd und weiterhin links führend. Wir sind der Leithund und jederzeit den Situationen gewachsen. Diese Ausstrahlung bemerkt der Hund, denn wir spielen so auch verhaltensmäßig den Rudelführer, der an die für den Welpen noch neuen Erlebnisse ja gewohnt ist. Wir überfordern den kleinen Welpen nie und führen ihn richtig – mit Vernunft und Verstand.

Nie lassen wir den kleinen Wicht in die Leine beißen oder damit spielen. Die Leine ist für die Zähne ein absolutes Tabu. Wer diese Regel nicht beachtet, riskiert, dass der Hund später, wenn er irgendwo daran angebunden werden muss, sie versucht zu durchbeißen und sich aufmacht, uns zu suchen. Wir können zur Abwechslung auch mal auf einem Feldweg oder auch quer durch den Wald spazieren, den Welpen frei laufen lassen und sehen, wie er sich trotz der gewonnen Freiheit bemüht, uns zu folgen. Dies entspricht dem Urinstinkt, denn verlöre er den Anschluss an uns, weiß er instinktiv, dass er verloren ist.

Doch zurück zu unserem Spaziergang. Auf der nächsten größeren Wiese angekommen, wechseln wir die Leine und nehmen die lange, dünne und leichte. Wir lassen unseren Welpen sich weiter entfernen und versuchen ihn mit dem Ruf: „Hier" zurückzurufen. Man kann auch leicht auf den Boden klopfen oder sich selbst klein machen, um für den Welpen attraktiver zu sein. Alles, was die Aufmerksamkeit fördert und Vertrauen schafft, ist hier wichtig. Kommt er, so freuen wir uns offensichtlich und zeigen uns begeistert. Danach lassen wir ihn wieder springen und üben dies einige Male. Unsere Freude, unsere freudige Stimme wird unseren Schützling motivieren. Kommt er nicht, so zupfen wir ganz zart an der Leine, wiederholen das „Hier" und wenn er wieder da ist, dann zeigen wir unsere Freude erneut und belohnen genauso wie das erste Mal. In drei bis vier Wochen können wir schon versuchen, die Leine loszulassen, und meist klappt es dann genauso. Man hüte sich aber vor dem Überfordern! Eine Übung nur dreimal wiederholen und dann erst wieder beim nächsten Spaziergang. Die sogenannte lange „Schleppleine" belassen wir, solange dies nötig ist. Wir bremsen den Hund durch die Leine nur, wenn zuvor ein Kommando gegeben wurde. Mit der Zeit kann die Leine verkürzt werden. Der Hund merkt dies nicht und wird trotzdem gehorchen.

Warum „Hier" und nicht „Rex, hier"? Der Rufname des Hundes soll zu Beginn nur in positivem Zusammenhang verwendet werden. Mit ihm verbinden wir ausschließlich Freude und Lob. Kommandos können später mit mehr Nachdruck gesprochen werden. Der Rufname soll vertrauen erhaltend wirken. So prägt sich sein Name positiv in sein Leben, und der Hund kommt stets gerne und freudig zum Hundeführer, denn sein Name bedeutet für ihn ja Schutz, Lob und Freude. Selbstverständlich soll auch das „Hier" ebenso freundlich gerufen werden wie der Name. Die Konsequenz unseres Befehls liegt jedoch auf einer anderen Ebene als der Rufname und muss später (ab 6–7 Monaten) stets durchgesetzt werden. Beim Welpen braucht es aber noch einige Zeit, bis er alles so richtig versteht, und daher ist Geduld gefragt. Wenn ich meinen kleinen Welpen an der langen Leine habe, und „Hier" sage, so lasse ich ihn einfach nicht los und bemühe mich, ihn mit allen Tricks zu mir heranzulocken, sodass ich mich auf diese Art und Weise durchsetze. Ich kann auch ganz leicht an der Leine zupfen, um im Welpen ein leichtes, unangenehmes Empfinden zu wecken. Aber niemals einen persönlichen Druck ausüben, wie schnellen Schrittes holen und packen oder nachrennen. Man kann auf freiem Feld auch einfach in die entgegengesetzte Richtung „zum Schein flüchten" und er wird mit Sicherheit heranbrausen.

Einen Welpen ausführen ist oftmals wie Kino. Beobachtend erkennen wir seine Ängste, sein Zögern, seine Neugierde, seine Unsicherheit, Frechheit und seine Lust am Kennenlernen seiner zunächst unmittelbaren Umgebung. Alles ist neu für ihn, und zu Beginn braucht er unsere Unterstützung, um ein gewisses Unbehagen, das von für uns nicht speziellen Vorkommnissen herrührt, in Erfahrung umzusetzen. Wir sind der „Leithund" und haben eine wichtige Lenkungsfunktion als Oberhaupt des kleinen Rudels. Wir sollten uns nicht ärgern, wenn unser Hund sich auch einem kleineren Hund gegenüber auf den Boden legt. Wir sollten uns darüber freuen, dass er so schlau ist, sich nicht in einen Kampf einzulassen. Das Spielenlassen mit Hunden, die man auf seinen Spaziergängen trifft, sollte man zu Beginn auf jeden Fall nicht zulassen, denn wie schnell wird ein Welpe durch einen beißwütigen Hund verletzt und nimmt durch den erlittenen Schock selbst seelisch Schaden.

Zeigt er Angst vor einer Mülltonne, dann lassen wir ihn an langer Leine etwas zurück und gehen selbst zur Mülltonne, dem Hydranten, dem Baumstrunk oder was ihn auch immer verunsichert. Wir betasten dieses „Mysterium", klopfen mit den Schuhen daran und demonstrieren unserem kleinen Begleiter, dass hier nichts Bedrohliches ist. Mit der Zeit wird er näher kommen, vorsichtig und zögerlich schnuppern, und schon nach kurzer Zeit ist er beruhigt und geht weiter. So lernt unser

Hund seine Umgebung kennen und fühlt sich sicher und wird gleichzeitig selbstbewusster. Nichts ist schlimmer, als ihn in eine für ihn bedrohliche Situation zu zwingen oder daran vorbeizerren zu wollen. Geben Sie ihm Zeit, alles in Ruhe kennenzulernen, versetzen Sie sich in sein kurzes Leben und erfahren Sie, wie enorm lernfähig unsere kleinen Wichte in Wirklichkeit sind. Freuen Sie sich an allem, was er schon kann. Bedenken Sie, wie viel Neues er in kürzester Zeit verarbeiten muss. So wächst auch unser Vertrauen zum Welpen, denn wir sind für ihn ja das große Vorbild und, wie schon gesagt, der Leithund oder Elternersatz.

Lassen Sie den Hund nicht mit größeren und schwereren Hunden spielen, seine Knochen und Gelenke sind noch zu weich und sein Körper braucht noch Schonung. Spielstunden für Welpen bieten den enorm wichtigen Umgang mit anderen Hunden. Nutzen Sie dieses Angebot so ausgiebig wie möglich. Kurse bieten unserem Schützling viel an Erfahrung, was für sein späteres Leben sehr wichtig ist. Kein Kurs ist gleich aufgebaut, und in jedem wird differenziert gelernt. Erst wenn seine Persönlichkeit genügend gewachsen ist, lassen wir ihn zwischendurch mit größeren Hunden spielen, sofern diese genügend sozialisiert sind und durch Größe und Gewicht bei unserem Hund weder einen körperlichen noch seelischen Schaden mehr anrichten können. Beobachten wir aber unseren Hund genau, und wenn er Angst zeigt, (z. B. seine Rute einklemmt) brechen sie das Spiel sogleich ab. Vereinbaren sie dies auch mit dem anderen Hundehalter.

Wenn wir das Jagen nach Katzen, Füchsen, Rehen, Schafen oder Wild verhindern wollen, so unterbinden grundsätzlich wir jeden Versuch, irgendeinem Lebewesen, sei es auch nur einem Schmetterling, einem Blatt im Winde oder einem Vogel nachzurennen, indem wir unseren Schützling, der sowieso noch an der Leine ist, sofort zurückrufen. Gehen Sie absichtlich an Katzen, Hühnern, Schafen, Enten oder Tauben vorbei, und beobachten Sie ihren Welpen. Bei der geringsten Neigung zum Hingehen sagen wir ruhig „Nein" und machen eine Kehrtwendung. Folgt uns der Hund, belohnen wir. Auf einem Waldspaziergang begegnen wir Reitern, Joggern, Fußgängern, Radfahrern und je nach der Wegbeschaffenheit noch anderen Fortbewegungsmitteln. Was auch immer kommt, der Welpe ist bei uns oder wir rufen ihn zu uns. Unser Ziel ist, seine Aufmerksamkeit auf uns zu lenken, indem wir ein Spielzeug oder Leckerli benutzen, ihn damit locken, ablenken und belohnen. Will er z. B. zu einem Hund und halten Sie die Leine straff, denn der Schmerz durch das Zurückreißen des Hundes bezieht er auf das, was er anschaut, und er interpretiert den Ruck als vom anderen Hund ausgehend. Dies führt nur zu erhöhter Aggression. Auch hier gilt es, ihn freundlich zu sich zu rufen, und anschließend die damit erweckte Erwartung auf Streicheleinheiten oder Belohnung zu bestätigen.

Die Kontrolle über den Welpen durch die Führ-Leine ist gerade in diesem Stadium sehr wichtig, denn so sind wir in Verbindung und leben die Kommunikation zu unserem Hündchen. Machen Sie sich zum Kumpel ihres Hundes, spielen sie viel mit ihm, denn ihr Verhältnis und ihr heutiger Einsatz zahlen sich aus. An der Leine gibt es keine Zwänge für den Jung-Hund, sie ist lediglich die Verbindung. Blockieren sie nur und versuchen sie den Hund zu sich zu locken, reißen sie nicht zurück, sondern motivieren sie ihn zurückzukommen. Nutzen sie diese Gelegenheit, denn am Ende ist dies der Schlüssel zur Leinenführung.

Wir können auch das „Steh" und „Warten" üben, wenn wir eine Straße überqueren wollen und anhalten müssen, bis sich der Verkehr gelegt hat. So lernen wir nützliche Notkommandos auch für später.

Betrachten wir uns auch als Vorbilder für unsere Gesellschaft. Gute Hundeführer nehmen den Kot immer auf, außer im Waldesinnern. Nichts ist ärgerlicher für Spaziergänger, als an Wegrändern Blumen zu betrachten und dabei Häufchen der Ausscheidungen unserer Hunde sehen und riechen zu müssen. Das Aufnehmen und Entsorgen wird durch die Gemeinden stark gefördert mit „Robidogs", und zudem tun wir das ja für den eigenen Hund meist ohne Ekelgefühl. Wir respektieren damit auch das Kulturland der Landwirtschaft. Nur wenige machen sich bewusst, dass Nutztiere verunreinigtes Gras nicht mehr fressen. Selbst für uns ist das Aufsammeln von großer Wichtigkeit, denn oft informiert uns die Ausscheidung über den Gesundheitszustand. Sind wir gezwungen, den Hund jemandem zum Versäubern anzuvertrauen, legen sie ihm diese Bitte ans Herz. Er wird sich mit dem notwendigen Respekt zur Umwelt überwinden, obwohl stets ein gewisser Widerwille bei einem nicht sehr nahestehenden Tier naturgemäß da ist.

Gedankenlose waschen Ihre Hunde in öffentlichen Brunnen oder kühlen diese im Sommer darin ab. Hiermit vermiesen Hundebesitzer vielen Menschen eine willkommene Möglichkeit, sich erfrischen zu können. Kindern verderben wir das Planschen und verteilen zudem unter Hunden Erreger von verschiedensten Erkrankungen. So verkommt der Nutzen dieses Geschenkes an die Mitbürger zum Ärgernis und Widerstand gegen die Hundehalter entsteht. Praktisch alle Brunnen verfügen über eine Hundetränke. Diese ist klein und nur für den Vierbeiner bestimmt. Auch in Stadtnähe haben Landwirte große Brunnen, aus denen Kühe trinken. Trotzdem gibt es unbedachte Hundebesitzer, die nicht nur ihre Hunde aus diesen Brunnen trinken lassen, sondern auch noch ihre Hunde darin baden. Dass dies absolut unangebracht ist, sollte klar sein.

Zuhause und Allerlei

Waren wir draußen, ist der Welpe versäubert, können wir auch zwischendurch im Haus ein Spiel eröffnen. Wir sollten wie schon gesagt Pappschachteln zum Zerreißen anbieten, wir können einen Ball davon kullern lassen, und wenn er ihn fängt, ihm zurufen, er möge ihn bringen (aber nur lobend und nie aus dem Fang nehmen, außer man tausche mit etwas anderem!), wir können beobachten, was er alles sieht und auskundschaftet und darauf eingehen. So haben wir tausend Möglichkeiten, uns mit ihm zu beschäftigen. Wichtig ist, dass er gerne etwas tut, und zwar, dass er nur das tut oder zerfetzt, was wir für ihn bereitstellen. Wir können, wenn er sich setzt, „Sitz" und „Brav Sitz" sagen und ihn mit Lob und Streicheleinheiten belohnen, sodass er dieses Wort als harmonisches Kommando kennenlernt, das gleiche geht auch mit „Platz" „Platz bleib" oder „Steh", wenn wir ihn streicheln. Auch das Wegnehmen eines Gegenstandes, den er bringt, sollten wir unterlassen, denn eines Tages bringt er den nicht mehr, weil er die Erfahrung machte, diesen an uns zu verlieren. Wenn schon, dann nur tauschen gegen ein Häppchen oder noch besser gegen ein anderes Spielzeug. Besser ist es, ihn durch Streicheln zu loben, was er da uns gebracht hat, ohne es zu berühren und wegzunehmen. So lernt er tragen, und wenn wir ihm unseren Stolz vermitteln können, hat auch er seine Freude. Später können wir leicht am Gegenstand zupfen, den Anschein geben, als wollten wir ihn stehlen. Wenn er nun obsiegt, wird sein Selbstbewusstsein wachsen und wir sehen, mit welchem Stolz er das weiterhin in seinem Fang behält. Es gibt noch Dutzende von Spiel-Arten und Unterhaltung die wir mit dem Welpen machen können, etwas verstecken und schauen, ob er es findet. Wir brauchen einfach etwas Fantasie, und schon klappt es nach einigen Versuchen. Sein Suchinstinkt kann so zu Hause trainiert werden, wie vieles mehr.

Wenn wir den Hund streicheln und mit ihm reden, denken wir nie, dass wir etwas falsch machen könnten, und doch kann dies unter Umständen nachhaltig negative Folgen nach sich ziehen. Wenn wir ihn streicheln, um ihm Angst zu nehmen (er wurde z. B. durch einen anderen Hund gepackt, durch uns oder andere unachtsam getreten, weil es blitzt und donnert usw.), so wirkt das Streicheln des Hundes in dieser Situation als Angst- und Jammerverstärker und ist absolut zu vermeiden. Demonstrieren Sie, dass Blitz und Donner oder Feuerwerk überhaupt nicht beeindrucken, indem Sie Gelassenheit ausstrahlen; streicheln Sie **nie** in Schreckphasen oder Unsicherheit, denn persönliche Angst des Hundeführers überträgt sich auf den Hund. Wenn etwas passiert, ist es wichtig, zuerst eine gewisse Distanz zu schaffen, gut zu beobachten, unter Umständen vorerst im Spiel weiterzumachen als Ablenkungseffekt, und nur bei einer wirklichen Verletzung den Hund berühren, um ihn zu untersuchen. Oft verlangt dies eine gewisse Selbstüberwindung. Wenn wir den Hund nach einiger Zeit erst untersuchen und ihn abtasten, um zu sehen, ob wirklich keine oder allenfalls welche Verletzung vorliegt, so ist dies meist mehr als genügend. Bei starkem Blutverlust selbstverständlich sofort zum Tierarzt, ansonsten umsorgen wir den Hund nie zu expressiv, sondern nur zweckmäßig mit Betonung auf eher abwartend und zurückhaltend. Es könnte sehr wohl sein, dass der Hund bei emotionalem Verhalten uns später durch Simulieren oder durch anerzogene Angstzustände ganz schön auf Trab hält. Mein Donar verletzte sich leicht an einer Eisentreppe, weil sich sein Bein zwischen den Tritten unglücklich verklemmte. Als ich dies sah, habe ich ihn sogleich untersucht, armer Donar gesagt, ihn gestreichelt und langsam ging es wieder besser. Nach 3 Monaten erinnerte er sich an die Geschichte, hob erneut sein Bein hoch und winselte, um meine Aufmerksamkeit zu erlangen. Als ich das sah, sagte ich: „Simulant, hör auf damit!" Er stellte sein Bein ab und von dann an war diese Geschichte vergessen. So bringen uns Engagement und Einfühlungsvermögen dem Verständnis, „was es ausmacht", täglich näher. Haben wir den Hund getreten, weil er uns im Weg lag, lernt er hiermit automatisch, sich nicht mehr dort hinzulegen. Dies ist ein wichtiger Punkt, denn wie schnell kann man in den eigenen vier Wänden unglücklich über den eigenen Hund stürzen. Aus dem Weg gehen bedeutet gesundes Rudelverhalten, denn auch im Rudel gehen die Rangniederen dem Leitwolf aus dem Weg. Wer dies frühzeitig anerzieht, hat viele Vorteile und bestätigt seine Rolle als Rudelführer und wirkt überdies als aktiver Selbstschutz. Eine interessante Feststellung machte ich, als ich einmal einen Hund zu mir nahm, der stark unter der Schussangst litt; auch Donner und Feuerwerk waren für ihn so traumatisch, dass auch ein gesunder und unbeeindruckter Hund ebenfalls diese Angst in leichter Form übernahm. Auch daraus lernen wir, dass jeder seinen Hund selbst macht und für vieles vorsorgen muss.

In der Box, wenn er fiept oder bellt, obwohl Sie kurz zuvor draußen gewesen waren, der Hund versäubert ist und er einfach nur wieder hinaus möchte, nehmen Sie den Hund nicht aus der Box, solange er bellt! Immer erst, wenn er ruhig ist, denn er könnte ja verknüpfen: Wenn ich nur genug belle, dann holt man mich heraus. Hiermit versucht der Welpe, sich bereits gegenüber uns durchzusetzen, was nicht sein darf.

Verletzt er uns beim Spiel, dürfen wir ruhig „Au!" rufen, aber nicht so, dass er zu Tode erschrickt, ihm aber trotzdem gezeigt wird, dass es uns wehgetan hat. Wird er allzu grob, brechen wir das Spiel ab. So lernt er, dass wir nicht mehr spielen, wenn es zu grob wird. Bitte weder zurückschlagen noch zurückbeißen oder erschrecken durch Urschreie, nein, alles mit einem Lächeln und Wissen über unsere List, ihn erziehen zu können, indem **wir** sagen, wie, wann und mit was wo gespielt wird. Dies gilt auch, wenn er schon älter ist. Wird er übermütig und allzu frech, so stellen wir ihn „kalt" und damit ab. Mit einem unauffälligen Klaps stellen wir z. B. das In-die-Beine-Schnappen ab. Diese Technik darf konsequent jedoch nur absolut emotionslos angewendet werden, als ob wir eine Fliege von den Beinen wegscheuchen würden. Wir führen, ohne hinzusehen, die Hand dorthin, wo der Frechdachs sich erlaubt hatte zu schnappen. Nicht hinschauend und kein Wort verlierend wird seine Tat einerseits wohl korrigiert und gleichzeitig ignoriert. Übersetzt für das Hundeverständnis bedeutet dies dasselbe, wie in Beine oder Hosen zu beißen, ist unangenehm. Ganz wichtig ist die Emotionslosigkeit dabei, denn damit verbindet der Hund nichts Negatives seitens des Hundeführers, sondern etwas, das einfach passiert, wenn er in die Beine schnappt. Drehe ich mich zu ihm, packe und schüttle ich ihn, wird er sich vorsehen, und sobald ich mich ihm zudrehe, wird er sofort fliehen, ganz nach dem Motto: Fang mich doch. So geht oftmals Vertrauen verloren, das wir bis dahin mit viel Mühe und Liebe erschaffen hatten.

Warum Prägung und was wir sonst noch wissen sollten

Prägung ist die vorbereitende Lebensschulung und hat sofort bei der Übernahme des Welpen zu beginnen. Eigentlich sollte man Ferien nehmen, um ihn rund um die Uhr betreuen zu können. Diese ersten Wochen nach der Übernahme sind sehr wichtig, denn die Prägung oder besser gesagt die Erfahrungen, die der Hund in dieser Zeit macht, sind künftig verhaltensbestimmend. Hier spricht man vom Fundament des Vertrauens, das für den Hund geschaffen werden muss, einerseits und andererseits muss ihm auch sein gesamtes künftiges Umfeld sukzessive gezeigt werden, was seine Zeit braucht. Nichts ist für den Hund zu diesem Zeitpunkt wichtiger, als sich sicher und geborgen zu fühlen. So öffnet er sich dem glücklichen Lernen und seine Entwicklung schreitet harmonisch voran. In dieser Phase braucht er uns weit mehr, als wir uns dies vorstellen können. So ist er in Kürze bereit, nach dem

Kennenlernen der engsten Umgebung auch weitere Reize positiv auf-zunehmen. Die ersten sechzehn Wochen im Leben des Hundes sind eben die wichtigsten! Doch achten wir in allem, was wir unternehmen: **Nie zu viel auf einmal!** Alle zwei Tage ein neues Erlebnis ist schon eine recht intensive Prägung, wenn wir bedenken, dass der normale Tages-ablauf selbst schon enorm viel Neues beinhaltet.

Schon nach wenigen Tagen und Wochen können wir behutsam kleine Reisen in die nähere Umgebung machen. Bald folgen weitere Erfah-rungen wie Tramfahrten, Busfahrten, Schifffahrten, Bahnfahrten und ein Besuch am Bahnhof mit Menschansammlungen. Mit Kindern aus der Bekanntschaft Kontakt aufnehmen, Tierparks besuchen, mit ihm auf dem Schoß uns auf eine Schaukel setzen, in einem Aufzug fahren, bei Möglichkeit einen Sessellift benutzen, den Hund über dem Nacken tragen, seinen Fang, seine Zähne kontrollieren, seinen Körper auf Ze-ckenbefall absuchen; all dies sind Aufgaben, die anstehen und geübt werden müssen. Wer vieles von dem befolgt, kann ihn später bei einer Verletzung problemlos transportieren, der Hund ist auf diese Weise allen Anforderungen des täglichen Lebens gewachsen. Auch differen-zierte Bodenbeschaffenheiten begehen, wie Kieswege, polierte Flä-chen im Einkaufszentrum, Brückenstege aus Holz oder Gitterroste sind Dinge, die gelernt respektive geübt werden müssen, um später einen Hund zu haben, der problemlos solche Hindernisse zu bewältigen weiß. Der Kontakt mit Kindern ist enorm wichtig, muss aber gut ge-plant sein, denn dies muss kontrolliert geschehen. Kinder sollen einen positiven Eindruck hinterlassen. Wenn wir selbst nahe beim Welpen sind und die Kinder anleiten, so gewinnt dieser Vertrauen, auch wenn sie laut, etwas fuchtelnd und zögerlich sind. Das Streichelnlassen ist ebenso positiv für Kinder wie für den Welpen. So stärken wir unseren jungen Hund über die verschiedensten Erfahrungen. Aber nie den Schützling allein mit Kindern spielen lassen – ein Hund ist weder Spiel-zeug noch Alleinunterhalter für Kinder.

Wichtig ist auch das Kennenlernen eines Bächleins im Wald, auch kön-nen Sie ihn gerne mal über Hölzer (niedere Scheiterbeigen) locken und so den Hund lehren, sich zu überwinden – durch unsere stimmliche und freudige Motivation bestärkt. Hier ist jeder Druck oder auch nur der kleinste Zwang verboten, sondern nur Belohnung durch Lob für jeden neuen Schritt angesagt. Ebenso mit Sorgfalt über längs daliegende Baumstämme laufen lassen, indem man den Welpen darauf stellt und ihn nebenher mit viel stimmlicher Unterstützung begleitet und motiviert, um am Ende das Tier von Hand wieder auf den Boden zu stellen. Sprünge sind absolut zu vermeiden. Das Koordinieren der Sprünge über kleine Hindernisse lehrt man den Hund erst um den siebten Monat (immer Hin- und Rücksprung), nicht früher und auch nicht zu hoch (20–40 cm, je nach Größe des Hundes).

Ebenso gehört zu einer guten Prägung der Besuch von angeleiteten Spielstunden für Welpen zur Förderung der Sozialisierung. Hier können sie durch spannende Anordnungen und Hindernisse eine Fülle von Eindrücken zusammen mit anderen Hunden sammeln. Eine intensive Spielstunde in solchen Kursen ist sehr anstrengend und verlangt danach wieder entsprechende Ruhezeiten für das Hündchen.

Drehen Sie ihren Hund nie auf den Rücken oder disziplinieren Sie nie, wenn andere es befehlen. Dies wird oftmals empfohlen, darf aber selbst vom Hundeführer nicht gemacht werden. Einen Hund wehrlos zu machen ist ihm gegenüber ein großer Vertrauensentzug. Benimmt sich Ihr Hund zu aggressiv, lassen Sie ihn in einer Gruppe mit älteren Hunden mittun, oder ist dies nicht möglich, so versuche man mit den stärksten Hunden eine separate Gruppe zu schaffen. Ist dies auch nicht mehr möglich, dann suchen Sie gut sozialisierte erwachsene Hunde in der gleichen Größe, und er lernt so die Köpersprache der verschiedensten Rassen, die uns täglich begegnen. Lassen Sie mit ihrem Hund nicht einfach alles geschehen, was andere Menschen anordnen oder bestimmen. Sie selbst wissen, was Sie für Ihren Hund erträglich halten, denn Sie tragen die alleinige Verantwortung. Im Zweifelsfall ignorieren Sie einen kleineren Vorfall, denn in diesem Alter kann ja nur wenig passieren, und gerade deshalb ist es von großem Vorteil, solche Prägungsstunden zu besuchen.

Die Unterlagen, die uns zur Verfügung gestellt werden, praktische Hilfen und Unterstützung durch verschiedenste Literatur, und dies alles kostenlos, zeigen uns das reichhaltige Engagement, das uns hier zusätzlich erwartet. Diese Informationen füllen den Inhalt eines ganzen Buches und die Erkenntnis daraus hilft uns schon recht gut über die erste Zeit. Für mich persönlich ist nichts zwingender auf dieser Welt, als der Besuch einer Welpenprägung, denn erst diese gibt uns die Sicherheit für den Alltag!

Es gibt genügend Besserwisser, die Prägungsstunden als unnötig erachten und glauben, sie können und wüssten dies besser. Die vielfältigen Spiele und Erfahrungen in einer Welpen-Spielgruppe sind dermaßen prägend für unsere Hunde, dass darauf nicht verzichtet werden kann. Die Fortschritte die damit erreicht werden, auch durch das Erkennen und Erlernen der Körpersprache anderer Rassen, sowie die Erfahrungen durch Spielanordnungen, machen diese zu einem Muss! Ebenso ist dies für den Besitzer des Welpen äußerst lehrreich. Denn wo kann er über ihre Kommunikation mehr erfahren, als durch die Beobachtung einer Gruppe von Welpen. Zusätzlich erhält er in diesen Stunden noch fachkundige Erklärungen Antworten auf die verschiedensten Fragen. Selbst Hunde leiden unter diesem Sozialisierungsdefizit, der Halter ist ebenso verunsichert und dieses Versäumnis kann einfach nie, nie und nimmer nachgeholt werden! Das zeigt sich allerdings erst während der nächsten vielleicht 10–15 Jahre. Und wer muss dies immer ausbaden? Der Hund natürlich und nur der Hund!!!

Schnell wachsende Welpen der großen Rassen sollten zu Beginn nicht länger als 15 Minuten herumtollen und sich danach erst wieder erholen. Dies fünf bis sechs Mal pro Tag, um die Gelenke zu schonen und das möglichst nur auf Wiesen oder Böden, wo der Hund einen guten Halt findet. Unkontrolliertes Ausrutschen auf glatten Böden kann die Gelenkpfannen beschädigen und später zu Dysplasie führen. Füttern Sie so, dass die Rippen immer gut spürbar sind und achten Sie, dass der Hund im Junghundealter eher zu mager erscheint als zu dick. Die Gefahr von Gelenkschädigungen wird so aktiv vermindert.

Große, unbekannte Hunde nie mit Welpen spielen lassen und wenn doch, dann nur, indem der große Hund im Platzkommando liegen bleibt und der Welpe diesen so kennenlernt und beschnuppern kann. Alles andere wäre ein Risiko.

Sollte ein junger Hund Angst vor offenen oder sogenannten Holmen-Treppen haben, die auch aus Stein, Holz oder durchscheinenden Gitterrosten aus Eisen sein können und sich davor ängstlich hinlegen, so ist es sinnvoll, diese Übung später, sobald er älter ist, Im Dunkeln oder auch bei nur ganz schwacher Beleuchtung durchzuführen. Der junge Hund wird Ihnen folgen, denn im Dunkeln bleibt er ungern zurück und wird sich überwinden. Dann versuchen Sie es bei Tageslicht und – oh Wunder! – er hat's gelernt. Die Behutsamkeit, mit der man mit dem Hund umgeht, ist das Allerwichtigste. Vertrauen gegen Vertrauen also, das ist es, was es ausmacht.

Täglich sollte man den Hund einmal komplett abtasten um einen Parasitenbefall rechtzeitig zu erkennen. Daneben sollte die Fellpflege, die Zahnkontrolle, das Aufheben und einige Meter Tragen sowie das Streicheln selbstverständlich sein. So entwickelt sich auch gegenseitiges Vertrauen und macht den Tierarztbesuch (Impfungen!) zum freudigen Erlebnis.

Wenn der Welpe bei Autofahrten fiept, bellt oder sehr unruhig ist (sofern vor der Wegfahrt ordentlich versäubert), **so lassen Sie ihn**, reagieren Sie nie darauf, und nehmen Sie ihn erst aus der Box, wenn er ruhig ist. Man sollte mit dem Hund während der Fahrt nicht kommunizieren. Wir fahren behutsam und lassen den kleinen Wicht möglichst still liegen. So lernt er, sich im Auto ruhig zu verhalten, und das ist diese kleine Überwindung zu Beginn wert. Mit der Zeit wird er uns bei längeren Autofahrten durch das Winseln oder Laut geben oder durch intensives Scharren seine Notdurft anzeigen. So erziehen wir für den praktischen Alltag.

Je mehr Herzblut wir in den Hund investieren, umso freudiger und motivierter wird er sich zeigen. Ist dies nicht ein schöner Lohn?

Vor Jahrtausenden hat sich der Wolf allmählich der menschlichen Umgebung angepasst und wurde sogar vereinzelt zu dessen Begleiter. Das weniger angepasste Wolfsrudel warnte unsere Vorfahren vor Feinden und bekam dafür Essensreste. So folgten sie den Menschen. Aber nur wenige konnten sich den Menschen ganz anpassen und anschließen, und diese besonderen Wölfe sind zu den Urmüttern unserer Hunde geworden. So wäre es sinnlos, Kreuzungen mit Wölfen zu versuchen in der Absicht, bessere Resultate in Sachen Gesundheit zu erzielen. Vater Wolf, Mutter Haushund; also Hybriden-Welpen sind äußerst schwierig zu halten. In praktisch allen Fällen wurden diese Hybriden nach spätestens drei Jahren unkontrollierbar aggressiv und äußerst gefährlich für deren Besitzer, weil in der Genetik die angeborene Angst durch das frühere Bejagen der Wölfe durch den Menschen manifest wird, sofern keine Rückzugsmöglichkeit für den Hybriden bestand. So griffen diese Tiere oftmals die Menschen unverhofft an und verletzten sie. Eine Studie in den USA verfolgte eine Vielzahl dieser Spezies, und nach nur drei Jahren kamen keine Antworten mehr über deren Entwicklung respektive das Überleben dieser Tiere. Unser Hund stammt wohl zu über 98% genetisch vom Wolf ab, kann sich noch mit dem Wolf paaren, doch seine soziale Entwicklung ist nicht dieselbe. Das Hirn des Haushundes ist kleiner als das des Wolfes und ist somit etwas anders, vielleicht angepasster und einfacher gestrickt, gemacht für das Zusammenleben mit Menschen.

Gute Zuchten erzielen temperamentvolle Hunde gepaart mit Sicherheit (stabiles Nervenkostüm). Dies ist eine gute Voraussetzung für den Hundesport. Aus den vielen ehemaligen Ur-Hunden und Bastarden entstanden durch gekonnte Zucht stabile Rassen, von der jede nach ihrer Veranlagung etwas Besonderes ist. Aufgrund von verschiedenen Vorstellungen über deren Einsatzmöglichkeiten sowie Vorlieben in Aussehen und verschiedenen Fähigkeiten wurden die heutigen Variationen gezüchtet und gefördert, was aus den sehr differenzierten Rassen deutlich hervorgeht. Nur der Spitzensport arbeitet mit Hunden, für die es mehr Kenntnis und Erfahrung im Umgang braucht, denn diese verfügen zumeist über mehr Trieb als andere. So entwickelten sich auch entsprechende Zuchtlinien für Gebrauchshunde.

Züchten heißt nicht vermehren, sondern züchten heißt im Grunde die Wesensmerkmale wie Lernfähigkeit, Aussehen, Gesundheit und Fähigkeiten (Eignungen durch Selektion) einer Rasse durch Optimierung zu stabilisieren. Daher ist die Information über das Wesensgefüge der Zuchthündin wichtig, denn auch dies ist ein wichtiger Mitprägungsfaktor bei unserem Welpen.

Ob Familien-, Sport- oder Polizeihund, grundsätzlich ist die Entwicklung vom Welpen zum jungen Hund immer gleich. Man kann bereits ab dem dritten bis vierten Monat mit spielerischem Fährtenlesen beginnen, was für den Hund sicher eine Freude sein wird, wollen wir in Richtung Sport- oder Diensthund gehen. Eine Würstchenfährte kann zu Beginn zehn Meter betragen. Vielleicht können Sie am Ende sein Futter hinstellen. Sukzessive kann diese Fährte verlängert werden, doch ist eine gründliche Instruktion eines guten Übungsleiters hier von großem Nutzen. Man kann den Hund ebenso veranlassen, ohne Leine zu suchen, dabei aber keinesfalls eingreifen, sondern beobachten, mit Liebe führen und geschehen lassen, denn es ist ja nur ein Spiel! Er lernt, den Wurstgeschmack mit dem Geruch der Bodenverletzung zu verbinden, um später nur noch der reinen Bodenverletzung zu folgen. Man kann auch einen rechteckigen oder runden Fleck austreten. Hier verstreut man dann Futter, außerhalb gibt es nichts. Auch so lernt der Hund die Verknüpfung von Bodenverletzung und Futter kennen. Bis zum siebten Monat ist das gute, abwechslungsreiche Spiel mit dem Hund die beste Voraussetzung für eine positive Entwicklung.

Gute Kurse für junge Hunde zeigen uns weitere Möglichkeiten für zielgerichtete Spiele auf, die die Team-Bindung stärken. Vielseitigkeit vergrößert die Intelligenz des Hundes und fördert gleichzeitig die Aufmerksamkeit. Schauen Sie ihm in die Augen, spielen Sie aufmerksam mit ihm, der Hund wird's später lohnen durch das gegenseitig gelernte kommunikative Verhalten. Es gibt heute viel zu viele Hundeführer, die wirkliches Spielen mit dem Hund weder verstehen, noch zu nutzen in der Lage sind.

Konsequenz ist die Voraussetzung für jeglichen Gehorsam. Achten wir zum Wohle unsere Hunde auch darauf, dass auf den Übungsplätzen alles, was mit Gewalt und Härte zu tun hat, für unseren Vierbeiner ausgeschlossen wird. Für unseren Hund sind nur wir persönlich verantwortlich. Es gibt Ausbilder, die schnell zum Zwang greifen. Bleiben Sie stark und verlassen Sie sich auf den Rat, dass nur positive Motivation mit dem jungen Hund zum Ziel führt und niemals verfrühter Druck. Es kommt später immer darauf an, wann und wie Druck ausgeübt wird. Je höher der Hund im Trieb, das heißt, je motivierter er ist, mit uns zu arbeiten, umso mehr können wir ihn belasten. Die Bindung wächst beim Hund so immer mit. Als Welpe ist er sehr sensibel, doch mit der Zeit, so nach etwa sechs bis acht Monaten ist die Bindung schon soweit gefestigt, dass er bereits einen gewissen Grad an größerer Belastung problemlos wegsteckt. Man sieht es sehr oft, dass Hunde, die zu früh einem übermäßigen Druck ausgesetzt wurden, diesen nur eine kurze Zeit durchstehen, und dann oftmals **Ersatzhandlungen zu zeigen beginnen** (Ersatzhandlung ist ein Ausweichen von Druck). So lohnt es sich, dem Hund Zeit zu geben, erwachsen zu werden. Auch zu fantasievolles und stressiges Spiel kann zu ähnlichem Verhalten führen und den Hund zu unschönem Übermut verleiten. Es wird später schwierig, in gelassene Abläufe überzugehen und kann ebenso zu Bindungsverlust führen, wenn wir allzu drakonisch das Spiel unterbrechen, respektive in vernünftige Bahnen zwingen wollen oder müssen. Aber man bedenke: Hat der Hund einen gegebenen Befehl verstanden, muss er auch ausgeführt werden. Kann er dies nicht, gehen Sie einen Schritt zurück, überlegen Sie, was nicht richtig verstanden worden sein könnte, und beginnen Sie neu.

Lassen Sie den Hund möglichst mit anderen Hunden herumtollen, nachdem Sie die kleinen Übungen des Alltages, ähnlich wie „Frühturnen", absolviert haben, oder lassen Sie ihn nur dann spielen, wenn Sie danach nicht unmittelbar auf den Übungsplatz gehen. Jeder Hund bindet sich viel leichter an Artgenossen als an uns, und aus diesem Grunde ist in allem das richtige Maß wichtig. Wer am Abend auf den Hundesportplatz will, sollte nicht zu große Wanderungen gleichentags machen oder den Hund mit anderen Vierbeinern allzu lange spielen lassen. Dies beeinträchtigt seine Aufmerksamkeit, die Ausprägung ist aber bei jedem Hund unterschiedlich. In unserem zielgerichteten Spiel sollte die Post abgehen! Einen müden Hund lockt selbst der Hundeführer nicht aus seiner Reserve, und wir sind ja ein Team. Ist der Hundeführer nervös, deprimiert oder voller Unlust, sollte er seinen Hund einfach Hund sein lassen und auch mal nichts tun.

Ebenso wichtig ist, vor jedem Üben dem Hund genügend Zeit zu geben, sich zu versäubern. Er wird dann konzentrierter mittun. Nie auf dem Übungsplatz versäubern lassen! Ebenso sollte man den Hund unmittelbar zuvor nicht füttern. So können wir durch sein Fordern nach Futter uns mit größerer Nachhaltigkeit durchsetzen. Wer arbeitet schon gerne mit vollem Bauch. Nach einer Mahlzeit sollte dem Hund immer Zeit gegeben werden zu ruhen. Das Spielen mit vollem Magen ist gerade für sehr junge Hunde nicht ideal, ist dies doch eine relativ große Belastung im Verhältnis zu seinem jungen und schnell wachsenden Körper. Oft schlafen Welpen zu Beginn gerne nach dem Fressen.

Wollen wir die Schussgleichgültigkeit bei unseren Hunden überprüfen, darf nie geschossen werden, wenn Hunde angebunden sind oder herumliegen, sondern nur während diese spielen respektive wir sie in ein interessantes Spiel verwickelt haben. So verknüpft der Hund den Knall mit Spiel und das Geräusch verliert damit die beängstigende Komponente. Ist die Mutterhündin nicht schussgleichgültig, so werden es auch die Welpen nicht sein. Dies ist auch beim Kauf des Hundes zu beachten!

Wichtig sind auch kleine Konzentrationsübungen. Versuchen Sie, den Hund neben sich zu setzen, halten sie ein Wurststückchen zwischen den Lippen, damit er aufschaut, und bestätigen Sie das Aufschauen durch das Belohnen mit demselben. Verzögern Sie die Futtergabe und verlängern Sie damit das konzentrierte Aufschauen. Dies sind kleine spielerische Übungen, die aber später enorm gute Dienste leisten. Täglich ein paar Mal ein „Sitz, Platz und Steh" üben, das kann man in wenigen Minuten machen. Den Lohn für den Hund nie vergessen, denn auch er arbeitet wie wir nur gegen Entgelt!

Bei Wesensprüfungen oder sonstigen Prüfungen wird der grundsätzliche Charakter überprüft. Das Wesen eines Hundes setzt sich zusammen aus Erbgut und Prägung. Je besser und reicher wir damit unseren Hund ausstatten, je rücksichtsvoller und verständnisvoller wir mit ihm als Welpe und in den ersten Lebensmonaten umgehen, umso mehr werden wir durch seine innere Sicherheit profitieren. Ein Hund, der liebevoll aufgezogen wird, lernt, der Umgebung zu vertrauen, und fühlt sich in allen Situationen wohl.

Instinkte sind angeborene Mechanismen, die im Hund durch Vererbung verankert sind. Dieses spezifische Verhalten erklärt sie zum Hund und entspricht dem arttypischen Verhalten wie das Schnuppern und Beschnuppern von Markierungen und das „Lesen" derselben. Das sind alles Grundreaktionen, die das Tier zum Überleben braucht. Daher sollten wir den Hund hin und wieder ausgiebig seine Umgebung beschnuppern lassen. Wir müssen ihm dafür Zeit einräumen, auch um seine Merkfähigkeit für die unendlichen Unterschiede der Gerüche zu fördern und diese kennenzulernen.

Das Triebverhalten zeigt sich durch entsprechendes Engagement bei der Arbeit und dient ebenso der Arterhaltung. Die differenzierten Veranlagungen der Hunde ergeben schlussendlich zusammen die rassespezifischen Wesenseigenschaften, welche in den diversen Zuchten gefördert und verstärkt werden.

Unter Jagd- und Beutetrieb verstehen wir das Suchen und Aufspüren des Wildes respektive das Jagen und Fassen der Beute. Der Hetztrieb ist mit dem vorherigen eng verwandt und wird auf der Jagd eingesetzt. Stöbertrieb ist das Aufbringen von Wild auf einer unübersichtlichen Weide. Es gibt Sichtjäger, andere Rassen haben wiederum eine ausgesprochene Veranlagung, hauptsächlich mit ihrer Nase zu suchen. So können auch diese Unterschiede unseren Entscheid bei der Auswahl unseres Hundes beeinflussen.

Ebenso natürlich wie wichtig ist der Spieltrieb, der später in einen Betätigungstrieb wechselt und ganz speziell der Motivation beim Hundesport gute Dienste leistet. Ein Fluchttrieb ist nur akzeptabel beim Welpen und entspricht eher der Vorsicht respektive seinem Selbstschutz, sollte sich dann aber während der Prägungsphase, d. h. innerhalb 3–4 Monaten verlieren. Sollte Ängstlichkeit weiter vorherrschen, könnte der Hund möglicherweise ein traumatisches Erlebnis gehabt haben. Ausgeprägte Scheu, Misstrauen und Furcht sind jedoch denkbar schlechte Voraussetzungen für eine Ausbildung und die Sozialisierung. Deshalb ist ja auch die Verantwortung des Züchters gerade in dieser Beziehung besonders groß, und wir sollten ihm vertrauen können und möglichst seine Gewissenhaftigkeit diesbezüglich kennen.

Weitere Triebe wie Geschlechtstrieb, Pflegetrieb, Kampftrieb, Schutztrieb, Wacht- und Wehrtrieb sind Triebe, die wir in der Ausbildung als Hilfen einsetzen respektive mehr oder weniger fördern oder zu kanalisieren haben.

Die Nutzbarmachung dieser Triebe im Umgang mit unseren Hunden ist etwas vom Faszinierendsten. Andererseits bewirkt ein verständnisloses Unterdrücken ein seelisches Verkümmern. So bedenken wir, bevor wir etwas korrigieren, was wir mit einer unterdrückenden Maßnahme bewirken oder anrichten. Psychische Störungen sind oft die Folge, und es wäre besser gewesen, anstelle einer Unterdrückung, die Aggression auslösen kann, eine Umleitung in eine andere Triebhandlung zu vollziehen. So nutzen die Hundesportler den Schutzdienst als Kompensation der natürlichen Triebanlage auf Beute. Dies heißt, den Hund artgerecht so zu halten, dass er seine Triebe ausleben kann, indem Beutespiele durch Schutzdiensthelfer diesen Trieb eindeutig während des Sports kanalisieren. Hiermit ist gewährleistet, dass der Hund im täglichen Umgang ausgeglichen und für niemanden gefährlich wird.

Nach einiger Zeit können die Spielchen von der Wohnung auf die nahe Wiese verlegt werden, doch eines muss ich immer wieder betonen: Nie so viel tun, dass es dem Welpen zu viel wird. Welpen sind nichts für kleine Kinder! Schlechte Erfahrungen mit Kindern während der ersten Lebensmonate können später unerwünschte Reaktionen auslösen, wobei der Hund später aus Angst vor dem Erlebten plötzlich glaubt, sich selbst schützen zu müssen und unverhofft mit einem Verteidigungsangriff reagiert! Daher sollten Kinder nur im Beisein von Erwachsenen mit Hunden behutsam spielen dürfen.

Solange die ersten Zähne noch gut verankert sind, ist ein dickes Seil zum „Kämpfen" ebenso ein idealer Gegenstand wie ein Stück Leder oder ein dickes Tuch. Alles muss dosiert sein, sodass keine Schmerzen bei den Zähnen des Hundes auftreten. Der Sinn liegt darin: **Der Welpe darf und soll gewinnen!** Schmerzen durch Entreißen dürfen nie entstehen, denn so könnte er das Zufassen mit Schmerz verbinden, und das Apportieren wäre künftig nur mit großer Überwindung und Schwierigkeiten noch erlernbar. Der Hund soll zwischendurch sich auch selbst beschäftigen können, und so sind Kauknochen ebenso geeignet wie hin und wieder ein Ast oder ein altes Stück verknüpftes Seil oder ein alter Lappen, den er totschütteln und zerreißen darf.

Während des Zahnwechsels ist größte Vorsicht geboten, was Beutespiele, vor allem das gegenseitige Ziehen, anbetrifft. Andere Spiele sind dafür umso mehr gefragt wie „Bring den Ball". Ansonsten sollte etwas zum Kauen überlassen werden oder man lässt ein dickes Seil fangen, indem man es wie eine Schlange über den Boden schwenkt. Kann er es fassen, dann lassen wir sogleich los, und sobald er wieder loslässt, bewegen wir die „Schlange" erneut.

Spätestens nach dem Zahnwechsel sollten wir erfahren haben, wie motivierbar unser junger Hund ist. Wichtig ist auch zu wissen, was ihn fesselt, und so wird auch das Spiel immer lebendiger, der Hund größer und schneller sowie gewitzter und frecher. Seine Entwicklung ist bereits so weit fortgeschritten, dass wir jetzt auch zwischendurch Befehle wie „Sitz" in das Spiel einbauen können, um gleich danach weiterzuspielen, was einer positiven Bestätigung und ebensolchem Lob gleichkommt. Immer daran denken, nichts übertreiben und das Spiel aufhören, wenn es am schönsten ist. Nur so erhalten wir die Freude und Spannung sowie die mit der Zeit bewusste Aufforderung vom Hund, das Spiel erneut zu beginnen, was wir am kommenden Tag gerne wieder tun, um später auch am neuen Tag der Spielaufforderung erst nachzukommen, wenn **wir** Lust verspüren. So lernen wir den Hund fordern und fördern ihn auch in der Entwicklung seiner Intelligenz. Man bedenke, dass die freudige Stimme das wichtigste Instrumentarium ist, und solange die Freude nicht übermittelt werden kann, versinken wir in Monotonie und werden für den Hund langweilig.

Mit dem Motivationsgegenstand Ball, Kong oder Boudin (Beißwurst) an einer Schnur/Halteschlaufe in der rechten Hand und in einem Kreis von sechs bis acht Metern Durchmesser laufend, folgt uns der Hund auf der linken Seite. Geht er auf der Höhe des linken Knies einige Meter korrekt, so belohnen wir ihn über Futtergabe oder im Spiel mit dem Gegenstand. Dies nie länger als zwei bis drei Minuten am Stück üben. Mit viel stimmlicher Unterstützung und Lob zeigen wir ihm unsere Freude. Sollte der Hund den Motivationsgegenstand nicht mehr hergeben wollen, dann versuchen wir einen Tausch mit einem Stückchen Wurst oder Ähnlichem. Auf keinen Fall entreißen wir ihm seine Eroberung, ohne etwas Entsprechendes dafür anzubieten. Kein Hund reagiert auf alles gleich, und daher sind wir gefordert, durch gutes Beobachten gedanklich auf den eigenen Hund einzugehen. Wird ein Hund auf einen Gegenstand allzu gierig und fordert diesen bis zu einer gewissen Aggressionsbereitschaft, ist zu empfehlen, diesen Gegenstand eine gewisse Zeit wegzulassen und weiterhin mit Futtergabe zu bestätigen und zu belohnen. Futter hat eine beruhigende Wirkung. Man sollte den jungen Hund nicht zu früh zum Kämpfen ermuntern. Im Triebverhalten zu bestätigen ist sehr einfach, doch den Hund wieder in die Normalität zurückzuführen weitaus schwieriger.

Spiel ist das Benzin für den Motor des Hundes. Er hat noch kein Durchstehvermögen und lernt dies durch Übung. Ein Spiel ist auch Dressur, und wer glaubt, ein junger Hund lerne mit Gewalt und Zwang, irrt. Es ist richtig, Dressur ist ein tägliches Spiel mit Abläufen zu bestimmten Zielen, doch das Tun muss aus dem Herzen, dem Verstand und der inneren Freude stammen. Dies wirkt motivierend für Hund und Führer. Es gehören Fantasie und Selbstdisziplin dazu, schlechte Laune ist Gift für das Team, es sei denn, unser Hund motiviert **uns** durch seine „Spiel mit mir Aufforderung". Das gibt es! Was für tolle Momente! Hier flieht die schlechte Laune echt, und so gibt es Hunde, die für ihre Besitzer echte Therapeuten sind. Das vielfältige, engagierte Spiel auch mit gleichaltrigen Artgenossen respektive mit anderen Welpen liegt nun bereits hinter uns. Weitere interessante Möglichkeiten, den Hund zu beschäftigen, ergeben sich im Wald (Frühjahr bis Herbst Zeckenschutz nicht vergessen), beim Versteck-Spielen und auf Ausflügen in die Umgebung, z. B. am See mit Planschen am Ufer, Suchspiele und vieles andere mehr.

Jede Arbeit führt über ein Triebziel (Triebziel gleich Futter oder Spiel mit Belohnungsziel Ball) wie das bei „Fuß" laufen: Sobald der Hund links von mir geht (immer zu Beginn im Uhrzeigersinn im Kreis gehen), kann ich mit Futter oder Spiel sein korrektes Verhalten bestätigen. So lernt er über das Triebziel mit der Zeit vom Führer mit diesem Verhalten Bestätigung zu fordern. Alles aber nur zwei bis drei Mal kurz pro Tag.

Dominanz ist möglicherweise angelegt oder anerzogen, muss aber im Verlauf der Entwicklung in einem sozial verträglichen Rahmen gehalten werden. Ein Hund, der einen anderen beherrschen will, versucht ihn zu dominieren, so er kämpft diesen auf den Rücken und droht. Zeigt der junge Hund dieses Verhalten, liegt es an uns, durch ein scharfes „Nein" dies zu unterbinden. Erlauben wir dieses Dominanzgehabe dem Hund, wird er mit jedem Sieg stärker, das Dominanzgehabe steigert sich bis zur echten Aggression. Diese lebt er auch gegen größere und stärkere Hunde aus. Sie ist mit aller Konsequenz rechtzeitig durch das Einschreiten des Hundeführers zu unterbinden. Wir sind die Rudelführer und bestimmen, was sein darf oder was nicht. Ist der junge Hund mal zu frech und wir freuen uns, dass er uns anknurrt oder sich schlecht benimmt, so legen wir den Grundstein zu einem flegelhaften Verhalten. Oftmals freuen sich unerfahrene Hundebesitzer und sagen: „Hast Du gesehen, wie er den gepackt hat?", und legen mit dieser „Freude" den Grundstein zu viel Ärger. Dominanz dem Hund gegenüber müssen wir praktizieren. Will er von uns gestreichelt werden oder bettelt er nach Futter, lassen wir ihn abblitzen und können dies alles später, auf unser Geheiß oder gegen eine ordentliche Leistung nachholen, sofern wir denken, dass es nun für uns richtig erscheint. Dominanz dem Hund gegenüber zu leben heißt nicht, ihn zu unterwerfen, sondern uns durchzusetzen. Dies gilt nicht nur in der Öffentlichkeit, sondern auch zu Hause. Es bedeutet auch, dass wir für den Hund die bestimmende Person sind und nie er es ist, der uns „führt". Dazu noch ein kleines Beispiel: Der Hund muss aus dem Weg, und nicht der

Besitzer macht einen Bogen um den mitten im Korridor liegenden Hund. Dies ist aktive Dominanz. Ein Dominanzdefizit kann niemals durch Unterwerfung, indem man dem Hund auf den Boden drückt und ihn hilflos macht, ausgeglichen werden. Es bezeugt nur die Hilflosigkeit des Hundeführers, und die Folge ist ein Vertrauensverlust!

Ergibt es sich, dass zwei Hunde einen Machtkampf ausfechten, wenn beide Halter sich kennen und wissen, dass keiner ein „Raufer" ist, der zubeißt, lässt man die beiden Hunde gewähren und jeder Halter entfernt sich in entgegengesetzter Richtung. Solche Rangkämpfe entstehen öfters, doch wenn wir vorbereitet sind, können wir durch Warnung der Hunde mit Kettenwurf dieses „Spiel" auch aktiv unterbinden. Noch besser wäre es natürlich, wenn unsere Erziehung schon Früchte tragen würde und es erst gar nicht dazu käme, weil wir unseren Hund rechtzeitig abrufen können. Wir können, sofern beide Halter die Hunde gut im Griff haben, diese so führen, dass sie nach einiger Zeit zu spielen beginnen und sich vertragen. Raufer sind immer an der Leine zu führen. Man kann dem anderen Hundehalter zurufen: „Achtung, mein Hund ist ein Raufer" und somit nimmt auch der andere den Seinen an die Leine oder ruft ihn zu sich. Hiermit ersparen wir uns nicht nur, dass unsere Hunde verletzt werden und der Tierarzt in Anspruch genommen werden muss, sondern unser Hund wird durch ein schlechtes Erlebnis nicht selbst geschädigt, verängstigt und selbst zum Raufer nach dem Motto „Angriff ist die beste Verteidigung".

An der Leine geführt ist jeder Hund stärker, denn durch diese Verbundenheit läuft er mit uns als wären wir ein Rudel. Hier müssen wir einfach üben. Den Hund führen zu lernen ist eine der wichtigsten Grundübungen. Dies ist übrigens gerade in der Hundeschule für all jene wichtig, welche dies nicht schon mit dem Welpen geübt und konsequent weiterentwickelt haben. Je später man die Aggression auf einen vorbeischreitenden Hund und Halter noch unterbinden muss, umso schwieriger wird es. Den Hund immer an sich binden zu können setzt voraus, dass dies von klein auf geübt, durch aktive Ablenkung belobt und belohnt wurde.

Treffen zwei Streithähne im freien Feld aufeinander, immer von den Hunden in verschiedener Richtung weggehen und diese gewähren lassen. Im Normalfall gibt einer nach und ergibt sich. Gehen wir zum Hund, so fühlt sich dieser bestärkt durch seinen Halter, und der Kampf eskaliert erneut. Nachdem beide Hunde zu ihren Führern gerufen wurden, treffen sich diese und kontrollieren die Hunde auf Bisswunden und notieren sich notfalls die Adresse des Halters des beißwütigen Tieres. Echte Raufer sollten mit Auflagen belegt werden.

Gut sozialisierte Hunde, die gegen den Menschen eine ausgeprägte Beißhemmung zeigen, sind in den seltensten Fällen Raufer und werden eher gebissen, als dass sie selbst einen Artgenossen verletzen.

Rangordnung

Schleichend kann sich die Rangordnung verschieben, indem der Hund die Führung übernimmt. So wird er zum Leittier unseres „Rudels", und was passiert dabei? Er beginnt, uns zu verteidigen, wird aggressiv gegen Fremde wie Postboten oder Besucher und versucht, ebenso zu bestimmen, wohin der Spaziergang führen soll, verliert Gehorsam und widersetzt sich, wo er es für richtig hält. Oft wird dieses Verhalten auf das Flegelalter zurückgeführt, und man glaubt an eine baldige Besserung. Doch nichts verändert sich, im Gegenteil, die Verhaltensauffälligkeiten verstärken sich. Deshalb sollte der Hund so behandelt werden, dass er im heimischen Rudel stets an letzter Stelle rangiert. Es besteht die Gefahr, dass er die Partnerin oder die Kinder unbewusst schützen will und davon können Postboten „ein Liedchen singen". Hier zeigt sich das Fehlen der Autorität der Kinder, weil er nur erzogen wurde, die Autorität des Vaters oder der Mutter oder seines zugeordneten Führers in der Familie zu akzeptieren. Nun versucht der Hund, indem man die Zügel zu stark gelockert hat, den Status des Leittiers einzunehmen, falls der Hundeführer nicht anwesend ist, um die Führung für sich zu beanspruchen. Dies entspringt dem natürlichen Instinkt- und Rudelverhalten der Wölfe (schwache Führer werden abgesetzt). Nun liegt es am Menschen, durch seine physische Kraft und Intelligenz die Dominanz zurückzuerlangen. Je länger wir warten, umso schwieriger wird die Umerziehung. Hier können unangenehme und teilweise sogar gefährliche Entwicklungen entstehen. Mit Konsequenz muss die Hierarchie unbedingt wiederhergestellt werden. Der Hund darf aber nicht gebrochen, sondern nur folgerichtig in seine Schranken gewiesen werden, was gutes Einfühlungsvermögen durch die verantwortlichen Menschen voraussetzt. Ein gebrochener Hund wird ängstlich und unterwürfig, und dies wollen wir ja nicht. Seine Persönlichkeit soll gesund erhalten werden, doch wir müssen zu verstehen geben, dass der Hundeführer und auch jedes Mitglied der Familie Leittier ist und der Hund zu gehorchen hat und er (der Hund) der Letzte im Rang unseres Rudels ist. Jede Einwirkung soll gut überlegt sein, und die ganze Übung wird seine Zeit brauchen. Das Belohnen nach jeder Einwirkung, sobald der Hund es richtig macht, ist und bleibt das Elementarste der Hundeerziehung, denn die Korrektur ist nur wirksam, wenn ich den Hund unmittelbar danach für die harte Führung und beim folgerichtigen Verhalten belohne und ihm somit zeige, wie wir es im Grunde wünschen. So wird es vernünftig sein, den Hund durch das konsequente Führen an der Leine zu erinnern, wer der Chef ist, und dies bestimmt, überlegt und unverzüglich. Hieraus ergibt sich die Möglichkeit der Richtigstellung der Rangordnung, denn nur so verstehen wir, dass wir dem Hund auch körperlich gewachsen sein müssen. Denn wie kann ich sein Verhalten korrigieren, wenn ich mich nicht durchsetzen kann? Andererseits kann aber auch eine Überreaktion zu einem Bruch des Vertrauens führen. So wird uns klar, dass Fairness immer, eben auch bei einer Korrektur, wichtig ist. Auch ein Vereinsamen als Strafe versteht der Hund nicht und so bleibt das Wichtigste nach einer Korrektur sogleich den Druck zu lösen und zur Tagesordnung überzugehen, denn der Hund lebt nur im Augenblick.

Bis zu einem Jahr ist der Hund ein richtiger „Teenager". Danach entwickelt er sich stets und ist zwischen anderthalb und zwei Jahren möglicherweise stark flegelhaft, um bis zu drei Jahren voll zu reifen. Wenn nun die Beziehung stimmt, beginnt die schönste Zeit. Zuvor muss man einfach wissen, dass jegliches Überfordern dem Hund die Freude an der Arbeit (Sport) raubt, bevor die eigentlichen Belastungsproben überhaupt begonnen haben. Liegt das Geheimnis vielleicht hierin, dass, wer sich Zeit nimmt, einen Hund langsam und mit viel Herz auf-zubauen, in späteren Jahren das ernten, was andere durch zu großen Ehrgeiz zu früh bereits verspielen? Die Hundehalter, die ständig zu zeigen versuchen, was ihr Hund bereits alles kann, üben einen über-großen Druck aus. Dies kann sich später auswirken und die Lebens- und Spielfreude des Hundes beeinflussen. Jeder prägt seinen Hund selbst!

Utensilien und weitere Überlegungen

Wer glaubt, nebst den normalen Utensilien wie Halsband, Leine, Brustgeschirr, Schleppleine, Fressnapf und Futter bräuchte er nicht viel mehr, der irrt sich gewaltig. Der Hund kostet einiges mehr als den Preis eines Welpen. Will ich von A nach B fahren, so brauche ich ein Auto mit einer Box für den sicheren Transport. Tierarztkosten sind unberechenbar, denn wie beim Menschen kennen wir die Gesundheit nie genau, und weil diese nicht berechenbar ist, so sind auch die anfal-lenden Kosten variabel. So gibt es Hunde, die vernachlässigt werden und daher wegen mangelnder Pflege und finanzieller Überforderung der Halter traurig enden. Es braucht im Grunde schon ein kleines Ver-mögen und die Bereitschaft, Erspartes für einen Hund zu opfern. Denn jede Weiterbildung kostet. Hundeschulen und selbst die Vereine leben nicht von der Freude der Mitglieder an ihren Hunden. Zeitlicher Auf-wand darf nie gerechnet werden. Wenn der Halter erkrankt, muss er seinen Hund in einem Hundeferienheim unterbringen (25–50 Franken pro Tag), hinzukommen Hundesteuer und entsprechende Versiche-rungskosten. Von den speziellen Klamotten und Schuhen für sich selbst darf man gar nicht reden. Alles in allem ist ein Hund heutzutage ein Luxusgut, das uns verpflichtet und kostet wie kaum andere Hob-bys. Der Hund hat niemanden auf der Welt außer seinem Halter und man ist ihm daher für sein gesamtes Leben, also zehn bis fünfzehn Jahre, verpflichtet. Er bleibt somit immer das „schwächste" Glied in der Kette. Können und wollen wir dies verantworten? Dies alles sollte **zuvor** bedacht und in den Wunsch, „einen Hund zu besitzen", mit ein-bezogen werden.

10 goldene Regeln im Umgang mit dem Hund

1. Vergesse nie das Lob und das beherzte Spiel, denn dies ist sein Lohn!

2. Erarbeite und erhalte Dir das Vertrauen Deines Hundes, und wisse, was dies bedeutet (Bindung).

3. Halte Dich die ersten sechs bis sieben Monate seines jungen Lebens an die einfühlsame Frühkonsequenz, das heißt Bestätigung durch Futter oder Lob, ohne Druck und Zwang. (Vertrauensaufbau)

4. Präge Deinem Hund wichtige Kommandos ab dem sechsten bis siebten Monat mit Konsequenz ein. Bleibe dabei korrekt und beobachte mit viel Herz seine Fortschritte. Mit echter Fairness und Verstand wird sich auf diese Art und Weise das Vertrauen des Hundes zu Dir weiter festigen. Überwache die Lernfortschritte genau – ein Leben lang –, denn der Hund wird immer versucht sein, den für ihn einfacheren Weg zu suchen.

5. Vergewissere Dich, dass Deine Wünsche gegenüber dem Hund, seinem Alter, dem Ausbildungsstand und seiner Reife entsprechen, und vor allem: Sei geduldig und nehme Dir die notwendige Zeit für einem nachhaltigen und sorgfältigen Aufbau.

6. Sei besonnen und BEDENKE Befehle VOR der Ausführung, damit sie absolut korrekt und für den Hund verständlich kommuniziert und durchgesetzt werden. „Sitz, Platz, Steh, Hier und Fuß" sind Arbeitskommandos und werden grundsätzlich (außer im Schutzdienst) erst durch ein Folgekommando aufgelöst.

7. Bedenke, der Hund kennt keine Absicht, also sei tolerant bei einem sogenannten Missgeschick oder Fehler deines Hundes. Er kennt weder Logik noch kann er Emotionen oder Gefühlsausbrüche einordnen. Verhalte Dich möglichst ungerührt und bleibe klar in Wort

und Gestik. Überlege Dir, ob Du nicht selbst sein Fehlverhalten unbewusst provoziert hast.

8. Nutze im Alltag andere Worte zur Kommunikation. Zum Beispiel gewöhne Dich an „Komm", „Daher", „Zu Mir", „Dableiben", „Lieg", „Warten" anstatt „Fuß", „Platz", „Steh", „Kehrt", „Zurück" oder „Hier". Dies sind aber nur Beispiele.

9. Rucke nie an der Leine, wenn Du zuvor dem Hund nicht genügend Zeit gelassen hast, den Befehl zu verstehen und auszuführen. Sein Lernwille leidet bei unklarem Verhalten des Führers.

10. Versuche nicht, durch den Hund zu Ehren zu kommen, sondern sei bestrebt, mit ihm zum Team zu wachsen.

Lob und gerechte Konsequenz sind der Zement in der Mensch-Hund-Beziehung!!!

Ich bin überzeugt, je einfühlsamer und klarer wir mit einem Tier umgehen, umso mehr entwickeln sich seine kommunikativen Fähigkeiten. Auch sollte die Ausbildung nur durch eine einzige Person vollzogen werden, denn wenn alle auf ihre eigene Art und Weise den Hund führen wollen, sind Konflikte vorprogrammiert.

Eine Fernsehsendung beeindruckte mich enorm. Es handelte sich hierbei um eine interessante Reportage aus einem privaten Zoo bei Johannesburg. Sie zeigte uns den Tierpfleger und Mitinhaber Kevin Ritchardson vom „Lion-Park", wie er mit Löwen, Hyänen und sogar einer Giraffe sowie anderen Wildtieren eine Vertrauensbeziehung schaffte. Seine Erlebnisse wurden in dem Film gezeigt und beinhalten viele Wahrheiten, die ebenso auf Hunde übertragen werden können.

Ein Löwe, eine Hyäne oder andere Wildtiere sind mit Hunden oder anderen Haustieren absolut vergleichbar, und somit ist der Aufbau der „Bindung" (gegenseitige Vertrauensbeziehung), gerade in den ersten Lebensmonaten auch bei diesen Tieren das Wichtigste schlechthin. Die Reportage zeigt uns eindrücklich, was Bindung beinhaltet: Sorgfalt in der Pflege, Rücksichtnahme auf die Bedürfnisse, einfache und verständliche Forderungen, Gelassenheit in der Führung und ein großes Einfühlungsvermögen und Respekt vor dem heranwachsenden Wesen. Dies alles zusammen schafft die Grundlage jeden Vertrauens. Dieser Erfolg bei Wildtieren zeigt uns, was dort geschafft wurde, ist mit einem Haushund doch viel einfacher, und auch Sie wollen und können dies schaffen.

Eine Ausbildung wird bei diesen Voraussetzungen viel einfacher, denn sobald das Lebewesen respektive der Hund uns vertraut und dadurch uns gegenüber aufmerksamer wird, kann dieser mit Feingefühl ausgebildet werden. Diesem Führungsstil sollte über lange Zeit treu geblieben werden. Erst am Ende der Ausbildung kann durch mehr Druck der „Feinschliff" erfolgen, denn ab diesem Zeitpunkt wird unser Hund belastbarer sein. Sind seine Lernfähigkeit und Kooperationsbereitschaft erhalten geblieben, wird er den erhöhten Leistungsdruck freudig wegstecken.

Korrekturen, die der Hund nicht verstehen kann, sollten niemals versucht werden, denn die Bindung ist nicht in unbeschränktem Maße vorhanden. Je länger wir für den Hund klar in der Führung sind, umso einfacher wird die sukzessive Perfektionierung. Erst später steckt er ein Fehlverhalten unsererseits leichter weg, sofern das gegenseitige Vertrauen genügend gefestigt und wir den gleichen Fehler nicht mehrere Male wiederholen.

Dies beweist, dass eine „Nacherziehung" bereits älterer Hunde, welche aus Drohen und Einschüchterungen, Strafen oder anderen Zwangsmaßnahmen besteht, das Grundwesen eines falsch aufgezogenen Tieres nur noch unwesentlich verändert. Hunde, die böse, unberechenbar und durch mangelhafte Prägung asoziale Züge zeigen und unter uns leben, lassen sich durch spätere Korrekturen kaum mehr zu sicheren, zutraulichen und gesellschaftsfähigen Wesen umerziehen. Der Halter trägt somit die alleinige Verantwortung und müsste diesbezüglich bei entsprechenden Auffälligkeiten für seine Versäumnisse belangt werden können und nicht der Hund. Wie schnell werden Hunde „ausgesetzt", in Tierheime abgeschoben oder auch eingeschläfert, nur weil sie nicht ihren Bedürfnissen entsprechend geprägt und erzogen wurden.

So hat mich auch diese Fernsehsendung weiter bestärkt, dass mein eingeschlagener Weg richtig ist. Ich würde dies heute nur noch konsequenter leben, hätte ich nochmals die Gelegenheit dazu.

All dieses Wissen ist wichtig, bevor wir einen Hund zu kaufen gedenken. Gleichzeitig konnte ich viele Beispiele an meinem gleichzeitig aufgezogenen Hund parallel vollziehen und hoffe, hiermit praxisnah ein Stück Leitfaden mitzugeben und gleichfalls zu zeigen, wie weit man es bringen kann, wenn man sich bemüht und sich genügend Vorinformationen und ein entsprechendes Umfeld erarbeitet.

Bindung

Die Konsequenz und das Vertrauen
wir können in viele Bücher schauen
alle schreiben diese Worte
doch nur weniges öffnet die Pforte

Alle gewichten dies ungemein
ich weiß warum, sind die Gründe so geheim
darum wird's nicht zu Beginn umschrieben
es ist doch klar, ach wie durchtrieben

Jeder wüsste es hiermit genau
empfähle das Buch auch keiner Sau
hier liest niemand mehr weiter
erkannter Bindungsverlust ist gar nicht heiter

So ist dies erst am Ende beschrieben
wir erkennen, warum es dorthin vertrieben
der Buchverkauf schien allzu wichtig
doch nur Wenige verstehen dies richtig

Worte wie Bindung und Vertrauen
ohne dem Käufer in die Augen zu schauen
blenden aus, was vorerst wichtig
nur Sorgfalt in Prägung ist wirklich richtig

Bindung ist der Anbeginn
erst später die Konsequenz, so haut es hin
denn dieser zentrale Wissensblick
bringt Hund und Führer mehr Geschick

Selbst Schulen für Welpen schweigen
kann dies denn niemand den Neukäufern zeigen
alle erzählen, was sie alles wissen
doch ohne das Richtige, sind viele beschissen

Leider erkennt man viel zu spät
wie dies alles funktionieren tät
so wird später nur geflickt
weil statt Harmonie vieles anders tickt

Gebt unseren lieblichen kleinen Hunden
was der Sinn der Wahrheit soll bekunden
ein jeder erhält ein Info-Schreiben
worin wir die Bindung klar aufzeigen

So hilft dies allen zum großen Glück
auch sportlich generiert man mehr Geschick
denn Hunde werden lernbereiter
und bringen es im Leben weiter

So ist es wie beim Menschenkind
mit Sorgfalt wächst das Hündchen geschwind
der Glaube, der Hund sei ein einfaches Wesen
stammt davon, dass wir zu wenig lesen

Tagebuch von Jypsy de la Videmanette

Vorgeschichte

Ich hatte das Glück, meinen Rüden Ojo (aus dem Spanischen für „Auge" und ausgesprochen Ocho) gemeinsam mit einer etwas älteren Hündin aufwachsen zu lassen, die im selben Haushalt lebte. So prägte nun Ojo zusammen mit mir diese junge Jypsy. Für die Prägungsphase war dies nicht ganz einfach, denn der junge Hund übernimmt zwangsläufig die Unzulänglichkeiten des älteren, gerade in Bezug auf das Jagen von Wild, Katzen, Vögeln, Rehen, Hasen und Füchsen. Denn Hunde verstehen sich und kommunizieren daher untereinander hervorragend. Andererseits war es natürlich sehr positiv, dass damit mein Welpe mit der Komponente „allgemein verträglich und friedlich" ausgestattet wurde, denn er lernte auch die Kommunikation mit Hunden perfekt. Fehler der Prägung, Erziehung und Ausbildung machen ja nur Hundeführer und nicht der Hund, deshalb befasste ich mich im vorangehenden Abschnitt „Ich kauf mir meinen Traumhund" mit der Auswahl und Prägung des Hundes. Im Herzen dankbar für das, was ich mit meinem Hund speziell im Alltag erlebe, wünsche ich dem Leser zu zeigen, dass eine gute Prägung durch Welpen-Spielstunden, Kontakt zu Menschen (vor allem Kinder) sowie Stadterfahrungen und durch Umwelterlebnisse in Feld, Wald und Wiesen sehr bereichert wird.

Tagebuch einer frühen Prägung

Es ist für mich eine tolle Aufgabe, den erst achtwöchigen Hund, geboren am 29.09.03, für die Prägungszeit zu übernehmen und auf das Leben vorzubereiten. Aus einem hervorragenden Wurf von 5 Rüden und 5 Hündinnen erhielt ich Jypsy, denn es war im Augenblick kein(e) geeignete(r) Hundeführer(in) für diese Hündin zu finden. Als Familienhund wäre diese Leistungshündin unterfordert. Deshalb wollten die Züchter sie zurückbehalten, bis eine geeignete Person gefunden wird. Welpen sollten weg von der Mutter, dann können sie sich besser entwickeln. Sie bleibt also nur während der Prägungsphase bis zur siebzehnten oder achtzehnten Woche bei mir, und wir suchen auf Ende Januar/Februar einen geeigneten Platz, um sie dann gut vorbereitet jemandem übergeben zu können, der mit ihr Sport treiben will.

So holte ich meine Schutzbefohlene Jypsy am vergangenen Mittwoch, dem 26.11.03 ab. Ich nahm noch ein paar ungewaschene Tücher, die die letzten Tage zuvor den Boden der Wurfkiste bedeckten, mit, legte diese in die zweite Box in meinem Auto zu dem Welpen und fuhr los. Eine halbe Stunde später waren wir bereits auf einem Hundeplatz. An langer Leine spazierte ich mit meinem Rüden Ojo und freute mich riesig, als Jypsy so mir nichts dir nichts folgte, eher dem Rüden hinterher als mir. Sie versäuberte sich, und ich lobte sie. Die Autofahrt meisterte sie ohne Probleme, da sie schon als Welpe in der Vorprägung bei der Züchterfamilie damit Erfahrung sammeln konnte. Wir blieben den ganzen Nachmittag am Ort und ich übte mit Ojo, während sie im Auto schlief. Als sie erwachte, konnte ich sie allen Freunden zeigen. Gut sozialisierte Malinois-Rüden begrüßten sie herzlich und rücksichtsvoll. Diese zeigten die gleiche soziale Kompetenz wie die Besitzer. Wie sagt man so oft: „Wie der Halter so sein Hund" – stimmt auch in dieser Beziehung.

Spätabends erreichten wir meine Wohngegend, und so konnten sie sich nochmals versäubern. Danach fuhren wir endlich zum neuen Zuhause. Dort entnahm ich beide Tücher aus der Autobox und trug diese mit in die Wohnung, legte diese in die kleinere Flugbox, ebenso den kleinen Hund und das war's für den Tag. Die Box steht natürlich neben meiner Bettstatt, und bis ich mich selbst fertig fürs Schlafen gemacht hatte, jammerte Jypsy. Sobald ich im Bett lag, wurde sie ruhig und schlief bis gegen 05.00 Uhr! Ein leises Fiepen und ich war gleich wach, trug das kleine Hündchen hinaus auf die Wiese, wo es sich versäubern durfte! Ich lobte sehr und ließ sie danach erstmals die Wohnung erkunden. Es war spannend, mit welchem Interesse ein Welpe alles untersucht und beschnuppert.

Nach kurzer Zeit steckte ich sie wieder in die Box, sie jammerte leise, denn sie wollte lieber mit Ojo frei in der Wohnung bleiben. Ich ließ das Gejammer einfach über mich ergehen, denn so laut war es auch wieder nicht, stellte das Radio ein und so beruhigte sie sich nach einer Viertelstunde, wobei ich in Sicht- und Hörweite blieb. Ojo lag auf seinem Schlafplatz und kümmerte sich kaum um die vorübergehend zugezogene Mitbewohnerin.

Nach dem Frühstück ging es wieder hinaus in die Natur und danach zum Fachmann für Hundesportartikel. Dort kauften wir das noch ein, was mir zu fehlen schien. Ich entschied mich für eine Roll-Leine (8 m), einige Spielsachen wie Ball, Beißwurst, dickes, farbiges Seil, Leine und ein zusätzliches Wasser-/Futtergeschirr fürs Auto. Einiges hatte ich ja noch aus der Jugendzeit von Ojo, und dies lag zu Hause bereits am richtigen Ort für Jypsy bereit.

Dann auf den Hundeplatz, wobei sie in der Box im Auto lange schlief. Um 14.00 Uhr fuhren wir zur ersten Spielstunde für Welpen. Die Straße führte nach Wyden zu Vreni Reding, selbst Hundeführerin und Ausbildnerin mit großem Fachwissen. Eigentlich wäre dies bereits am zweiten Tag noch zu früh für Jypsy, doch der Welpe war durch die Vorprägung der Züchter schon so selbstsicher, dass hier absolut nichts zu befürchten war. Noch war die Leine für sie ungewohnt und ich bemerkte auch, wie sie nach einigen Metern zum Auto zurückstrebte. Dass dies ganz natürlich sei, erklärte man mir auf dem Hundeplatz. Das Auto wurde nun in kürzester Zeit zur sicheren Höhle, und der Welpe entfernt sich zu Beginn seinem Wolfs-Erbe entsprechend nur ungern von diesem geschützten Platz. Mit einigen Lockrufen folgte sie mir an langer, loser Leine, denn wegziehen, also den Hund zum Nachfolgen zu zwingen, bringt ja nichts. Locken anstatt Zwingen ist die Devise bei allen Welpen. Auch ein Stück des Weges unter den Arm nehmen hilft, diese erste „Blockade" zu überbrücken. Wir sahen dort viele Geräte und Spielgegenstände und natürlich die verschiedensten Welpen, also sicher so über zwölf junge Geschöpfe und einen größeren Malinois-Rüden. Wir wurden angewiesen, die Hunde zu beruhigen, sie vor uns hinzusetzen, und schon diese Übung war für mein Temperamentbündel eine kleine Herausforderung. Hatte der Welpe zu mir ja noch wenig Vertrauen, und Vreni sagte richtig, dass man den Welpen die ersten Tage nur bei sich haben und erst danach in die Schule für Welpen kommen sollte. Es wurde fachlich kompetent auf die wichtigsten Probleme – wie erziele ich Stubenreinheit, Leinenführigkeit, wie soll man strafen usw. – eingegangen, und am Ende der Stunde waren wir gut eingedeckt mit nützlichen Hinweisen. Hunde frei: Und ich überließ alles dem Schicksal. Die Hunde wurden losgelassen und jeder schaute beinahe ausschließlich auf den Seinigen. Ein Welpe benahm sich etwas zu forsch, beinahe aggressiv und wurde gekonnt von Vreni auf den Rücken gelegt, beruhigt und danach wieder springen gelassen. Dies zeigte große Wirkung, doch es ist sehr wichtig, dass dies nie vom Hundeführer selbst gemacht wird (Vertrauensverlust)!

Meine Jypsy verliebte sich sogleich in den Malinois und rannte ihm nach. Wie er ihrer gewahr wurde, stellte sie sich ihm entgegen, knurrte und gab zu verstehen, er möge sich benehmen, sonst ..., aber er glaubte ihr nicht und schon hackte sie mit ihren Zähnchen auf ihn ein, sodass er wegrannte, sich aber immer wieder mit der Geste „Fang-mich-doch" annäherte. Jypsy ist in dieser Beziehung sehr unerschrocken und ich selbst so überrascht über ihr Verhalten, sich verteidigen zu wollen, dass die Vreni meinte, sie wäre vielleicht etwas überfordert und reagiere deshalb unsicher respektive aggressiv. Aber schon frühmorgens auf dem Spaziergang trafen wir eine ältere Tervueren-Hündin, und als diese sich meiner kleinen „Hexe" näherte, stellte sie sich vor diese und knurrte schon gut hörbar. Diese witterte, dass dies ein Welpe sein musste, und wich beschwichtigend zurück.

Heute, am dritten Tag bestimmten die kurz gehaltenen Spaziergänge den Ablauf des Tages. Zu Hause war dann das Spielen, das Beobachten und das Verstehen der Bedürfnisse angesagt. Vor allem brauchte sie noch viel Schlaf. Heute Abend, als ich sie in die Tagesflugbox legte, war sie sofort still, nachdem sie sich auf der Dachwiese großartig versäubert hatte und danach mit Ojo noch etwas herumtollen durfte. Wie sie heute Nachmittag am Teppich zu nagen begann, fasste ich sie wortlos am Nacken, indem ich von hinten her über sie hinwegschritt und mich bückend sie etwa dreißig Zentimeter zurückschubste. Kommentarlos ging ich weiter. Sie realisierte noch nicht, dass **ich** der „Bösewicht" war, und glaubte sehr wahrscheinlich, es sei vom Teppichnagen verursacht worden. Als ich wieder aus dem Büro kam, lag sie neben Ojo, dem großen Schäferhund und beschäftigte sich mit einem großen Blatt aus dem Garten und war restlos zufrieden. Ojo konnte nun, nachdem er so wunderbar von der Hündin Arca geprägt worden war, all das weitergeben, was er von seiner „Prägungshündin" erfahren durfte. Er ist äußerst geduldig, liebevoll und zärtlich mit dem wirbeligen Wesen, das mit ihm machen kann, was es will wie Ohrenkneifen, Lefzen lecken, auf ihn springen und vieles andere mehr.

Heute Abend geht es zu einem Anlass und die Hunde nehme ich immer mit. Versäubern, Abfahrt, dann im Auto an Ort zu fressen geben, Wasser bereitstellen und so schliefen sie dann auch, bis wir nach Hause fuhren. Danach nochmals hinaus ins Freie und dann aber ab ins „Körbchen"!

Den vierten Tag bei mir. Vorerst mal gute fünf Stunden durchgeschlafen, Jypsy meldete sich erst, nachdem ich aufgestanden war. Ob sie vielleicht nicht noch weiter durchgeschlafen hätte, weiß ich daher nicht. So nahm ich sie einfach auf und trug sie in den Garten. Danach in die Box, die tagsüber im Wintergarten platziert ist, doch nun reklamierte sie wohl über eine halbe Stunde winselnd, bellend und wieder fiepend. Ich dachte, jetzt zieht sie alle Register, um mein Herz zu erweichen, das wohl arg litt, aber ich durfte nicht nachgeben. Würde ich darauf reagieren, würde sie lernen, mit Bellen, Winseln und großer Unruhe gibt mein Chef schon nach und holt mich heraus. Wie sie eine Viertelstunde still war, erlöste ich sie aus der Hundeflugbox.

Nach den Spaziergängen fuhren wir noch in die Stadt, und direkt vor der Bahnhofhalle in Zürich parkierten wir unser Auto. Der Straße entlang – großes Staunen über den „Stahlkoloss Tram", über Lastwagen und die vielen Autos — spazierten wir in die beeindruckende Halle. Menschen mit Koffern, vor allem auf kleinen Rädchen gezogen, Taschen, Elektrofahrzeuge, Radfahrer …, alles betrachtete sie mit Staunen, etwas vorsichtig aber ohne Angst. Jypsy suchte nicht einmal meine Nähe, nein, sie war interessiert an Wänden, Markierungen von anderen Hunden und stolzierte mal rechts, mal links; selbst zu Menschen war sie freundlich. Sie beugten sich zu ihr hinunter und streichelten sie – also nach gut zehn Minuten dachte ich, dass es für heute genug sei, und wir steuerten wieder zu unserem Auto.

Noch immer löst sie sich schlecht vom Auto und freute sich, wenn sie eine offene Heckklappe sieht, selbst bei fremden Autos, um dort ihren Höhleneingang zu vermuten. Zu Hause schlief sie gut und fest, und den heutigen Tag beendeten wir, denn all die Eindrücke müssen ja auch seelisch vom Welpen verarbeitet werden, und wie macht er dies? Im Schlaf natürlich.

Der fünfte Tag bei mir. Um 05.30 Uhr aufgestanden, Jypsy schlief durch, und so fuhren wir frühmorgens, nach kurzem Spaziergang Richtung Westschweiz. Um 09.00 Uhr waren wir in mir bekannter Umgebung, und Ojo durfte Fährten und Gehorsam üben. Jypsy traf zu meinem Erstaunen und zur Freude vieler ihren Bruder Joy. Es war interessant, dass Jypsy selbstständiger war, Joy schien aber das bessere Zutrauen zu seiner Besitzerin Silvia zu haben. Hier stellte ich fest, dass möglicherweise ein verstärktes Sich Abgeben mit dem Welpen ein diesbezüglich besseres Ergebnis zeigt, doch ich hatte Jypsy ja auch zwei Tage weniger bei mir. Es war ziemlich kalt (3°), und Jypsy zitterte leicht. Sie ist eine kleine „Schlotter-Liesel", dies deshalb, weil ihr Fell noch nicht so dicht ist. Hier lernte sie den ersten Schnee kennen und stapfte uns wacker nach, doch ob es ihr Spaß machte, war nicht zu erkennen. Schnell hatte sie genug und wollte wieder an die Wärme und betrachtete die Welt lieber aus ihrer Höhle. Außer der neuen Umgebung war nichts speziell an diesem Tag, und auch der folgende brachte nur wenig Abwechslung. Alle Freunde, für sie wildfremde Menschen, durften sie streicheln und freuten sich mit mir an ihrer Aufgewecktheit. 23.00 Uhr Bettruhe!

Ich brauche kaum zu erwähnen, dass zu Hause der Welpe entweder Ojo oder mich sucht, um sich geborgen zu fühlen. Auch ganz einfache Spiele wie „Fang-mich-doch" gehen zwischen den zwei Hunden ab, oder der Versuch, an einer Pflanze zu zupfen. Doch sobald ein klares „NEIN" erklingt, hält sie augenblicklich inne und merkt, dass dies nicht gewünscht ist. Der Einfallsreichtum eines Welpen ist vielschichtig und bedarf eines großen und auch erfüllenden Engagements, stets mit viel Wohlwollen darauf zu achten, dass sie sich benehmen lernt, natürlich ohne viel Nachdruck. Wichtig ist aber auch, dass sie etwas hat, womit sie sich beschäftigen darf. Eine alte papierne Einkaufstasche und ein paar Kartons stellte ich bereits hin. Spielgegenstände sind hier von großem Nutzen. Zu diesem Zeitpunkt brauchen wir Toleranz betreffs der Dinge, die da plötzlich herumliegen. Je mehr der Welpe vom Halter zu spielen bekommt, umso weniger Unfug macht er. Je ruhiger und gelassener wir zweckentfremdetes „Spielzeug" wegnehmen, umso weniger interessant ist es für den Hund, und er beschäftigt sich mit dem, was wir ihm eben überlassen. Außer dem ständigen Aufräumen haben wir so keine Probleme und der junge Hund kann sich selbst beschäftigen. So fühlt sich Jypsy sicher und wohl und lernt dadurch, sich mit etwas auch konzentrierter auseinanderzusetzen. Das Zerlegen eines Kartons wird auch laufend effizienter, und ihr Eifer überrascht. Auch erkenne ich ihr Beobachten der Umgebung, indem sie, wenn sie wach ist, vor allem mich aufmerksam verfolgt und immer genau hinschaut, was ich tue. Ist dies Misstrauen oder Neugier? Das weiß man noch nicht so genau.

Am siebten Tag war bereits um 06.15 Uhr Tagwache. Jetzt hat sie schon über sieben Stunden durchgeschlafen! Zuerst versäubern, dann Spiel mit Ojo und mir, dann Frühstück und wieder ab in die Flugbox, damit ich mich in Ruhe ebenso bereit machen kann. So beginnen die Tage und es ist für mich bequem, denn sie benutzt zur Überbrückung der Wartezeiten Spielzeuge wie Tragetaschen und Bierkartons und zusätzlich noch das dicke Seil. So bin ich immer dabei und nichts lasse ich sie benagen oder sonst wie beschädigen außer das ihr Zugeordnete. Sie ist ja ständig unter Kontrolle und wird notfalls von mir abgelenkt, sofern sie etwas tun will, das unerwünscht ist.

Wir fuhren zu einem weiteren Übungsplatz, lernten eine neue Umgebung und weitere Menschen kennen und sahen dem Schutzdienst fortgeschrittener Hunde zu. Sie verhielt sich neutral, d. h., sie war unbeeindruckt und verhielt sich auch entsprechend. Überhaupt finde ich, diese Hündin strahlt viel Ruhe aus im Auftreten, ist absolut nicht schutzbedürftig, sondern zeigt sich selbstbewusst. Mir ist nun klar, warum der Züchter diesen Hund nicht in eine Familie geben wollte, denn dazu wäre er von der Veranlagung her wohl geeignet aber schnell auch unterfordert, denn diese Zuchtlinie braucht mehr Engagement, rein von der temperamentvolleren Veranlagung her gesehen. Diese Sporthündin, was nichts aussagt über deren zusätzliche Fähigkeiten, denn nun ist sie ja noch ein

Hund wie jeder andere, muss erst noch richtig und gut geprägt werden, um sich zu einem angenehmen Hund für unsere Gesellschaft zu entwickeln. Nun wechseln sich Hundeplatz und Prägungskurse für Welpen ab. Dies ist halt so, wenn man zwei Hunde hat. Ich bin so stolz auf sie, dass ich nicht daran denken mag, sie eines Tages wegzugeben, um einen oder eine gute Hundesportler(in) glücklich zu machen. In der Spielstunde für Welpen geht's locker zu, die Leiterin hat für jeden Hund ein gutes Gespür und erkennt Verhaltensänderungen, auf die sie auch hinweist. So war Jypsy bereits nicht mehr so aggressiv wie das erste Mal und als ich wünschte, dass sie sich hinsetzt, drückte ich aus alter Gewohnheit mit der linken Hand das Gesäß herunter. Sie reagierte recht zickig, und die Leiterin wies mich an, den Hund nicht zu drücken, sondern zum Aufsehen zu bewegen und dadurch das „Sitz" zu erreichen. Sehr richtig ... es funktionierte, und ich musste nur noch bestätigen „Brav Sitz; feine Jypsy". So vermeiden wir Konflikte gerade zu Beginn der Prägungszeit. Auch wenn der Hund an der Leine zieht, nicht zurückziehen, sondern nur mit feinem Zupfen dem Hund ein störendes Gefühl vermitteln und ihn freundlich auffordern, das zu tun, was wir wünschen, nämlich das Bei-mir-bleiben. Sofern wir nur ziehen, und dazu braucht es nicht viel bei dem „Fliegengewicht" eines Welpen, lernt er das Entgegenstemmen. So müssten wir später oft mehr Kraft aufwenden, denn sie hätte, anstatt zu mir zu kommen, das Entgegenhalten gelernt.

Zu Hause habe ich ein altes Frottiertuch bereitgelegt und damit das Spiel eröffnet. Es ist eine Freude, wenn man daran ziehen konnte und vor allem, wenn es dann mit einem „Ratsch-Geräusch" zerriss und jeder sich ein Stück eroberte. Der große Schäferhund hat seine Liebe für dieses Spiel wiederentdeckt und half tüchtig mit, das Tuch in hundert kleine Stücke zu zerteilen. Auch kleine Hölzchen, aus dem Wald nach Hause getragen, liegen herum, und auch hier hat die Kleine großen Spaß, vor allem, wenn sie diese von Ojo stibitzen kann. Dann trägt sie diese wie eine Trophäe herum und rennt damit um Tisch und Stühle. Ojo lässt alles sofort los, wenn sie ihm einen Gegenstand aus seinem Fang zerrt, und überlässt ihr diesen genauso, wie er es zu seiner Zeit von seiner „Ziehmutter" lernte.

Am zehnten Tag sah ich ein, dass ich unbedingt auf vermehrte Ruhepausen achten muss, denn Welpen brauchen noch viel Schlaf. Trotzdem postierten wir uns, weil eine Schule so nahe liegt, nach Schulschluss in der Nähe des Ausgangs derselben, welcher über den Pausenplatz direkt zu unserem Standort führte. Absolut nicht ängstlich, sondern vorerst nur fixiert auf einen zerquetschten Apfel und auf ein angegessenes Stück Brot erwartete sie trotz allem interessiert die Kinderschar. Ein Lehrer war dabei und ich sagte, dass es sich um einen Welpen handle und dass die Kinder sie, ohne Angst zu haben, streicheln dürfen. Der Lehrer ging in die Hocke und Jypsy küsste ihn sogar, durfte an ihm aufstehen und auch die Kinder streichelten die niedliche kleine Jypsy. Ich riet ihnen, die Händchen nicht von oben herab zum Hund zu bewegen, sondern von vorne unten. Manch ein Hund könnte ja meinen, man wolle ihn packen und wäre verängstigt. Auf der anderen Straßenseite lag mein Schäferhund auf dem Gehsteig und wartete. Das Kind einer Frau mit einem kleinen Hund, die ebenfalls vorbeikamen, wollte aber zum großen Hund. Ich rief Ojo herbei, das Kind umarmte ihn. Er reagierte ganz liebevoll mit einem Stups mit der Nase auf die Wange.

Nachmittags fuhren wir zum Tierarzt, wo Jypsy die letzte Impfung erhielt. Dieser war erstaunt über meine aufgeweckte Hündin, die die Praxis genau untersuchte, alles beschnupperte und sich so zwanglos benahm, als wäre sie in ihrem Revier. Nach der Impfung, die sie ohne Reaktion über sich ergehen ließ, untersuchte der Arzt Augen und Ohren, Herztöne, Gelenke und Muskulatur und attestierte mir ihren guten Zustand, also ein gesunder, junger Welpe.

Bereits am elften Tag ein Hurra!!! Voll durchgeschlafen!!! Von abends 10.00 Uhr bis morgens um 06.45 Uhr!!! Welche Leistung von meinem Hündchen! Zuerst hinaus, dann Frühstück, sodann kurzer Schlaf und danach erneut aufs Feld. Wir trafen noch verschiedene Hunde, doch Jypsy benimmt sich bereits wie eine erfahrene Hündin. Interessiert aber nicht aggressiv, freundlich zu den

Menschen, also alles in allem ein Hündchen wie aus dem Bilderbuch. Wenn sie dem Ojo nachrennt und ich sie aus einer gewissen Distanz rufe, dann kommt sie wie der Blitz zu mir, wo ich sie, ohne mit Leckerli zu locken, lobe, indem ich streichle und sie gleich wieder springen lasse. Wenn ich dann Ojo rufe, rennt sie ihm entgegen, als wollte sie sagen: „Wir haben doch gesagt, du sollst sofort kommen!" Sie kneift ihn in sein dickes Fell, was Ojo nie beeindruckt. Nach dem Spaziergang legte ich sie ins Auto, und ich machte noch eine interessante Runde mit Ojo allein. Man muss schon sehr aufpassen, dass der Welpe keine Vorzugsbehandlung genießt, denn damit könnte man möglicherweise Eifersucht erwecken, oder der ältere Hund würde möglicherweise resignieren, aber eben das wollen wir ja verhindern. Er knurrt wohl hin und wieder, was ich bei ihm sonst nicht beobachtete, doch mir kommt es vor, als wäre dies wie ein großväterliches, liebevolles Knurren, um mit Jypsy auf seine Art zu kommunizieren. Es ist schon speziell, einen großen Hund mit einem Welpen spielen zu sehen, der bewusst gefühlvoll und mit Rücksicht reagiert, um die feingliedrige Jypsy ja nicht zu verletzen. Ich empfinde im Betrachten dieses gemeinsamen Spiels ein überdurchschnittliches Glücksgefühl, was ich in der Jugendzeit bei Ojo bereits schon mal erlebte, als ich zusah, wie gefühlvoll auch er von der älteren Hündin umhegt und gehätschelt wurde.

Wie reagiert sie wohl auf den Staubsauger, dachte ich mir. Ojo wollte stets in die Saugdüse beißen, und ich musste ihn zurückrufen. Jypsy hingegen ging hin, beschnupperte den „Luftheuler". Und? Ja, ich hab's gesehen, nichts Interessantes für mich; und entfernte sich. Nervenstärke zeigt sie! So, nun aber wieder in die Flugbox, Trinkwasser hat sie drinnen und ohne zu fiepen oder zu bellen, akzeptiert sie dies und schläft in Minuten so, dass alles Übrige schon weit weg erscheint. Das rechte Ohr ist jetzt fest und gut geformt, beim linken kippt noch leicht die Spitze, aber in ein paar Tagen trägt sie bestimmt beide Ohren aufrecht, die sich später noch weiter festigen werden.

Eine interessante Feststellung machte ich. Sie betrachtet wohl die Wohnung als ihre Höhle, doch der Eingang des Hauses sowie die Garagenhalle bezieht sie nicht mit ein. An diesen Orten versuchte sie regelmäßig, sich zu versäubern, und ich komme bald nicht mehr darum herum, sie bis zum Auto zu tragen, damit sie sich am richtigen Ort von ihren Bedürfnissen befreien lernt.

Wenn wir irgendwo allein sind, also Jypsy und ich keine Gefahr erkennen, lasse ich sie frei laufen und gehe zügig vorwärts. Ich schaue mich nicht um, und so lernt sie, auf mich zu schauen, denn in der Wildnis ist ein Welpe, der den Anschluss an sein Rudel verliert, verloren, und genauso folgt sie uns auch. Der Wald ist dazu ideal, denn Bäume sind gute Verstecke, und so verfolgt uns der Welpe mit aller Intensität. Dies wirkt in vielerlei Hinsicht positiv, da es auch die Aufmerksamkeit des Hundes auf den Hundeführer fördert.

Sonntag, den 7.12.03 – Welpen-Spieltag bei einer der bekanntesten Welpen- und Prägungsschulen in Zürich, bei Dina Berlowitz und Claudia Oberer, begleitet von Heinz Weidt.

Gut vorbereitet, nach langem Schlaf von 22.00 Uhr bis 06.15 Uhr, begann der Tag mit Frühstück, einem kurzen Spaziergang und dann mit Zusatzpause für Jypsy bis zur Prägungsstunde. Wenn man auch glaubt, alles richtig zu machen, ist man immer wieder froh, Tipps zu erhalten. Wann und wie strafen, wann loben usw. Man vergisst alles so schnell, sobald der Hund groß ist. Bei mir ist es doch erst gute vier Jahre her, seit ich am selben Ort mit Ojo die Prägung absolvierte. Über neueste Erkenntnisse informiert zu sein, kann ich jedermann nur empfehlen. Durch das Auffrischen seines Wissens und das Aufzeigen wichtiger Entwicklungsschritte helfen diese Kurse, unsere neuen Begleiter konfliktlos auf ein harmonisches Zusammenleben vorzubereiten. Man lernt vor allem, den eigenen Hund mit all seinen Stärken und Schwächen, auch im Vergleich zu anderen, zu sehen. Zeitliche Abstände zwischen leichtester Korrektur und Lob sind bei einem Welpen anders als beim erwachsenen Hund. Man soll nicht so schnell nacheinander loben oder tadeln, denn dies verwirrt ihn, und er weiß deshalb oft nicht mehr, ob er gelobt oder eben getadelt wurde. Auch bin ich überzeugt, dass sämtliche Korrekturen sehr gut überlegt sein sollten, und behaupte: Weniger ist mehr! Alles aber sollte gelassen, klar und emotionslos ausgesprochen werden und man bedenke, auch Hunde müssen unsere Ausdrücke erst mal verstehen lernen (Die Züchterfamilie sprach Französisch und ich Deutsch und zu alledem noch alles in einer anderen Klangfarbe!). Wenn eine solche Prägung etwas kostet, so ist dies nichts im Verhältnis zum Nacherziehen im Junghundealter. Dies kostet später viel mehr Nerven und verursacht mehr Knatsch mit dem Hund, als wir uns vorstellen wollen. Durch eine Leiterin wurde mir, nachdem meine Jypsy sich überaus dominant und teilweise aggressiv zeigte, empfohlen, meinen Hund zu disziplinieren, indem ich meine Jypsy auf den Rücken legen sollte. Ich machte dies, ohne genau zu überlegen, doch meine Hündin lernte damit nur, dass dieser Platz für sie gefährlich ist, vor allem das „Zu-mir-Herkommen". Ich konnte sie kaum mehr einfangen und an die Leine bringen. Dieser falsche Zugriff verband mein Hund mit der Örtlichkeit und kam an den folgenden Kurstagen (wöchentlich nur einen) auf diesem separaten Sektor des Übungsplatzes vorerst nicht mehr zu mir, das heißt, sie kreiste wohl um mich, doch sie ließ sich nicht fassen. Draußen und auf anderen Spielplätzen des Welpen-Prägungsareals blieb ihr Verhalten völlig normal, und sie kam immer, wenn ich sie rief. Dies zeigt, dass Welpen sehr sensibel reagieren, also lieber zuerst denken und erst dann handeln. Hätte die Leiterin diszipliniert, wäre möglicherweise überhaupt nichts passiert, außer einem leicht größeren Misstrauen zu fremden Personen. Wir erhielten noch zusätzliche Unterlagen, was aufzeigt, wie komplex das Thema Hund respektive Welpe doch ist, wollen wir eines Tages einen erzogenen, ausgeglichenen, selbstsicheren und glücklichen Begleiter mit uns führen. Die Broschüren helfen enorm im Alltag und enthalten allesamt wichtiges Wissen rund um das Thema Hund.

Nach der Prägungsstunde war Jypsy „hundemüde" und schlief gleich im Auto, während ich mit Ojo noch einen Spaziergang machte, um dann zusammen nach Hause zu fahren. Danach Verpflegung für Jypsy und Mittagsschläfchen, wobei ich sie zum ersten Mal nicht in die Box legte, sondern sie frei ihren Platz zum Ruhen auswählen ließ. Zuerst spielte sie noch mit dem großen Karton, den sie schon seit einigen Tagen bearbeitete, um sich kurz danach zum großen Schäferhund auf die Liegematte zu legen. So schliefen sie gemeinsam ausgiebig. Als sie erwachten, trotteten beide zu mir, ich schnappte mir die Kleine und trug sie auf die Wiese, wo sie innerhalb von Minuten ihre Geschäfte verrichtete. Ich habe sie heute beim Scharren im Erdreich korrigiert, denn wer will schon große Löcher im Rasen. Ich unterbrach ihre Tätigkeit lediglich mit einem lauten „Nein!" und bin heute überzeugt, dass viele allzu schnell beim Korrigieren die Hände zu Hilfe nehmen, doch der Hund lernt hierbei nur, dass die Hände „gefährlich" für ihn sind. Ein schlauer Welpe lernt so das Ausweichen oder Fliehen vor dem Halter. Also Hände weg vom Hund beim Strafen, denn bestimmt gesprochene Worte bringen zu Beginn ebenso viel Wirkung. Zu Hause allenfalls einen kleinen Ruck mit einer am Halsband oder Brustgeschirr befestigten losen Schleppleine geben; das ist genug, um einen Hund zu verblüffen, denn er bringt eine Korrektur (Zurückzupfen) meist mit dem Objekt in Verbindung, mit welchem er sich gerade unerlaubt oder unerwünscht beschäftigt.

Jypsy ist jetzt genau zehn Wochen alt und hat seit gestern von 21:00 Uhr bis heute früh um 06:30 Uhr geschlafen. Ich bin echt stolz und erfreue mich jeden Tag ihrer Fortschritte. Heute auf dem Morgenspaziergang begegneten wir einem Rudel von fünf kleineren Hunden. Ich ließ sie frei, und sie begab sich dazwischen, als hätte sie schon immer dazugehört. Ich bin selbst überrascht, was dies für ein Hund ist. Eine Kollegin wollte sie streicheln, doch dies wollte sie nicht und reagierte zickig. Sie schnappte in ihren Ärmel, diese packte sie am Kragen und wollte sie entfernen, aber dies verstärkte ihre Gegenwehr, und sie knurrte bedrohlich. Ich nahm sie ihr vom Ärmel, denn zögerlich darf man nicht sein. Sie lässt sich nur etwas gefallen, wenn man es richtig macht, kurz, zackig und bestimmt. So fasste ich sie am Nacken, griff mit der anderen Hand nach ihrem Unterkiefer plus Lefzen, zog diese über die Zähnchen und öffnete ihr den Fang, zog sie zurück und schubste sie neben der Person auf den Boden. Auf ein Gerangel sollte man sich nicht einlassen. Das ist ein Welpe, der rasch mit Aggression reagiert. Zeigen wir uns zögerlich, würde er sofort glauben: Ja, ich bin ja stark! Und gerade dies gilt es zu verhindern. Ein solcher Sport-Hund braucht Führung, Verständnis, und nur so kann er sich zu einem ausgeglichenen Hund entwickeln. Deshalb wären Unerfahrene mit solchen Hunden rasch überfordert. Jeder Hund ist auf seine Weise ein Edelstein, nur allzu viele gute Eigenschaften schüttet man frühzeitig durch Unkenntnis auf Nimmerwiedersehen zu. Mit diesen Zeilen möchte ich dieses Wissen vermitteln, obwohl auch mir sicher Fehler unterlaufen, aber immerhin – die augenblicklichen Resultate zeigen, dass ich viele positive Reaktionen erkenne und in vielen Dingen wohl richtig liege.

Heute setzte sie sich zum ersten Mal gegen meinen großen Rüden durch. Sie lässt sich nicht bevormunden. Hierin sehe ich, dass sie sich schon früh zu einer Persönlichkeit entwickelt und sich ihm nicht so mir nichts dir nichts unterordnet. Dies zeigt ihre Stärke und verweist auf eine unbeschädigte Jugendzeit. Das sind Eigenschaften für den Sport, wo der Hund selbstbewusst sein muss, um bestehen zu können, und diese Veranlagung tragen sie alle in sich. So hängt es von uns ab, ob wir das noch junge Wesen respektieren wollen und damit umzugehen lernen, oder ihn in seiner Persönlichkeit schwächen. Sind wir unsicher und zögerlich, so ist dies für den Hund, als ob wir Angst hätten und er uns mit seiner Aggression beeindrucken könnte. Dies wäre absolut falsch, denn wir haben die Vorbildfunktion. Brachiale Gewalt versteht der Hund so wenig wie ein Ignorieren, und so bleiben wir einfach gefühlvoll und konsequent, denn schon nach Sekunden lebt er wieder im Jetzt, und daher sind wir gefordert, gelassen, großmütig und verständnisvoll zu sein.

Zumeist ohne Leine durch den Wald, schon erkannte Jypsy wieder den Baumstamm, der um des großen Lobes, das sie dort geerntet hatte, ihr vertraut war. Schnell versuchte sie, selbstständig erneut auf diesen der Länge nach daliegenden Stamm zu klettern. Ich half ihr, das war aber nicht genug, sie sprang auf den nächsthöheren, danebenliegenden und rannte bis zum Ende. Ich spurtete neben ihr, sagte: „Schön Warten!", Ojo auf dem kleineren Stamm stand still, ebenso auch Jypsy, und so konnte ich die Kleine mit viel Lob und Belohnung wieder auf den Boden stellen. Zu hohe Sprünge schaden einem Welpen. Aber hier erkennt man, wie schnell ein Hund ein Forderungsverhalten entwickelt und somit gehört stets das gute Beobachten mit dazu, um entsprechenden Nutzen aus solch einem Verhalten zu ziehen. Auf diese Weise kommunizieren wir aktiv und können dies in der weiteren Ausbildung immer wieder fördern und nutzen. Wichtig ist vor allem das Erkennen der Situationen, in welcher unser Hund entsprechendes Verhalten anzeigt, also selbst vielleicht erwartet, dass er belohnt wird. Eine Belohnung zu fordern treibt fast jeden Hund zu einer Leistungssteigerung. So lernt der Hund freudig und dies unterstützt die Ausdauer.

Mit dem Versäubern klappt es ganz ordentlich, hin und wieder mal ein ganz kleiner See, aber das ist absolut irrelevant. Es braucht seine Zeit und von uns die Einsicht, dass nur wir die Fehler machen. Aber eines ist sicher, praktisch jeder Hund ist bisher stubenrein geworden.

In meinem Büro beschäftigt, überließ ich beide Hunde sich selbst im Wintergarten, dessen Türe sich durch einen Luftzug selber schloss. Zu Beginn schliefen sie friedlich nebeneinander, doch jetzt nach einiger Zeit stand ich auf und wollte mal sehen, was die so treiben. Du meine Güte, welcher Anblick! Die Blumenvase auf dem Tisch ausgeleert und natürlich alles Wasser über Tisch und das Sitzpolster der Bank und die Stühle. Aus den Pflanztöpfen war Erde ausgebuddelt, ein Kissen am Boden, eine zerrissene Zeitung lag verstreut; also es sah aus, als hätte eine Bombe eingeschlagen. Wie ich herantrat, hetzte die Kleine in die Stube, ich war gerade am Aufräumen und dachte, ach hätte ich sie doch in die Wiese hinaus gelassen, schaute nach ihr, sie hetzte wieder an mir vorbei, ich öffnete die Schiebetür zum Garten, beide hinaus und ich sah, wie sie sich mit nur ein paar Tröpfchen versäuberte. Rasch in die Stube und gleich erkannte ich den kleinen See. Na ja, wenn man nicht aufpasst, dann hat man eben die Bescherung. Ich dachte, sie hätten beide geschlafen, aber nein, sie glaubten wahrscheinlich, sie wären im Wintergarten eingesperrt, und Jypsy verhielt sich deshalb so. Jetzt, wo wieder geputzt und aufgeräumt ist, habe ich das Schreiben wieder aufgenommen und die Hunde schlafen neben mir und vielleicht träumt Jypsy von der lustigen Party und Ojo von der kleinen, übermütigen und wirbligen Jypsy.

Jetzt ist sie schon einige Zeit bei uns, und ich finde ihre Lebensfreude, ihren Übermut, ihre Neugierde und ihr Temperament total bezaubernd. Es gibt Dinge, die ich nicht will, so soll sie meine Schuhe nicht zum Spielen nutzen. Doch der kleine Aufwischbesen, den sie irgendwann mal sich schnappte und darauf herumknapperte, überlasse ich ihr nebst den Kartonschachteln. Sie hat die Nase überall dort am Boden, wo Ojo gefressen hat, und kontrolliert die Umgebung auf eventuelle Krümel gleich einem Staubsauger! Sie schläft nun durch, von abends 21:00 Uhr bis morgens 07:00 Uhr ohne den kleinsten Piepser.

Die ersten paar Wochen bei mir zu Hause waren geprägt von großer Skepsis. Was ich tat, wo ich stand, wie ich mich bewegte, beobachtete sie haarscharf. Doch nun schien sie mir endlich zu vertrauen und so bemerkte ich erstmals, wie sich Bindung im Grunde des Herzens anfühlt. Es bestätigte meine Überlegung, die ich mir vor der Übernahme gemacht hatte, und hatte doch noch keine Ahnung, wie sich Bindung überhaupt anfühlt und wie sich diese über die Zeit entwickelt. Es schien mir wie ein vertrauensvolles Band das zwischen ihr und mir gespannt war. Dieses neue Gefühl durfte ich nun genießen und ich verspüre dies noch heute. Ich ließ sie weitestgehend gewähren, machte nie Jagd auf sie und beobachtete sie ebenso wie sie mich. So erkannte ich einen großen Unterschied zu Ojos Anfangszeit. Ihr Vertrauen schien enorm gewachsen zu sein und gerade dies war mein Ziel. Wie verhält sich dieses Vertrauen, wenn man es zementiert während der Ausbildung? Doch eines muss hier gesagt sein: Das gegenseitige volle Vertrauen ist die Basis eines konfliktlosen Zusammenlebens und beflügelt schlussendlich die Ausbildung. So verspürte ich förmlich: **kein Misstrauen, kein Flüchten, keine Vorsicht mehr, sondern nur reines vertrautes Verharren und Erwarten. Dies berührte mich so**

sehr und ich bin überzeugt: Hier begann die Bindung und ich erkannte erstmals, wie sich dies anfühlt!

Am Nachmittag ist erneut Lebensschule angesagt, doch wenn dies nach außen auch schon viel erscheint, Jypsy ist immer munter und frisch und dazwischen bekommt sie genügend Schlaf, denn die Box im Auto ist ebenso ihr Zuhause, und so schläft sie auch dort gerne und verkürzt sich damit die Reisezeit. Auch heute war Power angesagt. Die Helferinnen nahmen sie dann aus dem Spiel, sobald ihr Temperament durchbrannte. Das Beutespiel war hervorragend, war sie doch die Einzige, die mit einer Beute durch die ganze Anlage wetzte, und diese auch zu verteidigen wusste. Man sieht einen Unterschied zwischen Leistungshunden zu normalen Familienhunden. Der Unterschied liegt einfach im Temperament. Abrufübungen und ebenso verschiedenste Hinweise zum Entwicklungsstand der Hunde ergaben wiederum einen interessanten und lehrreichen Kurstag für alle, die hier mitmachen, um ihren Hund auch unter anderen Hunden beobachten zu können und Situationen vorausschauend beurteilen zu lernen.

Alles hat seinen Ablauf und schleift sich ein. Der Schlaf ist kein Problem mehr, das Versäubern ok, Fressen normal und schon scheint alles problemlos. So ist es aber nicht. Gerade heute früh war ich nicht ganz sicher. Hat die kleine Hexe das Fressen von Ojo stibitzt oder einfach keinen Hunger gehabt? Sie hat nicht gefressen. Alles ist aber normal, ihr Temperament, ihr Schalk, na ja, so ist es. Schon glaubte man, alles ist wieder in bester Ordnung, da erbrach sie Schleim. Na gut, dies gibt es oftmals, aber meine Sinne sind nun geschärft. Wir gehen hinaus und ich sehe, sie hat einen sehr dünnen Stuhl. Ich muss diesen genauer betrachten, denn aufnehmen kann ich ihn nicht, er ist zu flüssig. Jetzt sehe ich es, sie hat von Ojo ein Stück von seinem Verband weggezerrt und verschlungen und dieser ist nun wieder hervorgekommen. Dass Ojo sich dies einfach gefallen lässt, zeigt, wie gut sie zusammen zurechtkommen, andererseits muss ich nun schauen, ob sie, wenn sie schon nicht frisst, wenigstens trinkt und wie sich dies weiter entwickelt. Bei Welpen muss man rasch reagieren, denn diese „trocknen" durch Mangel an

Flüssigkeit sehr schnell aus. Sie hat bis jetzt nicht mehr weiter erbrochen und keinen weiteren „Dünnpfiff" angezeigt, was mich beruhigt. Am Abend rief ich eine gute Freundin mit viel Erfahrung mit Welpen an, und sie riet mir, dem Hündchen etwas Milch ins Wasser zu geben und Reis als Nahrung zu verabreichen. Jypsy trank ein ganz klein wenig. Auf dem kleinen Spaziergang, den ich noch machte, versäuberte sie sich nochmals mit grauem „Dünnpfiff", also sehr flüssig, zeigte sich matt und so legte ich sie, nachdem sie noch ein wenig Milch mit Wasser zu sich genommen hatte, gleich auf ihren Schlafplatz. In der Nacht dachte ich oft, lebt sie noch? Atmet sie noch? Am Morgen stand ich auf, hatte kaum den Mut, in die Box zu schauen. Ojo wollte sogleich raus auf die Wiese und plötzlich meldete sich ein zartes Fiepen. Ich holte sie sogleich, und sie war munter wie die Tage zuvor und so nach dem Herumspringen im Garten verabreichte ich ihr den nicht in den Kühlschrank gestellten Reisbrei. Ah, wurde der gierig gefressen, war die Kleine munter!!! Es war der gleiche Wirbelwind wie früher und ich heilfroh, diese Episode überstanden zu haben. Der Dünnpfiff war noch nicht ganz weg, aber doch so, dass man sagen konnte, es spritzte nicht unkontrolliert hinten hinaus, sondern der Kot verfestigte sich allmählich und war bald wieder wie zuvor. Hier sieht man gut, was so ein Welpe in Windeseile in sich hineinfrisst, doch zum Glück war's nichts Schlimmeres. Gerade konnte eine Kollegin, eine liebenswerte Hundesportlerin, mit viel Geistesgegenwart meinem „Vielfraß" einen achtlos weggeworfenen Zigarettenstummel wegnehmen, und so war für Jypsy der Tag gerettet, denn auch eine weggeworfene „Kippe" könnte zu einem gesundheitsschädigenden Problem werden.

Einen Welpen zu prägen, ihn in sein Leben zu begleiten, bedeutet Aufwand und braucht Engagement. Eine weitere Welpen-Erziehungsstunde. Kurz bevor wir uns auf den Weg machen wollten, zeigte Jypsy mir durch ein ganz bestimmtes Verhalten, dass sie in den Garten „müsse", indem sie sich am Vorhang zu schaffen machte und dort sich hinlegte und mich auffordernd ansah. Ich sprang auf und öffnete die Schiebetüre, sie raus und schon leerte sie ihre Blase. Ich war hoch erfreut, beginnt sie doch bereits, mit mir verständlich zu kommunizieren. So verstärkt sich das gegenseitige Verstehen täglich um eine zusätzliche Nuance.

Eines Morgens hörte ich ein komisches Geräusch, rannte nach vorne in die Stube, sah, wie sie mit der Fernbedienung meines Fernsehers vom Diwan zum Esstisch wetzte, musste ein kleines Lachen unterdrücken, denn es sah aus, als sagte sie: „Ätsch, ich habe was, was du nicht hast!" Obwohl ich Angst hatte, die Fernbedienung könnte kaputtgehen, suchte ich geistesgegenwärtig ein Spielzeug und lockte sie damit. Es war nur ein kleines Stück Karton. Sofort ließ sie ihre „Beute" los und schnappte sich dieses Stück. Im Nachhinein kann man sich Folgendes überlegen, wäre ich hingerannt, vielleicht hätte dies vorerst auch ein „Fang mich" Spiel ergeben, hätte ich ihr die Fernbedienung aus dem Fang gerissen, so würde sie in Zukunft eher das Spiel suchen, als mir den Gegenstand zu bringen. So schnell könnte aus einer falschen Reaktion heraus etwas zerstört werden, für das man später viel Zeit braucht, um es wieder zu erlernen; beispielsweise das schnelle und freudige Apportieren eines Gegenstandes.

So ist die Prägungszeit eine wirkliche Herausforderung für jeden Hundehalter. Man soll den Hund nicht einfach nur wegsperren, wenn man keine Lust hat, sondern man muss mit ihm zusammenleben lernen. Es ist hier wie bei Menschenkindern: Je angeregter die Jugendzeit, je vielfältiger die Erlebnisse, je breiter die Grundfläche der Erfahrung und des gegenseitigen Vertrauens, umso breiter wächst die Kommunikations- und Lernfähigkeit.

Es sind nun schon über drei Wochen, und was haben wir schon ausgegeben für Leine, Futter, Hundebox, Spielsachen, zweite Impfung beim Arzt, Prägungsspielstunden, Autofahrten hinaus aufs Land, Box im Auto ... Nun erkennen wir noch zusätzlich, dass auch wir uns entsprechend anziehen müssen; Stiefel, gutes Schuhwerk, regendichte Kleidung und Hut, denn mit Schirm hat man keine Hände mehr frei, und diese braucht man auch, um die Hunde auch nur anzuleinen. Ich möchte damit sagen, dass der Kaufpreis eines

Welpen die geringste Ausgabe darstellt und dass ein Hund, der gut vorgeprägt ist, eigentlich zum Geschenk wird. Gerade deshalb sage immer wieder: Ein Hund ist kein Kauf, sondern eine Investition in die Zukunft!

Nun, auf die Spielkurse für Welpen möchte ich nicht mehr allzu detailliert eingehen, denn durch die generell hervorragenden Kursleiter der verschiedensten Gruppen lernen wir anhand direkt erlebter Beispiele jedes Mal verschiedene Situationen zu analysieren und bekommen gleich auch noch die richtige Anleitung zur richtigen und dem Verhältnis zu unseren Hunden entsprechenden Korrektur. Was man vermeiden sollte, ist ein Handeln ohne vorheriges Denken. Wie erreichen wir die natürliche Hemmung zum unerwartetem Schnappen zur Verteidigung, wie erkennen wir, wann das Spiel ernst wird, warum nicht immer nur mit Würstchen bestätigen? Die Thematik ist generell umfangreich. Wie ich hier so schreibe, heult es aus meiner Küche …

Jypsy schrie auf nach einem beachtlichen Krachen. Ein leeres Weingestell aus Eisen muss Jypsy umgezogen haben, denn darauf lag ein Lappen, der sich wahrscheinlich verklemmt hatte. Wie ich hinzukam, sah ich sie wimmernd im Wintergarten, die Pfote in der Höhe. Ich versuche, sie zu ignorieren und warf nur einen versteckten Blick in ihre Richtung. Ich richtete das Weingestell auf und ging weg. Nach einer Viertelstunde alles war ruhig. Jypsy liegt auf einem Liegeplatz von Ojo und scheint ihr Erlebnis zu verarbeiten. Ich werde sie erst untersuchen, wenn sie selbst zu mir kommt. Im Augenblick wäre es noch zu früh zu reagieren. Würde sie nach einer Weile immer noch jammern, würde ich die Pfote anschauen und unter Umständen sofort zum Arzt gehen. Es ist ja kein Blut geflossen, und sie ist nun ruhig. So lasse ich sie vorerst diese Erfahrung verarbeiten. Vielleicht bringt dies einen Lerneffekt in dem Sinne, dass sie nie mehr etwas herunterziehen wird, aber warten wir ab (Erkenntnis nach längerer Zeit: Sie hat den Lappen dort nie mehr angerührt!). So rief ich Ojo zu mir, der sich zur Zeit des Aufheulens in der Nähe aufhielt, sich aber desinteressiert abwendete, und ich beobachtete, dass nun auch Jypsy kam. So konnte ich sie emotionslos untersuchen, nichts gebrochen, nichts verletzt, aber sicherlich hat sie das Erlebnis sehr beeindruckt. Sie humpelte nicht und wie ich alles abtaste, schien alles in Ordnung, und sie zuckte bei keiner Berührung. Bin ich froh! So glaubte ich wenigstens. Am Abend, als ich hinaus wollte, bemerkte ich, dass der linke Fuß entlastet wurde, und sie humpelte. Ich wollte, nachdem sie beim nochmaligen Untersuchen keinen akuten Schmerz signalisierte, bis morgen abwarten, um dann die Pfote gegebenenfalls röntgen zu lassen. Sicher ist sicher, denn bei jungen Hunden kann schnell etwas falsch verwachsen, und dieses Risiko ist es nicht wert.

Am Morgen erwachte ich und hörte ein Geräusch aus der Hundebox, Vorstufe von Erbrechen? Nein, es war nur der Schluckauf. So war ich schnell hellwach, nahm Jypsy auf den Arm und trug sie hinaus. Ich sah, dass sie lahmte, und so entschloss ich mich, sie zu schonen, und wartete, bis ich den Arzt anrufen konnte. Um 09.30 Uhr konnten wir das Pfötchen röntgen, und es wurde nichts festgestellt. Weil Jypsy noch so jung ist, entschieden wir uns, weder entzündungshemmende noch andere Arzneimittel wie Kortison zu verabreichen, denn dies könnte den jungen Organismus belasten. Wir kamen überein, Jypsy zu schonen und abzuwarten.

Was den Schluckauf anbetrifft, so haben Welpen das hin und wieder, speziell nach dem Fressen. Meistens gibt sich dies von selbst, und ich machte zusätzlich die Erfahrung, dass, sobald sie Wasser trinkt, sich der Schluckauf schnell beruhigt.

Jypsy wurde heute nochmals untersucht und der Arzt meinte, dass es sich um eine Verstauchung/Zerrung handeln dürfte. Ich muss nun beide Hunde trennen, denn übermütiges Spielen wäre schädlich und könnte die Heilung verzögern.

Den Kurs am kommenden Donnerstag müssen wir streichen, und bis zum Sonntag, dem 4. Januar, ist sowieso Schonung angesagt, was sich gut trifft, weil gleichzeitig Weihnachts- und Neujahrsferien anstehen.

Durch die Schonung läuft sie von Tag zu Tag besser, doch junge Hunde sind gerade in der Phase des Wachstums und bis die neuen Zähne durchgebrochen sind empfindsam in allen Belangen. Eine Verletzung braucht aber auch so ihre Zeit.

In den letzten Tagen hatte ich meine Aufmerksamkeit etwas gelockert und prompt fand ich die Bescherung auf dem Teppich. Nun gut, mich ärgern deswegen lohnt sich nicht, etwas besser aufpassen ist jetzt angesagt. Ebenso versuche ich, ihr das Herumtragen meiner Hausschuhe abzugewöhnen, doch ob mir dies gelingt? Ich bestrafe den Gegenstand und niemals Jypsy. Dieses System ist noch wenig bekannt aber wertvoll, denn damit provoziert man keinen Vertrauensbruch zwischen Hund und Halter, und dennoch zeigt es sich als mögliches Mittel zur Abgewöhnung von Fehlverhalten, was aber bestimmt einige Wiederholungen braucht.

Letzthin gab ich beiden beim Frühstück ein kleines Stück vom Butterbrot. Na „denkste"! Am anderen Morgen, als ich mich hinsetzte, hatte sie dies nicht vergessen, denn sie wollte wieder ein Stück. Ich öffnete die Türe zum Garten, und so sausten beide raus, Ojo kam wieder herein, setzte sich zu mir. Er war ja gewohnt, etwas zu bekommen, und weil Jypsy zu diesem Zeitpunkt im Garten war, gab ich ihm ein kleines Stück. Plötzlich war sie wieder da, bettelte, weil Ojo neben mir saß, stieg an mir hoch und forderte. Plötzlich roch sie an der Schnauze von Ojo, und schon hatte sie mich überführt. Sie machte so viel Terror, bettelte und forderte, dass ich nicht mehr länger als Verräter dasitzen konnte und ihr ebenso ein kleines Häppchen gab. Ja, so geht es mit der Konsequenz. Nun bin ich genötigt, Ojos Unverständnis in Kauf zu nehmen, und so gibt es einfach überhaupt nichts mehr. Andern Tags hat Ojo alles schon einkalkuliert und ist nicht einmal mehr an den Tisch gekommen. Er beobachtete uns jedoch aus der Distanz und hätte ich Jypsy nur den kleinsten Bissen gegeben, wäre auch er gekommen und hätte Gleiches gefordert. So erkennen wir das Feingefühl unserer Hunde.

Mit der Verletzung geht es schon bedeutend besser. Ich spaziere jetzt mit jedem Hund separat, und wenn beide mitgehen, dann nehme ich Ojo an die Leine, damit sich Jypsy nicht überfordert. Was würden diese beiden nicht von Herzen gerne zusammen rennen! Jypsy und Ojo verstehen sich weiterhin so gut, dass sie sich sogar erlauben kann, den Fressnapf von ihm auf Übriggebliebenes zu kontrollieren und sogar Wasser aus seiner Schüssel zu trinken. Wenn er sich das Spielzeug oder sonst etwas von Jypsy nimmt und sie sich bemüht, es nicht hergeben zu wollen, und ihm folgt, dann kann ich ihm mit „Aus" befehlen, dass er es ihr wieder überlässt. Sie dann nix wie los und ab mit der Eroberung und saust in der Wohnung herum. Aber immer wieder muss sie zwischendurch ab in die Box, etwas schlafen, denn sie braucht weiterhin viel, viel Ruhe. Zu Beginn jammerte sie kurz, es ist aber ein angenehmes Fiepen und so reizt es mich immer wieder nachzuschauen, sobald es dann ruhig ist, was sie so macht. Aber ihren Augen entgeht nichts. Sobald man in die Nähe kommt, guckt sie interessiert, um gleich danach ihr Köpfchen wieder zu senken und weiterzuschlafen.

Heute, Samstag, war sie übermütig und zeigte nicht mehr das geringste Anzeichen von Lahmheit. Ich habe ihr eine gepolsterte Einlage ins Auto gelegt, und so hatte sie es nie kühl und konnte sich so richtig einkuscheln. Am Nachmittag trafen wir einen Malinois, Rüde, einen Tag jünger als sie, doch man sieht den Unterschied zwischen Rüde und Hündin. Es scheint in der Natur gleich zu sein wie bei den Menschen. Die Weibchen sind einfach irgendwie früher reif, fertiger, was die Rüden dann später nachholen. Eine liebe Freundin zeigte mir, wie man für einen Malinois die ersten Fährten anlegt. Da meine Hündin hoch im Trieb ist, muss man sie erstmal beruhigen. Man muss die ersten Schritte stets auf das Temperament des eigenen Hundes ausrichten. Jypsy war beinahe zu hektisch, aber wir wagten dennoch eine kurze Fährte. Wir starteten mit einem halben Meter und haben bei jedem Schuhabdruck, die präzis hintereinander folgen, immer zwei bis drei kleine Futterstücke hineingelegt. Danach wurde ein kleines Rechteck (30 x 40 cm) auf der Wiese ausgetreten und dort viel Futter gestreut. Dann nochmals über zwei Meter Schuh hinter Schuh und in jeden Tritt wieder einige Stücke Futter und zum Schluss wurde nochmals ein kleines Feld durch unsere Schuhe ausgetreten und auch dieses wurde mit kleinsten Futterstücken belegt, analog zum ersten Rechteck. Dann holten wir die Jypsy und setzten sie auf die Fährte. Anfänglich suchte sie auch nach rechts und links, doch schon nach dem ersten Feld erkannte sie, dass nur dort Futter liegt, wo es aufgrund der Bodenverletzung anders riecht und suchte nur noch dort intensiv nach Futter, wo der Grasboden mit den Schuhen niedergetreten worden war. Nun ist der Grundstein gelegt, und diese Übung mache ich so vielleicht einmal in der Woche. Hier sieht man, was es bedeutet, in einer guten Gruppe aufgehoben zu sein. Man sagte mir, Jypsy wäre etwas zu schlank für einen Welpen, man sieht die Rippen, und so konnte ich am Sonntag den Welpen auch der Züchterfamilie zeigen, welche ihren Zustand als hervorragend bezeichnet haben. Nun, ich werde die Futtermenge vielleicht doch etwas mehr den Verhältnissen anpassen. Weil es kalt ist und sie sich viel bewegt, gibt's künftig ein klein wenig mehr Futter.

Eine Woche später bei Neuschnee war Jypsy ausgelassen wie selten. Sie tobte umher, machte Sprünge, schlug Haken, die Freude war ihr diesmal richtig auf ihr gesamtes Gehabe geschrieben. Es war ein herrlicher Spaziergang, wir trafen eine Cairn-Terrier-Hündin und Jypsy erlebte einen Hund, der nie aufgab. Es waren wunderbare Augenblicke. Sie als Welpe wird überall mit Rücksicht behandelt, wogegen sie selbst, ganz speziell nachts, aufmerksam, warnend, sogar knurrend und bellend andere Hunde ankeift. Ojo nimmt das kaum zur Kenntnis, lässt sich zumindest nicht zu Aggressivität verleiten, und so hoffe ich, dass auch Jypsy sich, je älter sie wird, immer weiter beruhigt. Ich vermute, dies Gehabe kommt von ihrer Unsicherheit. Aber mit einem großen Hund und mir neben sich, da könnte sie ja auch nur bluffen, denn im Rudel fühlen sich Hunde immer stärker, und sei dies auch nur im Rudel Mensch und Hund.

Heute spielte ich mit einer weichen Beißwurst, genau wie beschrieben, ließ sie zuerst hineinbeißen und spielte so „**mit und bei mir**", um Ihr Interesse an dieser zu wecken. Danach verfolgte sie aufmerksam was nun passiert. Wie ich diese unter meine Achsel steckte und weiterging, sie schön bei Fuß neben mir herlief, hob ich meinen Arm, ließ diese nach einigen Schritten als Bestätigung für das aufmerksame Neben-mir-hergehen in ihren Fang fallen. Nun zeigte sie Ojo stolzihre Beute. Sie rannte damit um den halben Platz, kam damit wieder zu mir und als sie diese untersuchen wollte und kurz aus dem Fang ließ, schnappte ich diese wieder, und das Spielchen konnte erneut beginnen. Es ist faszinierend zu sehen, wie sie ein Objekt, wenn ich dies unter die linke Achselhöhle klemme, sie kurz „bei Fuß" läuft und fixiert, wie eine bereits ausgebildete Hündin. Ihre Konzentration ist beachtlich, und ich bin so richtig stolz, diese Aufmerksamkeit erleben zu dürfen. Ojo holte sich aus lauter Verzweiflung einen Ast, und so spielte ich mit ihm mit dem Stock, während Jypsy ihre Trophäe stolz umhertrug und erst wieder beim Auto fallen ließ. Warum gerade dort, ist mir schon klar, denn der Chef im Auto ist Ojo, und da hat sie immer etwas Respekt und somit andere Gedanken als nur die Beißwurst. Was mich freut, ist ihre Pfiffigkeit. Sie kennt keine Hektik, dreht nicht im „roten" Bereich, ist wohl überlegt, aber sicher und zielstrebig bei allem, was sie interessiert. Interessant ist, dass Ojo, sofern Jypsy zuerst im Auto in ihrer Box ist, auf sie überhaupt nicht reagiert. Ist aber er zuerst im Auto, bellt er sie an, um zu sagen, das ist mein Auto, was willst denn du hier! So lernte ich, stets meine Jypsy zuerst ins Auto hüpfen zu lassen, denn wer will schon Knatsch, und dies entspricht ja ebenso dem Motto: „Ladys first"!

Jypsy erhielt heute ihr erstes getrocknetes Ohr vom Kalb und verzehrte das mit einem Energieanfall, dass man nur staunen kann. Selbst mein Ojo wurde von der Intensität des gierigen Fressens angesteckt, und auch der verloren geglaubte Futterneid ist bei ihm erwacht. Jetzt frisst er auf einmal nicht mehr wie ein Aristokrat, sondern hat sich wieder zurückentwickelt zum „Schlinger", was Hunde auch sind.

Die letzten Tage sind in Sachen Sauberkeit erschreckend perfekt, und schon lasse ich ihr wieder mehr Freiheit, respektive ich werde nachlässiger. Ojo ist mehrheitlich im Wintergarten, doch Jypsy liegt oft bei mir im Büro und genießt den wärmenden Teppich. Nach dem Fressen, da möchte sie am liebsten die ganze Welt abbrechen und spurtet herum, als wollte sie sagen: Schaut her, ich bin Wirbelwind und Rumpelstilzchen zugleich. So ein Welpe ist einfach erfrischend. Nur braucht man dazu Zeit, Verständnis und ein liebendes Herz, um alles auch aus einer gewissen Distanz und mit viel Toleranz betrachten zu können. Wenn man bedenkt, was dieser Welpe in diesen zwölfeinhalb Wochen nicht schon alles gelernt hat! Entstehendes Leben ist das reinste Wunder, wenn man mitverfolgen kann, wie es sich entwickelt. Schade ist einfach, dass in der heutigen Hektik des Lebens immer weniger Menschen für so was sich noch wirklich die Zeit nehmen. Tiere brauchen zur Entwicklung die richtige Umgebung und Beschäftigung. Sowohl Überfordern als auch Unterfordern ist schlecht, und den goldenen Mittelweg zu finden, ist genauso eine Kunst wie jedes andere Hobby auf dieser Welt.

Ich mache mir viele Gedanken darüber, was sie von Ojo kopieren vermag und bin überzeugt, dass Hunde viel lernen, wenn wir einfach zum Beispiel „Warten" sagen, bevor wir eine Straße überqueren. Der eine kann das schon, und der junge Hund lernt es gleich mit. Ich denke mir, dass die Beziehung zwischen zwei Hunden, sofern sie stimmt, für beide Tiere einen Gewinn darstellen kann. Vor allem finde ich, dass die Ruhe meines älteren Hundes meiner Jypsy guttut. Ich finde beide so speziell, dass ich sie einfach gerne beobachte. Wenn Ojo am Fressnapf ist, tänzelt sie in einem Respektabstand von ungefähr einem Meter um ihn herum. Demgegenüber können beide beim Verzehren eines Kalbsohrs im Abstand von zehn Zentimetern nebeneinanderliegen und praktisch Schnauze an Schnauze fressen, und wenn's dem „Alten" für einen Augenblick nicht schmeckt, kann sie sogar sein Ohr stibitzen. Kommt er zurück, so nimmt er das neben ihr liegende und knabbert dort weiter. Wenn er dösend daliegt, kann sie hingehen, auf seinem Kopf sitzen und daran abrutschen, um sodann neben ihm zu liegen und ebenso die Augen zu schließen. Ist Jypsy müde, liegt sie meist in der Nähe von mir. Viele kleine Erlebnisse fördern auch die Selbstsicherheit, und gerade, wenn Menschen auf uns zukommen, kann sie mal kurz knurren, bellen oder sich auffordernd diesen in den Weg stellen. In diesem Moment zupfe ich ganz leicht an der Leine und sage ganz normal „Nein". Schon bald bellte sie nicht mehr so oft und blieb näher bei uns. Sie schaut vermehrt auf Ojo, und der zeigt ihr mit seiner Gelassenheit, dass dies uninteressant sei. Erspäht Ojo hingegen im Dunkeln irgendwo einen Hund oder auch Rehe, so scheint mir, dass dies wie eine Übertragung funktioniert. Beide stehen fast gleich da, den Kopf hoch auf, sie vielleicht eine Pfote leicht angehoben, doch alles ist Spannung pur. Sage ich zu Ojo „Komm zu mir", dann kommen sie beide zu mir. So beobachtet nur noch er gespannt, benimmt sich jedoch kultiviert, das heißt, er zieht nicht an der Leine, seine innere Erregung erhöht sich lediglich, wenn Wildtiere die Flucht ergreifen. So erkennt man, dass trotz aller Ausbildung und Korrekturen der Beutetrieb nicht so einfach kontrolliert werden kann, da dieser eher im Bereich des natürlichen Instinkts angesiedelt ist.

Morgen fahren wir früh mit Ojo zu einem Kurs. Heute Abend wurde schon der größte Teil der Utensilien samt Schlafbox für Jypsy ins Auto verfrachtet. Somit kann sie sich während der Nacht frei bewegen, und ich hoffe nur, dass ich morgen nichts aufzuputzen habe. Aber riskieren wir es, mein Vertrauen ist groß, und dann sehen wir wieder weiter. Sicher wäre es verfrüht, dieses Experiment schon über Tage oder Wochen machen zu wollen, aber schauen wir, was diese Nacht bringt. Tadellos war ihr Verhalten, und mein Vertrauen zu ihr wurde belohnt. Am Morgen versäume ich es nicht, als Leben wieder in unsere Bude einströmt, sie gleich ins Freie zu bringen, und siehe da, sie versäuberte sich perfekt. Sie hat ebenso gut geschlafen, wie wir alle. So packe ich alles schön zusammen, frühstücke und bemerke, dass dies und jenes noch vergessen wurde. Ich irre umher, die Zeit läuft davon, und wie ich so in Eile schon daran zu denken beginne, wie schnell ich fahren muss, um pünktlich am Ort zu sein, bemerke ich in meinem Chaos und nebst dem Hinuntertragen der Taschen nicht, dass Jypsy nochmals muss. Plötzlich steigt mir ein Duft in die Nase, der mich sofort auf die Pirsch zum „Örtchen" leitet. Verflixt, auf dem Teppich liegen zwei kleine Würstchen, und so kommt zur gesamten Hetze auch noch dies dazu. So sage ich mir, in Eile sterben soll man nicht, und nehme alles gelassen. Danach aber konnten wir den Schlüssel drehen und ab ging's.

Oft kommt mir alles wie ein Abenteuer vor. Mit zwei Hunden unterwegs, und vor allem nun mit Jypsy, ist vieles natürlich auch anders geworden. Hunde reagieren auf Veränderungen ebenso differenziert wie wir Menschen, doch das Reisen liebt sie genauso wie Ojo, denn das Auto ist ihre Höhle. Aber mir scheint, es ist allgemein mehr los, wenn Hunde hin und wieder etwas Gesellschaft teilen müssen, weil man sich selbst dabei zurücknehmen muss. Zwei Hunde parallel zu erziehen, ist aber um ein Vielfaches schwieriger, als hätten wir nur den einen. Meines Erachtens hat sie zu Beginn vielleicht nur besser das „Platz" und „bleib" umsetzen gelernt, weil Ojo neben ihr ebenso liegen blieb. Aber sämtliche andere Übungen mussten korrekt erlernt werden, als wäre dies ein Einzelhund. Es ist auch zu bedenken, dass auf dem Übungsplatz alles wieder anders, also schwieriger werden wird, denn die Ablenkung ist eine Erschwernis und muss geübt werden.

Auf dem Übungsplatz angekommen machte ich nach der Fährte für Ojo auch eine für Jypsy. Der Boden war hart gefroren, ich stellte auch rasch fest, dass diese Übung für die „Katz" war. Das Futter verlor sich in unzähligen gefrorenen Löchern, und die Bodenverletzungen waren für einen Welpen zu gering, um einen Lernerfolg zu erzielen. Aber sie war fleißig. Am Ort, beim Abstellplatz unseres Autos im Wald und bei der Vorbereitung zur Fährte für Ojo schnitt ich, um ihn mit etwas Speziellem zu belohnen, getrocknete Lunge. Diese nutze ich zwischendurch als zusätzliche Motivation und Belohnung auf der Fährte. Hierbei müssen mir ein paar kleinere Krümel ins trockene, gefrorene Laub gefallen sein. Wie Jypsy um das Auto herum die Umgebung inspizierte, erschnüffelte sie einige kleinste Krümel. Drei Tage ließ sie keine einzige Möglichkeit aus, um sich immer wieder zu vergewissern, ob sich nicht noch zusätzliches Futter finde. Selbst mit einem Satz ins Wageninnere entdeckte sie dort noch vereinzelt kleinste Futterreste, und so kontrollierte sie mit großer Energie alles gründlich.

Diesen Nachmittag traf noch Jypsys Bruder ein. Er war größer, kräftig, nur seine Ohrspitzen sind noch nicht gefestigt. Am Abend wollten wir mit dem Schutzdiensthelfer prüfen, wie unsere Hunde auf Beute reagieren. Beide zeigten sich bei diesem Spiel hervorragend, und auch Jypsy trug den flauschigen Boudin (Beißwurst) bis zum zweihundert Meter entfernt parkenden Auto. Sie ließ diesen selbst beim Versäubern nicht aus dem Fang. Ich war stolz, denn für sie war dieses Beutespiel aufregend und zeigte die genetische Veranlagung durch das ruhige und feste Griffverhalten.

Am Samstag kamen weitere Wurfgeschwister, und so war es aufschlussreich für jeden, deren Verhalten im Vergleich zu sehen. Es sind praktisch keine Unterschiede festzustellen. Das Temperament gab am ehesten kleinste Hinweise auf geringste Unterschiede. Hingegen Schwächen sind bei keinem feststellbar. Wenn ich selbst für meine Schutzbefohlene natürlicherweise Partei ergreife, ist sie für mich einfach die Schönste, die Beste und die Intelligenteste, aber auch deshalb, weil man eine Beziehung hat, und so werden am Ende alle ihren Hund als den Wertvollsten betrachten. Selbst unparteiische Betrachter attestierten, dass es sich um einen sehr ausgeglichenen Wurf handelt. So kam die noch zusätzlich freie Schwester, welche dem Züchter zurückgegeben wurde, weil die Erstkäufer mit ihr nicht umzugehen verstanden, an diesem Sonntag noch in die Hände einer anderen Hundesportlerin. Daran sieht man, Sporthunde sind nur bedingt Familienhunde, und zwar nur dann, wenn die Halter erfahren sind und mit triebstarken Hunden umzugehen wissen. Es ist durchaus möglich, solche Hunde auch familientauglich zu machen, doch es braucht dazu gute Kenntnisse und vor allem viel Zeit, Liebe, Empathie und Geduld samt natürlich viel Beschäftigung und Auslauf.

Spaziergänge durch den Wald, Spiele mit Geschwistern, Beutespielchen, dies waren ausgleichende Höhepunkte dieses Wochenendes. Ein Bruder ist über einen liegenden, glitschigen Baumstamm gelaufen, als wäre dies die einfachste Sache der Welt. Das Beobachten eines Welpen mit seinen täglichen Fortschritten ist faszinierend. Einen solchen Hund zu bekommen, ist Glücksache, ja von mir aus gesehen, wie ein Sechser im Lotto! Aber jeder Hund wird vom Hundeführer geprägt und kann entsprechend entwickelt werden.

Heute früh sprang sie das erste Mal mit einem Satz ins Auto und in die Box. Es ist unglaublich, wie energiegeladen ein so junger Hund schon ist, wie willensstark er seine Sprungkraft einsetzt und wie rasch sich die Muskulatur entwickelt. Schon bei der Heimfahrt überraschte sie mich mit einem Scharren im Auto, was Notdurft signalisierte. Ich hielt an und zwei Minuten später hatte sich ihr Drang erledigt. Jeden Tag entwickelt sich der Hund, und nicht nur das „Wachsen wie ein junger Hund", sondern auch die täglichen Fortschritte in seinem Verhalten sind überraschend und beglückend.

Wie perfekt die Natur so kleine Lebewesen ausstattet und wie schnell die Anpassung an jegliche neue Umgebung geschieht, macht mich sprachlos. Würde ich übertreiben, könnte ich behaupten, Jypsy sei bereits „stubenrein". Ja wirklich. Am Nachmittag, als die Sonne schien, öffnete ich den Wintergarten, und so geht sie nun problemlos selbstständig hinaus, wenn sie muss, und dies ist beachtenswert. Sie weiß schon ganz genau, wo das Futter deponiert ist und weiß auch, dass, wenn wir nach Hause kommen, jeder etwas zu naschen bekommt. Gehe ich kurz aus der Wohnung und komme zurück, gibt es ebenfalls eine Kleinigkeit, doch sie setzt sich bereits schon kurz nach meiner Rückkehr so auffordernd hin, dass ich manchmal denke, wie kann sie das alles bereits in ihrem Kopf behalten. Hunde haben offensichtlich ein hervorragendes Situationsgedächtnis.

Die Hausschuhe nimmt sie nicht mehr zum Spielen. Ich habe diese, nachdem Jypsy sie mit Vorliebe geschnappt hat, um daran herumzukauen, weggenommen. Mit „Nein" ließ sie „aus", sodann nahm ich die Pantoffeln und schlug diese über Möbel und Kanten, warf diese auf den Boden, trampelte wütend darauf herum und so nach dem dritten Mal lässt sie nun die Schuhe dort, wo sie sind. Ich kam mir bei dieser Handlung vor wie ein Idiot, aber ich freue mich über den Erfolg und auch darüber, dass sich hierdurch unsere Beziehung nie eintrübte und das gegenseitige Vertrauen erhalten blieb. Allerdings gibt es Situationen, wo ein Hund auch anders reagiert. Jeder Hund reagiert nie gleich und so ist es möglich, dass er den Hausschuh verteidigt und mich angreift um seinen Schuh zu verteidigen. In dieser Situation muss man andere Versuche ausloten, immer mit dem wichtigsten Ziel, keinen Vertrauensverlust zu riskieren. Man kann beliebe Gegenstände einfach wegsperren, oder durch ein konsequentes „Nein!" und anschließendem Zurücklegen seine Tätigkeit unterbinden, doch mit etwas Fantasie schafft man es ebenso, dass die Dinge für den Hund uninteressant werden, nur braucht dies mehr Engagement, was aber auch positiv für die Hund-Mensch-Beziehung sein kann, denn beide lernen dabei.

Sie hat heute zum ersten Mal voller Stolz das „Tuch" aus der Welpenkiste zum Spielen aus der Box geholt und dies in der Wohnung herumgetragen, geschüttelt und gezerrt. Ojo respektiert dieses spezielle Welpentuch und überlässt es ihr. Früher half er, ein Tuch einfach zu zerreißen, doch heute, vielleicht durch den ganz persönlichen Geruch aus Jypsys Wurfkiste und ihrer Geschwister, wird er dies wohl in diesem Sinne respektieren und als Eigentum von Jypsy vollends akzeptiert haben.

Auf dem Spaziergang nimmt sie öfters noch ein Stück Papier oder sonst etwas auf. Sie hätte es liebend gerne, wenn ich, anstatt „nein" zu sagen, ihr nachrennen würde. Doch sie hat gelernt, auf ein konsequentes „NEIN" dieses Papier fallen zu lassen, und sucht sich so rasch wie möglich einen Ersatz oder geht zu Ojo und traktiert seinen Nackenpelz. Dies ist ein Ausdruck des Nichtverstehens, welcher sich durch eine irrationale Handlung anzeigt. Je weniger man eingreift, umso weniger ist der Hund eingeschüchtert.

Jetzt ist sie schon dreizehn Wochen auf der Welt und praktisch die fünfte Woche bei mir. Wenn man sie so betrachtet, stellt man die vielen Feinheiten einer Entwicklung fest. Wie vielfältig werden bereits Düfte interpretiert und unterschieden, Geräusche erkannt sowie das sich Einfügen in eine gemischte Gemeinschaft verarbeitet. Es ist einfach enorm, was so ein kleiner Hund bereits bewältigt. Die Folgen von Unverständnis und falscher Einwirkungen zeigen sich zu diesem Zeitpunkt weitaus rascher, denn die Sinne sind in einem Maße auf Empfang gestellt, dass Jypsy all die Erfahrungen bereits verarbeitet und entsprechende Reaktion postwendend zeigt. So tauchen plötzlich Reaktionen auf, deren Ursprung und die Art der Verknüpfung für uns oft ein Rätsel sind, dann wieder ein „Aha-Erlebnis" hervorrufen, weil wir einfach nicht alle Beeinflussungen genau mitbekommen haben. So kann man sagen, dass eigentlich jeder **den Hund bekommt, den er verdient, weil der Hundeführer die wichtigsten Prägungserlebnisse durch seinen Umgang miterlebt und mitgestaltet.** Doch hierüber können wir sinnieren, wie wir wollen, jeder Mensch ist verschieden, und oftmals können wir nur in der Theorie über unseren eigenen Schatten springen und ärgern uns im Nachhinein über die seinerzeit unüberlegte Reaktion unsererseits. Aber solange ein humaner Umgang gepflegt wird, kann vom Hund doch einiges verziehen werden, und hierin liegt gerade das Wunder dieser Wesen. Wir können auch später noch kleinere Fehlprägungen mit viel Geduld und Einfühlungsvermögen korrigieren. Grobe Fehler bleiben eingeprägt bis zum Lebensende und sensible Menschen erkennen durch entsprechende Reaktionen des Hundes, was ihm durch Unverständnis möglicherweise angetan wurde. Es gibt Leute, die einen Hund aus solchen Gründen verkaufen, und deshalb sind Tiere aus zweiter Hand zumeist mit Risiken behaftet, denn wir wissen nie, wie wir uns unverständlichen Reaktionen unseres neu übernommenen Hundes gegenüber zu verhalten haben oder seine Reaktionen zu interpretieren hätten. Der Vorteil eines Halters, der seinen Hund von klein auf kennt, liegt in der Kenntnis sämtlicher wichtiger Vorfälle in seinem Leben. Er kann so unter Umständen ihm bekannte alte Wunden „heilen", „schminken" oder wie man das auch sagen will. Dies ist auch der Grund, weshalb ich dies alles so gewissenhaft aufschreibe.

Im Leben gibt es Zufälle und glückliche Umstände, die einem die Augen weiter öffnen, und gerade dies war die Begegnung mit Frau Ingrid Korte mit ihrem Cairn-Terrier, die mir im Gästebuch einen Tipp gab für ein interessantes Buch „Calming Singnals" von Turid Rugaas. Ich habe das Buch zu Silvester dann erhalten und sofort mit dem Lesen begonnen. Einfach faszinierend, man sah ja bereits alles, aber man hat es oftmals nur halbwegs verstanden, denn es gibt ja so vielfältige Ansichten und Theorien über die Stimmungen, die vom Hund ausgedrückt werden. Ich merkte, dass ich eigentlich auf dem richtigen Weg war. Da der Hund ja noch nicht mir gehört - er ist mir nur anvertraut - war ich aus dieser Verpflichtung heraus vielleicht nachsichtiger und zurückhaltender als seinerzeit bei meinem Ojo, obwohl es ihm nicht schlecht ergangen ist. Dieses Buch über Beschwichtigungssignale unserer Hunde sollte jeder Hundebesitzer im Grunde lesen, sofern er die Signale seines Hundes verstehen will. Ich möchte jetzt nicht schon behaupten, mich darin geübt zu haben, doch schon vorgängig beobachtete ich meine Hunde und war oft zurückhaltender mit verschiedensten Beeinflussungen. Hunde sind kommunikativer und intelligenter, als wir denken mögen. Wenn sie nur den Ton des Motors der Brotschneidemaschine hört, fliegt meine Jypsy über die Türschwelle zur Küche und setzt sich auffordernd vor mich hin, denn Brot ist lecker und dies hat sie sogleich erfasst. Sie lernt so unglaublich schnell! Sie setzt sich in Erwartungshaltung hin und sagt mir, was sie will. Genauso, wenn sie scharrt, will sie hinaus. Auch Ojo hat die verschiedensten Eigenarten: Er bringt mir einen kleinen Gegenstand, ich frage ihn, was soll das, dann hüpft er mir voraus, geht zum Wintergarten, ich lass ihn hinaus, er steckt nur kurz den Kopf hinaus, dreht sich, kommt hinein, und sagt mir, indem er zur Futtertonne geht, du hast mich vergessen ...! Ich habe Hunger! Ein Hund ist kein reiner Befehlsempfänger, ein Hund ist Partner und Freund zugleich. Je besser man aufeinander zugeht, je freudiger und harmonischer entwickelt sich unsere Beziehung. Dass der Hund starke soziale Fähigkeiten besitzt, wissen einige und wie harmonisch sich Beziehungen weiterentwickeln ebenso, nur ist das nicht immer präsent in der täglichen Wirklichkeit. Unsere „Laune" spielt uns oft einen bösen Streich, weil wir geneigt sind, Disharmonien stets am schwächsten Glied auszuleben, oder uns einfach abschotten, da uns eigene Probleme beschäftigen und wir den Hund deshalb etwas vernachlässigen.

Heute am Neujahrsmorgen, wir waren früh unterwegs, es wurde schon langsam hell, ließ ich Jypsy frei, Ojo an der Rollleine, und wir tauchten in den Wald ein. Noch selten wurde ich der Stille so gewahr wie heute. Obwohl am Rande einer großen Stadt, war praktisch das Rauschen des Verkehrs kaum mehr zu hören. Vereinzelte Vogelstimmen erklangen so klar, dass man meinte, so eindrücklich dies noch nie gehört zu haben. Ojo und Jypsy waren mit dem Lesen von Fuchsfährten beschäftigt, und plötzlich sahen wir etwa fünfzig Schritt vor uns vier Rehe den Weg überqueren. Ojo reagierte unmerklich, denn Rehe wurden ihm zum Tabu erklärt. Welche Eleganz diese Tiere im Übersetzen eines Weges an den Tag legten. Sie waren wahrscheinlich schon von uns verunsichert, doch es war keine eigentliche Flucht, sondern eher ein elegantes und von Lebensfreude zeugendes Übersetzen und wieder Eintauchen ins Dickicht aus Sträuchern und Bäumen. Wir alle standen da, Jypsy frei, aufmerksam, beobachtend, und ich sagte nur leise ... „Rehe sein lassen, so ist's brav", dann gingen wir weiter. Solche Erlebnisse sind einfach etwas für die Seele und machen das Aufstehen am Morgen zum persönlichen Glück, obwohl man dies zuvor nicht gedacht hat und lieber liegen geblieben wäre.

Der heutige Tag war in seiner Ganzheit wunderschön. Wir begaben uns noch auf den Hundesportplatz, wo ich versuchte, den Befehlston sowie das Zurückkehren zum Hund zu ändern, und siehe da, es geschah wirklich so wie im vorgängig erwähnten Buch beschrieben, weniger laut, weniger hart und mit mehr Freude in der Stimme und er machte das „Sitz" mit Bravour. Ich war so beseelt, dass ich dachte, so, jetzt gehen wir zusätzlich noch spazieren und gab der Jypsy und Ojo je einen „Kong" (Ball mit Schnur), zupfte daran, was Ojo jeweils als Aufmunterung zum gemeinsamen Spiel interpretiert und mir danach oftmals die Schnur entgegen hält, um seinem Wunsch Ausdruck zu verleihen, ich möge weiterkämpfen. Selbstverständlich ließ ich Ojo und Jypsy immer gewinnen. Jypsy war so stolz, den Kong von Ojo tragen zu dürfen, und stolperte auf der schneebedeckten Wiese damit vor uns herum. Sie zeigte sich selbstbewusst und freudig. Es war rührend, wie Ojo, als sie den ihren liegen ließ und an der Schnur des Kongs von Ojo mit allem Einsatz zerrte, ihr den seinen einfach überließ. Ich lobte ihn dafür sehr, suchte den liegen gebliebenen von Jypsy und warf ihm diesen zu, damit auch er wieder einen hatte.

Am Abend füllte ich ihre Fressnäpfe, wollte aber zuvor noch mit Ojo das Halten eines Gegenstandes üben. Zur Belohnung erhielt er ein kleines Stück getrockneter „Lunge". Sein Fressen stand bereit, aber der Reiz der Lunge war vorerst größer. Plötzlich hörten wir, dass sich Jypsy am erhöhten Futternapf von Ojo im Wintergarten bereits zu schaffen machte. Ojo ging hinaus, Jypsy blieb am Topf, bis Ojo ganz in der Nähe war, füllte sich ihren Fang und ließ sodann einen Teil auf den Boden fallen. Somit lag einiges an Futter auf dem Boden. Dort fraß sie seelenruhig weiter und kümmerte sich nicht um Ojo. Kaum hob sie ihren Kopf, da erstarrte Ojo, Jypsy zog den Kopf wieder ein und entfernte sich in einer sogenannten Demutshaltung mit gesenktem Kopf, den Anschein vorgebend, etwas zu suchen. Im Augenblick genießt sie noch die wirklich vollkommene Narrenfreiheit (Welpenschutz), doch wie lange dies noch dauert, habe ich ja gelesen. In wenigen Wochen wäre so ein Verhalten bereits kritisch und könnte von Ojo sanktioniert werden.

Manchmal kommt es mir frühmorgens vor, als wäre das linke Ohr von Jypsy wieder etwas weicher, doch im Wald ist alles wieder angespannt, und die gesamte Aufmerksamkeit gilt der Umgebung. Heute früh trafen wir einen jungen Mann allein auf dem Waldweg, auf weiter Flur kein anderer Mensch, und da zeigte sich Jypsy diesem Gegenüber etwas unsicher. In ihrem Alter lasse ich sie stets frei mitlaufen. Der Mann gab mir ein Zeichen, dass er Jypsy begrüßen wolle, und so ging ich ihm mit Ojo entgegen. Jypsy umkreiste den Mann und wurde dann zutraulicher. Vorerst dachte ich an Unsicherheit, doch wenn sich dies alles so rasch legt, ist es eher mit Vorsicht vergleichbar. Später kamen noch mehr Menschen, doch die Hunde nahmen kaum mehr Notiz, denn das Schnüffeln nach Wildspuren war für sie weitaus spannender.

Interessant ist auch die Feststellung beim Spiel, dass ein junger Hund eher der Hand folgt als der darin gehaltenen Schnur oder dem Ball. Zudem ist die Koordinationsbegabung noch nicht so ausgereift, um einem Gegenstand, z. B. Kong mit Schnur, zu folgen, wenn dieser weiter als zwei bis vier Meter geworfen wird. So erkennen wir langsam die Entwicklungsschritte eines Welpen und können miterleben, wie auf den verschiedensten Ebenen unsere Hunde sich weiterentwickeln. Somit ist klar, dass Spiele in diesem Alter einfach gehalten werden müssen und eher über Nasenarbeit und Merkfähigkeit dies oder jenes versucht und gefördert werden soll. Prägungsphase heißt eben auch das Erkennen sinnvoller Anreize. Wie schnell ist so ein Welpe auch überfordert. Oftmals sehe ich, dass Jypsy sich den Kong von Ojo schnappt und diesen wie Ojo herumträgt. Der große Unterschied liegt hauptsächlich darin, dass Jypsy den Kong vermehrt an der Schnur fasst und sich darüber freut, wie er um sie herumbaumelt.

Heute Nachmittag, den 02.01.04 habe ich mich entschlossen, Jypsy für immer zu mir zu nehmen. Diese Überzeugung ist voller Zuneigung zu meinem Hündchen täglich gewachsen, denn ich verfüge über ein tolles Umfeld, das mir hilft, meinen Hund erfolgreich aufzuziehen und mit ihm auch Hundesport zu betreiben. Ich weiß, es ist eine große Herausforderung, doch gerade dies macht das Leben auch so spannend. Für mich ist dieser Entscheid wie zwei Mal Weihnachten!!!!! Ich werde aber deswegen nicht aufhören zu schreiben, denn vielleicht kann ich dem einen oder anderen hiermit etwas mitgeben. Gleichzeitig betone ich aber gleichwohl, dass Beobachtungen und Erlebnisse von Hund und Hundeführer immer differenziert erlebt werden und dies keine Anleitung zur Prägung ist. Ich schreibe hier nur über meinen Welpen und für den einen oder anderen könnte dies ein Anreiz sein, ebenso sorgfältig mit seinem Welpen umzugehen.

Seit fünf Tagen ist meine Jypsy zu Hause stets frei, Tag und Nacht, hat nichts angenagt oder Unerlaubtes gemacht, sich auch nicht in der einen oder anderen Form versäubert, was ich durch eine klare Tagesstruktur wirklich schon optimal im Griff habe. Ich mache mit ihr nie das Spiel im Sinne von „Fang mich", sondern versuche, wenn ich sie zu mir rufen will, mich selbst interessant zu machen. Ich hatte mit Ojo viele Fehler gemacht, die ich möglichst vermeiden will, doch wer ist schon fehlerfrei. Schnell ist etwas passiert, das der Hund anders verknüpft, als wir beabsichtigten, doch es ist nie alles so grundlegend prägend, dass es nicht mit einem richtigen korrigierenden Spiel wieder in Ordnung gebracht werden könnte.

Erneut in der Spielstunde für Welpen, es war kalt und so fehlten einige. Zu Beginn waren wir eine recht große Gruppe, dann aber hat Frau Berlowitz persönlich sich den drei kämpferischsten Individuen angenommen, unter diesen auch Jypsy. So genossen wir eine wiederum sehr interessante Zeit unter kundiger Anleitung, und es ist gut, wenn ein geschultes Auge die Übersicht hat und erkennt, welche Welpen entfernt werden sollten, damit für alle Lernerfolge entstehen können und nicht zwei oder drei „Tyrannen" das Spielgeschehen beeinflussen und schwächere Hunde kaum mehr die Möglichkeit haben, ihre Signale auszusenden, um verstanden zu werden. Sehr oft sieht man in solchen Momenten sensible Hundebesitzer, die Angst um ihren Liebling haben, doch alles ist hier unter Kontrolle. Jypsy braucht einfach ältere Partner oder gleich starke, um einen ausgeglichenen Umgang mit Hunden zu erlangen, denn die für Leistungshunde gezielt gezüchtete „angekratzte" (leichte Unsicherheit) Wesensart, könnte schnell in Lust auf Aggression münden, und hier ist der richtige Platz, wo solches Verhalten auf elegante Weise und natürlich durch gleichwertige Wesen sofort erkannt und das Gleichgewicht hergestellt wird. Frau Berlowitz und Herr Weidt machen für Diensthunde der Polizei noch einen speziellen Parcours. Diese Hindernisse, die sehr viel mit Gleichgewichtskontrolle und Alltagssicherheit zu tun haben, sind sehr lehrreich für Hunde. Ich bedauere, dass Frau Berlowitz keine Zeit für die Sporthundeführer hat. Sicher kann man auch im Wald mit Baumstämmen, über aufgeschichtete Scheiterbeigen, schmale Stege und schwankende Brücken usw. den Hund trainieren, doch die Effizienz einer durchdachten Anlage ist reichhaltiger und abwechslungsreicher. Aus diesem Grunde habe ich seinerzeit mit Ojo noch einen Welpenkurs bei Hans Schlegel in Gansingen besucht, denn was die Anlage anbetraf, habe ich bis heute nichts Idealeres kennengelernt.

Damit der Welpe nicht an der Leine zieht, haben wir heute noch speziell geübt: lose Leine. Wenn der Hund zieht, bleiben wir stehen, auch wenn es Minuten dauert. Kommt er zurück, erst dann geht's weiter. Dies alles praktisch wortlos, und so prägen wir frühzeitig unseren Hund, mit uns zu gehen, und wir haben nicht mehr das Problem, dass der Hund zu sagen versucht, wohin der Weg führen soll. (Was aber seiner Zeit noch niemand wusste, ist, dass mein Hund hyperreaktiv ist, und daher aus seiner Natur heraus immer zieht. Dies verstand ich aber erst später.)

„Sitz" und „Warten" ist jetzt an der Reihe, und dies üben wir zwischendurch mit Futtergabe als Belohnung. So wird die Zeit bis zur Belohnung stets weiter ausgedehnt, und sobald ich das Gefühl habe, dass sie das „Platz" verstanden hat, versuchen wir diese Übung auch auf diese Weise. Das Ziel ist, die Wartezeiten so auszudehnen, dass der Hund ganz von sich aus das „Platz, bleib" lernt. Dies muss zu Beginn alles noch ohne Ablenkung geschehen (in der Wohnung oder allein auf dem Feld). Das „Steh" und „Warten" üben wir ganz beiläufig, und zwar einfach beim Streicheln, bei der Haarpflege oder beim Anhalten am Gehsteig, weil wir ja auf den Verkehr achten müssen. So vergeht kein Tag, ohne dass der Welpe nicht etwas lernt oder nicht auch unbewusst übt. Fehler lernen die Hunde leider ebenso schnell, und so gibt es eben sanfte Korrekturen. Auch die kleinsten Einwirkungen müssen immer der möglichen Verständnisqualität des Hundes entsprechen. So z. B. ein Pfannendeckel, der durch das Ziehen am Tuch plötzlich über die Tischkante rutscht und richtig Lärm macht oder mit einer Wurfkette, die neben den Hund fällt und ihn erschreckt, oder man lenkt durch Zurufen ab und bietet etwas anderes an wie ein Kartonschnipsel oder sonst was. Nur konsequent nichts anzubieten, kann den Hund erstaunen und frustrieren, und er lebt sodann als Ersatz eine andere Reaktion aus, über die wir kaum Kontrolle haben (Benagen von Möbeln/Teppich oder auch „nuckeln" an Kissen, Leintüchern etc.).

Hundehalter, die wir treffen, erkennen besser, wie Jypsy bereits gewachsen ist als ich selbst. Für mich scheint sie noch immer die Kleine der ersten Tage zu sein. Ihr Verhalten bei entgegenkommenden Spaziergängern hat sich bereits gewandelt, und stürmte sie bis vor Kurzem ihnen entgegen, glaubend dort gäbe es Futter, so wurde sie bereits bedeutend gelassener. Seit ich sie den Befehl „Hierbleiben" lehrte, beginnt sie nicht mehr auf diese Menschen zuzugehen, sondern betrachtet mich, dann Ojo, und mit meiner Aufforderung „komm zu mir", geht's dann wunderbar weiter. Auch Füttern hilft da sehr, aber nicht jedes Kommando wird kontinuierlich belohnt. Es wird noch viel brauchen, bis alles so ist, dass es passt. Einen sensiblen Hund kann ich durch einen Ruck an der Leine in seinem Verhalten so ändern, dass er bei mir Schutz sucht, und sich für einige Zeit kaum noch getraut, weiter wegzugehen, geschweige denn zu ziehen. Ein triebstarker Hund versucht dies immer wieder, und in seinen Trieb merkt er eine kleine Einwirkung nicht einmal. Daher ist es wichtig, so früh wie möglich vieles dem jungen Hund klar zu machen und zu üben, um nicht später nur noch wenige Mittel zu haben, das Verhalten des Hundes zu ändern. Solange er so niedlich und klein ist, sagen viele „ach lass ihn doch, er ist noch so klein, schau mal was er hier macht" und freuen sich an üblen Gewohnheiten ihres Hundes. So lassen sie ihm Freiheiten, die später zu Problemen ausarten und umso mehr Druck zum Eliminieren benötigen. Es genügt zu wissen, dass starke Hunde selbst deren Führer testen, ob er wirklich das Leittier ist oder „vielleicht" auch der Hund Chef sein könnte. Daher ist ein rasches und konsequentes Handeln immer wichtig. Viele haben Angst vor ihren Hunden und meiden Konfrontationen, z. B. wenn er beim Fressen knurrt und mich nicht mehr zum Futtergeschirr lassen will. Wenn ich ihn hier nicht mehr anfassen kann, ihm nicht mehr in den Napf greifen kann, ihm keine Knochen aus dem Fang nehmen darf, bedeutet es, dass **er** sich durchzusetzen versucht. Wer sich gegen seinen Hund in dieser Situation nicht behauptet, verliert die ganze Harmonie, denn der Hund ist nichts anderes als eine Unterart des Wolfes, die versucht ist, für sich einen Vorteil zu holen, und wird er nicht in die Schranken gewiesen, was Leitwölfe ebenso tun, wird er zu einem unberechenbaren Hund. So erkennen wir auch zu einem gewissen Teil unsere Stellung in der Rangordnung in unserem Rudel. Das Herausgeben von „Beute" oder „Knochen" muss deshalb geübt werden, denn wenn der Hund mal erst erwachsen ist, könnte er echt zulangen. Dazu wird es ja nicht kommen. Schließlich hat er eine „anerzogene Hemmung zum Biss", die wir ihm ja beigebracht haben, indem wir „Au" riefen, als er uns mit den Zähnchen damals als kleiner Welpe zu unsanft anfasste. An dies kann sich jeder Hund erinnern. Auch im täglichen Spiel zeigen wir ihm ja stets, wenn's wehtut, und damit das Spiel beendet werden könnte.

Hiermit möchte ich sagen, dass vieles viel früher beginnt, als manche denken, und daher schreibe ich so ausführlich darüber. Der Hund mit einem konsequenten Führer ist weitaus glücklicher als derjenige, der in einer unklaren Erziehung und Beziehung aufwächst, oder wenn die ganze Familie an ihm, jeder auf seine Weise, herumzerrt.

Wenn Jypsy, wie heute Morgen, in der Ferne etwas verbellt, dann erschien mir dies als kleine Unsicherheit etwas Fremdem gegenüber. Alle anwesenden Hunde schauten in die Richtung der Jypsy, doch legte sich alles ganz langsam, sobald die älteren Hunde sich abwandten. Hierin erkenne ich ihre Aufmerksamkeit, aber ich muss diese nicht unterstützen, sondern gelassen warten, bis sich der Hund von selbst beruhigt. Würde ich dies unterstützen und lobend „Brav" sagen, so würde ich sie zu einem Hund erziehen, der die Aggression aus einer gewissen Angst heraus beinahe wie ein Selbstläufer auslebt, und dies kann nicht das Ziel sein. Diese Hunde müssen auch durch uns lernen respektive durch unsere Passivität und ausgestrahlte Ruhe und Besonnenheit.

Noch in der Dunkelheit entdeckte sie heute früh auf dem Spaziergang einen Jogger. Sie startete durch und hat dabei vergessen, dass sie an der Rollleine oder Auszugsleine festgebunden ist, die ihr ihren Angriff nur für einige Meter ermöglichte. Leider wurde sie vom Ende der Leine unsanft gestoppt, und wie sie dann wieder zu mir kam, lobte ich sie für ihr „Zurückkommen", und der Jogger verlor ihr Interesse. Der lief danach an uns vorbei und Jypsy schaute ihm wohl nach, reagierte aber nicht mehr und ist nun um eine Erfahrung reicher. Ich war mir nicht sicher, ob ich sie zuerst zurückrufe oder ob es besser wäre, sie laufe einfach in die Leine. Bis ich das durchdacht hatte, war alles schon geschehen, und ich denke, ihrem Verhalten nach zu urteilen, verband sie den Ruck mit dem Jogger.

Heute überlege ich, dem „Sitz, Warten und Platz" noch einen weiteren Befehl hinzuzufügen. Ich begann das erste Mal mit dem „Hier" und nutzte die lange Leine, um meiner Forderung etwas Nachdruck verleihen zu können. Ich war mit beiden Hunden unterwegs, doch wie Ojo dieses Kommando hörte und ich Jypsy mit einem leichten Zupfen an der langen Leine auf mich aufmerksam machte, begannen beide zu mir zu laufen, um eine Belohnung zu ergattern. Ojo sah meine Haltung und wusste, dass ich in meiner Hand etwas verberge, und wäre zu Tode betrübt, würde ich ihn nicht auch belohnen. Bis heute rief ich Jypsy einfach mit „komm", „zu mir" oder lockte sie durch andere Wörter, legte aber keinen Wert auf rasche Ausführung, belohnte aber auch nicht immer mit Futter. So gingen wir des Weges, und wie ich das Spiel der beiden am tollsten fand, rief ich „hier" und schon waren die da und forderten großes Lob. Später, als Jypsy allein weiter entfernt war und ich sie wiederum direkt rief, stürmte sie heran und sprang zu mir auf, als hätte ich zu einem Fest geladen. Ich habe dann nichts übertrieben und wechselte ab mit den verschiedenen Belohnungsformen und siehe da, das Heranrufen weckte automatisch die Erwartungshaltung nach Futter, doch es gab keines, sondern ich zeigte nur die leere Hand, die sie leicht berührte und wieder von dannen rannte. Ich merkte, dass, wenn ich die Hand am Köper gegen sie öffne, sie auch nicht in mich hinein- noch hochspringt, sondern sie schien zu verstehen und berührt diese nur mit der Schnauze. Beinahe, um zu sagen: Ok, ich mag Dich, aber ich bin da und ich sagte dann, „Voilà, so ist es brav, geh frei" und lasse sie mit diesen Worten wieder springen. Wenn man „Hier" ruft und den Hund danach stets an die Leine nimmt, wird sein Herankommen verlangsamt. So soll man dies öfter rufen, aber nur auf das Befolgen dieses Wunsches achten, um also dann den Hund gleich wieder freizugeben.

Ich habe beinahe ein schlechtes Gewissen, zu wenig habe ich bisher in der Stadt und im Verkehr geübt, doch die kommende Woche soll ganz speziell dieser „Immunisierung" gewidmet sein. Ich denke, als ganz kleiner Welpe sollte man auch schauen, dass er schon genügend weit mit Freude mitgehen kann und das Erlebte auch aufnimmt. Ich wünsche, dass meine Prägungsarbeit Früchte trägt, damit Jypsy in allen Situationen sicher im Verhalten wird, sei es im Umgang mit Menschen oder auch im städtischen Verkehr.

Heute ist sie bereits vierzehn Wochen alt, und unser Spaziergang durch die Bahnhofstraße zeigte ihre Reife, doch es scheint mir, dass Hündinnen sich viel eher auf Fressbares konzentrieren, wogegen Rüden eher den Markierungen nachschnüffeln. So spazierten wir über die Bahnhofstraße, als wäre dies das normalste dieser Welt. Zog sie gegen eine abgestellte Tasche, animierte ich sie mit Leckerli zum Bei-mir-Bleiben und bald war alles absolut normal. Noch erschrak sie, wenn ein Tram nur wenige Meter an uns vorbeifuhr. Wenn wir wegfahren, packe ich ihre Futterration stets in einen Beutel, und der hört sich beim Öffnen genauso an wie das Knistern dieser Plastiktaschen. So schaute Jypsy stets sehnsüchtig auf all die Taschen, die sich über die Bahnhofstraße bewegten. Kinder interessierten sie, doch keine der Mütter hätte ihr Kind streicheln lassen. Sie waren entweder zu beschäftigt oder zu ängstlich. Einige sprachen uns an und berührten Jypsy, die sich alles gefallen ließ, ohne aggressiv oder unsicher zu reagieren. Am meisten Freude zeigte sie an einem deutschen Agility-Sportler, der selbst gemachtes Hundefutter bei sich trug. Er wusste auch gleich, um was für eine Rasse es sich handelt, doch für viele Menschen ist der Malinois nicht so bekannt wie z. B. ein Deutscher Schäferhund.

Fährtenarbeit macht nun noch mehr Spaß. Ich freue mich, dass sie bereits weiß, wenn wir zum Abgang der Fährte kommen, beim kleinen Fähnchen, dass es etwas Leckeres zu suchen gibt.

Am kommenden Montag zählt sie bereits fünfzehn Wochen, und wir waren am Sonntag in der Schule für unsere Welpen. Sie ist einfach mit Abstand die Stärkste dieses Rudels, und wir bedauerten das Fehlen des Tervueren Rüden, der ihr in allen Beziehungen gewachsen und ebenbürtig war. Nun war sie die Aktivste und hatte es auf einen leicht jüngeren Deutschen Schäfer abgesehen. Ich versuchte, sie vorsichtig zu disziplinieren, was mir halbwegs auch gelang, andererseits litt der Schäfer etwas unter ihrer Dominanz und kam dadurch körperlich an seine Grenzen. Ein junger Deutscher Schäfer ist meist noch nicht so aktiv wie ein Malinois in der Anfangszeit, denn, um seine Gelenke zu schonen, muss man ihn stärker zurückhalten als andere Rassen. Dafür holt er dann später mächtig auf und ist einem Malinois ebenso gewachsen. Ich brauche für Jypsy eine stärkere Gruppe. Wenn nicht, finde ich es schlecht, meine Jypsy mittun zu lassen, denn was sie damit lernen würde, wäre gerade nicht sich untereinander verstehen lernen. Der Lerneffekt wäre das Dominieren, und gerade dies gilt es zu verhindern. Bei der Disziplinierung fasste ich sie etwas hart am Nacken, habe sie danach noch angeleint und nun wich sie meiner Hand aus. So hatte ich später mehr Mühe, sie wieder an die Angel zu kriegen. Selbstverständlich behebe ich dieses Problem, wenn ich mich auf weiter Flur befinde mit einer Schleppleine, doch man sieht hier ganz klar, wie clever so ein Hündchen bereits ist und wie schnell es lernt. Diese Bereitschaft ist beim jungen Malinois ausgeprägter, aber wohl verstanden, Fehler des Führers lernen sie genauso schnell, wie sie positive und klare Signale mit einer Leichtigkeit akzeptieren, und bereits umzusetzen in der Lage sind. Der Hund versucht immer, ob eine andere Auslegung eines Kommandos zugelassen wird oder ob es wirklich immer präzise sein muss. Ganz wichtig ist, dass man über dieser Situation steht und eine praktikable und eine dem Welpen angemessene Korrektur für ungewolltes Verhalten anbringen kann wie zum Beispiel „rechts um kehrt" oder in eine andere Richtung gehen und vieles andere mehr. Wut respektive emotionales Verhalten bringt nichts und führt uns immer in eine Sackgasse.

Jypsy war in den vergangenen Tagen nicht so gut drauf, etwas Durchfall, da passieren einige „Unglücke". Da es aber meist meine schönen Teppiche trifft, werde ich in einem Jahr mal alles richtig reinigen lassen. Ärger kenne ich in dieser Beziehung nicht, denn ich kann ihr keine Schuld geben. Schon am anderen Morgen freute ich mich darüber, dass sie wieder quicklebendig war. Kaum drehte ich ihr den Rücken, um den Kaffee zuzubereiten, sie lag zuvor ja unter meinem Stuhl, da stibitzte sie mir vom Tisch mein Stück Brot, sauste in den Wintergarten und verschlang dies gierig. Damit sie nichts mehr vom Tisch nimmt, band ich ein paar Pfannendeckel mit einer Schnur zusammen, vorab ein Stück Brot auf den Tisch, und wie sie dies dann schnappte, kam die ganze Bescherung lautstark hinterher und erschreckte sie fürchterlich. Somit war wieder einmal ein Problem beinahe gelöst.

Das nasskalte Wetter setzt allen zu, auch sind weniger Jogger und weniger Spaziergänger unterwegs, selbst Hunde oft nur für kurze Zeit anzutreffen. Die Umweltreize verringern sich, und so ist alles wohl einfacher, aber eine Prägung ohne Umweltakteure bleibt ineffizient. Jypsy ist unglaublich stark und hat keine Angst vor Hunden. Im Gegenteil, immer wieder versucht sie, sich durchzusetzen. So lasse ich sie mit älteren, aber gleich großen und gleich schweren Hunden spielen, und dies hilft, denn so muss sie hin und wieder ganz unten durch. Zu den Menschen ist sie immer zutraulich. Selbst das Abrufen und Anleinen hat sich gut entwickelt.

Tram- oder Busfahren ist für sie schon beinahe alltäglich, heute lag sie so entspannt in der ratternden Tram, dass ich staunte, wie selbstverständlich sie dies hinnimmt. Gleiches gilt, wenn ich das Auto durch die Waschanlage schicke, sie bleibt gelassen in ihrer Hundebox und denkt sich bestimmt: „In meiner Höhle kann mir ja nichts passieren."

Das Leinenlaufen mit dem neuen System bringt nicht so viel wie gehofft, aber es hilft im Augenblick. Kaum zieht sie, bleibe ich stehen, dann schaut sie mich an, kommt zurück, und ich nehme sie sodann auf meine linke Seite, sie schaut mich weiterhin mit bernsteinfarbigen Augen an, als würde sie fragen, ist das richtig so?, womit sie eine kleine Bestätigung fordert. Ich bestätige aber nicht einfach, sondern ich halte nach wenigen Schritten an, führe sie mit der linken Hand zu meinem linken Knie und sie erhält das Futter nur, wenn sie korrekt bei „Fuß" sitzt. Will sie es nicht tun, dann locke ich sie weiter und irgendein Zaun/Wand oder Baum gibt mir die Möglichkeit, dass sie sich nicht zu weit wegsetzt und damit auch gleich von Beginn ein korrektes Benehmen lernt. Es gibt immer wieder Menschen, die das aufgeweckte Wesen bestaunen und sie zu streicheln wünschen. Ihre Ruhe, die sie ausstrahlt, ihr freundliches Wesen, ihre Sicherheit im Verkehr, selbst wenn sie mal kurz erschrickt, ist für mich eine wunderschöne Bestätigung dafür, dass sie selbst Unvorhergesehenes wegstecken kann, weil selbst ähnliche Situationen bereits verarbeitet sind. Einige Jahre später habe ich sie am Wegrand hingelegt, als ein Schützenpanzer nur einen Meter neben ihr vorbeidonnerte. Und sie lag einfach da. So wusste ich, dass Prägung etwas sein muss, das man erleben muss, um den Nutzen zu erfahren.

Bei Hunden in der Bahnhofstraße stellt sie doch hin und wieder die Nackenhaare, ist auf jeden Fall bereit, aber sie benimmt sich nicht aggressiv, bellt nicht, und sobald ich leicht an der Leine zupfe und sie etwas ablenke, folgt sie meiner Aufforderung.

Am Waldrand trafen wir noch auf eine achtjährige Malinois-Hündin mit dem Namen Tosca, und Jypsy bellte diese zu Beginn an. Nach kurzer Zeit war schon alles klar, indem ich sie zurückrief und an die Leine nahm. Manchmal muss man Hunde auch anleiten, sich anständig zu benehmen, und sobald ich mit dem Halter des anderen Hundes spreche, beruhigen sich die Hunde zumeist und können danach sogar miteinander spielen.

Heute wurde sie noch mit einem Chip versehen, und ich habe die Eigentumsübertragung bei der SKG eingereicht. So ist Jypsy nun offiziell mein Hund geworden. Keinen Mucks tat sie, als die dicke Nadel ihr über der Schulter unter die Haut geschoben wurde. Man spürt ihr Vertrauen auch gegenüber dem freundlichen Tierarzt, und das ist ja auch wichtig für spätere Arztbesuche.

Nach der Phase der Vernichtung von Kartonschachteln wollte sie eine Zeit lang nichts mehr davon wissen, und ich legte die Reserven einfach in eine Ecke. Diese Woche erwachte urplötzlich erneut das Interesse, und ihren Energieüberschuss konnte sie nun abreagieren. Überall liegen kleine Kartonstücke herum. Große Stücke transportiert sie durch die ganze Wohnung, und im Augenblick sieht es bedenklich aus. Doch der Hund ist glücklich, so nutzte sie zum Beispiel diese Gelegenheit immer wieder, um ein zusätzliches Häppchen zu erhalten, indem sie mir ein Kartonstückchen brachte, um dies gegen Futter zu tauschen. Aber niemand stört sich an meiner Unordnung in der Wohnung, und so bin ich froh, wenn die Haushalthilfe an den Samstagen mit viel Verständnis alles wieder in Ordnung bringt.

Heute früh, als ich in meinem Büro war und kurz zum Fenster hinausschaute, sah ich meine Jypsy mit dem Kissen vom Sofa im Garten. Ich öffnete das Fenster und rief sehr deutlich „NEIN"! Sie packte es erneut mit einer tierischen Wollust und rannte wieder hinein in den Wintergarten. Ich hetzte durch den Korridor und die Küche zu ihr, Jypsy sah mich ganz erstaunt an, ich nahm das daliegende Kissen, schlug es über den Stuhl, klopfte es mit den Händen, warf es auf den Boden, schimpfte lautstark wie ein Berserker und Jypsy schaute mich verdutzt an. Beide Hunde folgten mir in die Stube, wo ich das Kissen weiter misshandelte, legte es dann wieder auf das Sofa, doch Jypsy sah mich so vertrauensvoll und unschuldig an, dass ich ein Lächeln nicht unterdrücken konnte, und so begab ich mich wieder in mein Büro. Ich war mir zu Beginn nicht ganz sicher, ob der Hund verstand, was ich überhaupt meinte, doch wenn es geht wie bei den Schuhen, dann bin ich zuversichtlich. Ich denke aber, auf diese Weise erlebe ich keinen Verlust ihres Vertrauens, verunsichere nicht, denn dies ist für mich ja das absolut Wichtigste und mein erwünschtes Ziel.

Wie ich wieder nach ihr schaute, Ojo war bei mir, lag sie hingegen ausgestreckt im Wintergarten auf dem Teppich, träumte und sonnte sich und schien mit der Welt zufrieden. Ich fühle mich sehr glücklich, etwas gemacht zu haben, was ich nicht zu bereuen habe, und ich wünsche mir, wenn diese Strategie erfolgreich ist, dass sie Anwendung bei anderen Welpen findet. Auch meine Erfahrung mit Ojo zeigte seine Fähigkeit, vieles verzeihen zu können. Aber was wäre, wenn Bindung wirklich der Schlüssel zum Erfolg wäre? Ich wünschte mir, dies mit Jypsy zu erreichen. Ich habe ihr ebenfalls noch nie etwas aus dem Fang gerissen, sondern nur „NEIN" gesagt. Nach spätestens fünf oder sechs Schritten ließ sie ein aufgenommenes Papier fallen, und wenn sie hin und wieder etwas einfach hastig verschlang, worüber mir grauste, habe ich dennoch keinen Druck auf den Hund ausgeübt. Wenn sie Pferdemist frisst, versuche ich, sie mit etwas Gutem davon abzulenken, doch was nutzt es, sie danach zu strafen? Nichts, und gar nichts. So bleibe ich in diesen Situationen eher gelassen im Wissen, dass es vor allem die Hündinnen sind, die so gierig fressen wollen, denn sie sind es ja von Natur aus, die für die Nachkommenschaft zu sorgen haben. Daher ist dieser Instinkt möglicherweise so ausgeprägt.

Dieses Kissen war von nun an tabu, aber ein anderes Kissen stibitzte sie schon am nächsten Tag. Der Wintergarten war geschlossen, und so fand ich es dort am Boden liegend. Ich nahm es auf in ihrem Beisein, schlug es und legte es an den Ursprungsplatz zurück. Jypsy verfolgte mich, doch von nun an war auch dieses nicht mehr interessant. Stattdessen schleppte sie die Liegematte aus der Stube in den Wintergarten, begann daran herumzuzerren, was ich mit „Nein" unterbrach, nahm sie aber erst später weg und legte sie erneut neben meinen Fernsehstuhl. So reihen sich Episoden an Episoden. Hin und wieder warte ich einige Tage, bis ich erneut eine Schachtel hinlege und bemühe mich vermehrt, mit ihr selbst zu spielen. Dies bringt natürlich etwas mehr Schwierigkeiten mit zwei Hunden, als wenn ich nur den einen hätte. Unsere Erfahrung zeigt, wenn sich der Hundeführer beiden gegenüber korrekt verhält, dass dann die Harmonie auch zwischen ihnen nicht leidet.

Vorletzter Kurstag! Mit etwas gemischten Gefühlen gingen wir dorthin, und ich erklärte gleich zu Beginn, dass, sollte Jypsy sich nicht einordnen und alle erneut dominieren wollen, ich mich mit ihr zurückzuziehen gedenke. So einigten wir uns ganz offen, dass wir die Entwicklung in dieser Gruppe zusammen gut beobachten. Ich freute mich erneut über die Fortschritte, die Jypsy im sozialen Bereich in dieser Gruppe erzielt hatte, und so lief alles gut, bis ein dreizehn Wochen junger Tervueren zu uns geschickt wurde, weil er sich zu „machohaft" in der jüngeren Gruppe benommen hatte. Anfänglich unsicher brachte er für einen Moment die ganze Gruppe durcheinander, was von Elvira kompetent kommentiert und genauestens beobachtet wurde. Auch mir schien, als stimme etwas nicht mehr, ich wusste aber nicht, dass ein neues Rudelmitglied die Ordnung so empfindlich stören kann und dass es Zeit braucht, bis alles wieder zur Ruhe kommt. Plötzlich ein Knurren und schon hatten sich Jypsy und der kleine Tervueren in den Haaren. Jypsy akzeptierte sein Verhalten nicht und kämpfte ihn nieder, bis er sich ergab, danach war Ruhe. So freuten wir uns alle, als das Rudel sich wieder voller Harmonie dem friedlichen Spiel zuwendete. Sie war heute insgesamt sehr aktiv, verstand die Signale vortrefflich, und es gab keinen Moment mehr, wo man sie zurücknehmen oder disziplinieren musste.

Ein Problem blieb bei der Welpenschule. Jypsy verband weiterhin die Scheu, zu mir zu kommen, mit dem Spielplatz, wo man mir aufgetragen hatte, sie zu disziplinieren, und mit dieser Erinnerung schloss sich dieses Prägungsprogramm. Dies zeigt, dass Probleme ebenso auch durch eine „örtlich" gebundene, negative Verknüpfung hervorgerufen werden können, sich jedoch von Mal zu Mal abschwächen. Ihr Verhalten auf allen anderen Plätzen blieb jedoch normal und wie gewohnt.

Selbst zu Hause ist sie nun aufmerksamer und macht vermehrt auf alle ihr noch unbekannten Geräusche, die durch Dritte verursacht werden, die in unsere Wohnung eindringen, mit einem Verbellen aufmerksam. Dies ist nicht nur Unsicherheit, sondern auch ein Stück territorialer Bewachungstrieb, der mit der Zeit mehr und mehr erwacht.

Ich sprach noch mit Elvira und sie meinte, dass ich das nächste Mal noch kommen dürfte gemäß der Einladung, und so kam noch ein Border Collie dazu, ebenfalls sein letztes Mal. Es ist schön zu sehen, wie sich die Persönlichkeiten der Hunde in dieser Gruppe entwickelten und wir können so jeden Sonntag wieder wichtige Erfahrungen für uns mitnehmen. Die Kompetenz der Gruppenleiterinnen ist so erfrischend im Gegensatz zu vielen Erlebnissen auf den Wiesen im Alltag, dass wir für uns und unsere Tiere, uns mit diesem Kurs einen enormen Vorsprung gegenüber anderen Haltern samt Hunden verschafften. Der Lerninhalt ist riesig und überzeugend, sodass ich immer wieder staune und die Ausbildung in einer guten Welpen-Spielgruppe zwingend empfehle. Aus allen Ecken der Schweiz kamen sie, vor allem erfahrene und verantwortungsbewusste Halter nahmen sogar stundenlange Anfahrten in Kauf.

Vergangenen Samstag kam eine Familie auf unseren Hundeplatz, die einen gut geprägten, jüngeren Hund zu kaufen wünschte. Wir zeigten ihnen auch Jypsy und meinen selben Orts geprägten, vier Jahre alten Deutschen Schäfer Ojo. Sie wollten vor allem Jypsy sehen. So nahm ich diese heraus, die Kinder konnten sie streicheln, füttern, liebkosen; alles konnten sie mit ihr machen. Jypsy schnappte nach niemandem, auch nie nach Fingern, selbst mit einem Leckerli darin, und ich darf sagen, ich bin sehr stolz auf sie. Danach interessierten sie sich auch für Ojo, so nahm ich auch diesen heraus, und er verhielt sich ebenso tadellos wie Jypsy. Das sind Hunde, die sozial verträglich und ebenso gesellschaftsfähig sind. Dieses

Verhalten ist nicht in die Wiege gelegt, sondern wird als Welpe erarbeitet und ist wichtig. Viele genieren sich, einen „lieben" Vierbeiner zu haben, doch ich bin stolz darauf. Was nützt mir ein Hund, den ich so erziehe, dass man nie seiner sicher sein kann, und dass man sich ständig fragen muss, wann er auf jemanden losgeht oder wegläuft. Was bringt mir ein Spaziergang, wenn ich immer unter „Strom" stehe oder in Angst bin, mein Hund könnte irgendetwas anstellen? Einen Welpen zu prägen braucht viel persönlichen Einsatz, aber dieser lohnt sich.

Das aktuelle Wetter, das heißt der Schnee, lässt Fährten lesen nicht zu, umso mehr wird das Spielen in der weißen Pracht zum „mega" Spaß. Heute trafen wir eine Schulklasse beim Schneeballwerfen. Jypsy ließ ich einfach laufen und schaute, was passiert. Sie mischte sich unter die Kinder, schnappte nirgends zu, sprang die Kinder auch nicht an, sondern rannte einfach den Schneebällen nach, doch sie fand sie nicht mehr in der weißen Pracht, weil sich die Bälle im tiefen Schnee vergruben oder auflösten.

Später trafen wir noch weitere Hunde. Ojo wie Jypsy erfreuten sich im Spiel, ohne jemals unverschämt grob zueinander zu werden. Ojo verteidigt Jypsy nicht und will oftmals auch nur mitspielen. Er ist nach wie vor zu anderen Hunden sehr zuvorkommend, höflich und zurückhaltend und weiß, dass ich grobes Spiel nicht mag. Er ist mit Sicherheit kein Macho, doch immer, wenn neue Hunde dazukommen, kontrolliert er ebenso, ob sie teamfähig sind. Dies mag im ersten Augenblick leicht erschrecken, doch es ist nichts dabei. Man sieht ja sofort am Verhalten der auf uns zukommenden Hunde, was als Nächstes passieren oder eben nicht passieren wird, und mit der Zeit hat man ein gewisses Beurteilungsvermögen eben auch durch das gelernte Beobachten beim Spiel der Welpen.

Das „Lesen" der Hunde kann man vertiefen, erstens durch eigenes Beobachten und zweitens durch Bücher wie **Calming Signals**, oder auch **Stress bei Hunden** von Martina Nagel/Clarissa v. Reinhardt.

So erkennt man auch besser, wenn es für den eigenen Hund zu viel wird, und kann entsprechend einschreiten. Das Spiel beenden, bevor sich Unheil anbahnt. Dies heißt, sobald unsere Hunde überfordert sind, sollte man sie zurück an die Leine nehmen. Es bringt nichts, wenn ein Hund Angst bekommt. Falls er sich bedroht fühlt, müssen wir zwingend einschreiten. Das Erkennen solcher Situationen lernt man besonders gut in einer Schule für Welpen, oder eben die Erfahrung wird uns lehren. Das Wissen aus Büchern ist komplementär wichtig, denn das Lernen in der Spielgruppe fördert unser intuitives Handeln, und das Nachlesen festigt unsere Urteilssicherheit. Damit kann ich meinem Hund viel ersparen, das ihn negativ prägen könnte. Wie oft hört man vom Halter eines bissigen Hundes: „Ja wissen Sie, er wurde eben schon als ganz kleiner Hund verbissen und dies hat ihn nun so aggressiv gemacht." So wird oft ein kleiner Vorfall und Unfall zu einer erheblichen Belastung oder sogar Hypothek für Hund und Halter.

Im Spiel mit anderen Hunden ziehe ich meinen Hunden die Halskette aus, damit keine Mitspieler an der grobgliedrigen Halskette sich mit seinen Zähnchen verfängt. Als Jypsy zu forsch wurde, warf ich meine Kette, und sogleich kapierte sie, dass ich Aggressionsverhalten nicht dulde. Auch wenn sie gegen Ojo mal zu forsch wird, sage ich ein lautes „Nein". Ganz nach dem Motto, ich bin der Chef, und nichts darf aus dem Ruder laufen. Auch in der Welpenschule werden zwischendurch die Hunde angeleint. Die Unterbrechung bewirkt wie bei Menschenkindern ein Abkühlen der erhitzten Gemüter.

Sie ist schon so aufgeweckt mit ihren bald sechzehn Wochen, dass viele denken, sie wäre viel älter. Das Wichtigste dabei ist im Grunde das täglich kurze und freudvolle Lernen, nicht viel, aber immer wieder kurz zwischendurch. In fünf Minuten ist dies ja locker erledigt.

Vor etwa zwei Wochen zerrte sie eines der Tücher aus ihrer Zeit aus der Wurfbox in den Wintergarten. Wie es da so zerfetzt herumlag, habe ich es beim Aufräumen einfach weggeworfen.

Nach zwei weiteren Tagen lag auch das zweite Tuch herum und ich legte es zurück in die Tagesbox, wo sie zwar nicht mehr hinein muss, aber ihr als „Rückzugshöhle" dient. Heute Abend war das Frottiertuch aus der Welpenkiste plötzlich wieder da. Sie hatte es halb um den Hals gewickelt, und etwas später lag sie mit ihrem Köpfchen darauf, was ich als kleines Aufflammen von Heimweh interpretierte. Man denkt und sucht vielleicht zu weit weg, aber so ist der Mensch. Wie ich aufstand und ins Büro wechselte, kamen beide Hunde nach, Jypsy, mit dem Tuch, legte sich neben Ojo, und eine kurze Zeit war Ruhe. Plötzlich fasste der Welpe das Tuch, schwenkte es Ojo um den Kopf, doch er respektierte es. Jypsy ließ das Tuch im Büro und hüpfte ihm nach und so sucht oftmals jeder sein bevorzugtes Plätzchen, wo er sich am wohlsten fühlt. Jypsy generell vor dem Kamin und Ojo im Augenblick im Wintergarten. Das Tuch aus der Wurfkiste lasse ich einfach liegen und schaue, wie weit sie sich mit diesem noch in irgendeiner Weise verbunden fühlt.

Als ich am folgenden Morgen aufwachte, war ich ergriffen, dass Jypsy das weinrote Tuch auf ihr Bett geholt hatte und, ihr Köpfchen darauf gelegt, schlief. Als sie zu Bett ging, war es noch im Wintergarten. Danach fütterte ich Jypsy und machte mich daran, auch mich für den Spaziergang bereit zu machen. Sobald ich die Schuhe anzog und die Überhosen überstreifte, kam sie mit dem Tuch wieder zur Ausgangstür, legte sich neben Ojo, der sich auf diese Weise bereit zeigte zum morgendlichen Spaziergang, stupste ihn in die Mundwinkel, steckte ihren Kopf in seinen Rachen und mir erschienen beide wie zwei Verliebte. Sodann nahm sie wieder das Tuch, schwenkte es, und erst als ich aufstand, ließ sie es liegen und kam mit hinaus ins Freie. Ich bin ergriffen von ihrem Verhalten, wenn sie sich mit diesem speziellen Tuch beschäftigt. Ob dies mit ihren Erinnerungen an die Welpenzeit zu tun hat, ob Heimweh oder andere Gefühle dies steuern, kann ich einfach nicht präzise feststellen.

Später lag das Kissen vom Sofa erneut im Wintergarten. Ich nahm es auf und traktierte es, sodass Jypsy in die Küche flüchtete. Ich schimpfte und brachte es wieder an seinen Platz. Eine halbe Stunde später nahm sie ein Kissen aus dem Wintergarten. Wie ich dies bemerkte, machte ich dasselbe Spiel, doch diesmal blieb Jypsy bei mir, und wie ich mit meiner Prozedur fertig war, saß sie unbeeindruckt neben mir und ich streichelte sie und sagte, „brave Jypsy, ist ja gut, aber Kissen sind einfach tabu".

Ich denke, sie hat sehr gut gelernt, denn ich verstecke nichts, sondern lasse alles am Ort, wo es ursprünglich hingehörte. Das Nagen an den Möbeln und Teppichen konnte ich ganz zu Beginn mit einem ganz harmlosen Schubsen wortlos und ohne beeindruckende oder schmerzliche Einwirkung vermitteln, sodass es auch später nie mehr einer Korrektur bedurfte. Hatte sie sich mal zwischendurch mit irgendetwas mir „heiligem" beschäftigt, genügte ein ganz freundliches und bestimmtes „NEIN" und schon ließ sie unverzüglich von ihrem Vorhaben ab. Selbst die lange Schleppleine versah ihren Dienst bestens, denn der Ruck kam für sie „vom Vorhang", mit dem sie spielen wollte, und als sie zu mir schaute, mimte ich, als betrachte ich ganz was anderes. Auf diese Weise korrigiert man „unsichtbar".

Genau gleich verhält es sich auf unseren Spaziergängen. Oftmals ereifert sie sich zu stark gegen andere Hunde und vor allem kleinere, sodass ich einschreite und sage: „NEIN, anständig sein", und mache ganz leichten Druck, damit sie auch wirklich ablässt. Kommt sie zu mir, bestätige ich das Ablassen durch ein Futterstück, und so kann ich sie bereits ein wenig steuern. Hin und wieder bricht es bei ihr wohl durch, und sie zeigt sich aggressiv, aber nun sind die Hunde rundherum praktisch zu 90% größer, älter oder stärker, und auf diese Weise lernt sie auch, sich anzupassen, einzuordnen und wenn notwendig auch unterzuordnen.

Heute nahm sie die auf dem Küchentisch liegende Zeitung, bearbeitete diese mit ihren Zähnchen und brachte sie in ihrem Fang zu mir. Sie war sichtlich stolz, diese vom Küchentisch stibitzt zu haben. Ich forderte die Zeitung durch Futtertausch und schlug diese um alle Ecken und hob noch zusätzliche Teile im Eingangsbereich auf. Im

Wintergarten hatte sie sich zuvor schon darangemacht, einen Teil auseinanderzunehmen. Sie folgte mir aufmerksam und ich schlug, schimpfte mit der Zeitung und legte die Blätter wieder auf den Küchentisch. Ich sagte nichts weiter. Ich glaube, auch dieses Problem scheint gelöst.

Dann ging es hinaus zu einem traumhaften Morgenspaziergang bei aufgehender Sonne und glitzerndem Schnee. In der Morgensonne war dies eine Pracht. Eine Freude, die man sich kaum vorstellen kann. Als Gabriela, eine in derselben Gemeinde lebende Hundehalterin, die ich öfters auf dem Spaziergelände traf, mit ihrem Hundeclan ankam, liefen wir zusammen und ließen unsere Vierbeiner frei laufen. Jypsy musste ich nach kurzer Zeit an die Leine nehmen, denn sie traktierte den Chihuahua etwas zu massiv, und das wollte ich nicht. Bald aber beruhigte sie sich, und ich konnte sie am Waldrand entlang frei laufen lassen. Sobald sie sich zu intensiv mit den Zwerghunden beschäftigte, sagte ich „NEIN", und sie kapierte sofort. So rannten die Hunde vor uns her, und es war ein riesiges Vergnügen, dem fröhlichen Spiel zuzusehen. Plötzlich fand Jypsy hinter einer Bank einen Handschuh. Ich rief ihr zu „nein", und sofort ließ sie diesen wieder fallen. Ich belohnte sie dafür. Von Weitem sahen wir einen Hund mit einer Kenndecke (Schabracke), aus der Distanz dachten wir an einen Polizeihund, und wirklich, es waren drei Polizeimänner mit einem Hund. Wir hatten beinahe ein schlechtes Gewissen, so den Wald entlang gänzlich ohne Leine die Hunde frei zu führen. Etwa fünfzig Meter weiter grub Jypsy aus dem Schnee einen Ausweis (so groß wie eine Kreditkarte) und brachte mir diesen. Ich gab ihr dafür ein Futterstück und dachte, ach gut, den können wir hier gleich der Polizei übergeben. Plötzlich erkannte ich den vorangehenden Polizisten, es war Felix, der Schutzdiensthelfer vom SC OG Zimmerberg, der zusammen mit zwei Kollegen einen Deutschen Schäfer in der „verlorenen Suche" ausbildete. Als ich ihm den Ausweis übergeben wollte, lachte er und sagte, dass dieser für den Suchhund ausgelegt wurde. Nun, das war aber noch nicht genug, Jypsy brachte plötzlich noch einen zweiten Ausweis, und ich belohnte sie erneut. Ich war so überrascht und voller Freude, dass sie beides so einfach gebracht hat und selbst Felix meinte, dass sie bereits gute Arbeit leiste.

Wir entfernten uns nun aus dem Suchrevier, und plötzlich meinte Gabriela: „Vielleicht ist der Handschuh auch von denen." Ich rief zurück, dass hinter der Bank weiter vorne Jypsy noch einen Handschuh aufgenommen habe, ihn aber liegen gelassen hatte. „Ja, der gehört auch uns", tönte es zurück. Überaus stolz auf meine Jypsy gingen wir nach Hause. Ich wünsche mir nichts mehr, als dass sie weiterhin so suchfreudig und durch die gute Bindung weiterhin so unbeschwert bleibt und mir weiterhin die Sachen herbringt. Also, wenn nicht Felix K. als Polizist und Gabriela als Zeugen bei diesem Erlebnis dabei gewesen wären, ich hätte darüber nichts geschrieben, denn keiner hätte mir wohl geglaubt, dass ein nicht einmal ganz sechzehn Wochen alter Hund so was bereits vollbringt. Drei Gegenstände bei einmaligem Durchlaufen eines Reviers ist schon fast ein Märchen, aber hier zeigte sich bereits ein kleines Teilresultat der guten Prägung.

Nach dem Fressen ist Jypsy so aktiv und unternehmungslustig wie den ganzen Tag über kaum. Es scheint, als bekäme sie eine Dopingspritze für die Dauer einer Stunde. In dieser Zeit zieht sie alle ihre Sachen wie Kartonschachtel, Hölzchen usw. hervor und beschäftigt sich damit wie eine Verrückte, wohingegen Ojo der ruhende Pol bei uns ist. Danach wird alles langsam ruhiger und nichts kann mehr passieren. Nach dem kurzen Abendspaziergang, der damit endet, dass es zu Hause noch ein Futterstück gibt, ergeben sich beide Hunde zur Ruhe und es wird geschlafen. Wenn sie so beisammen liegen, würde es mich öfters interessieren, was sie alles träumen. Ihre Welt ist nicht die unsere, aber solch entspannte Hunde machen selbst Menschen schläfrig. Oftmals stelle ich das Radio oder den Fernseher leiser und bin dankbar, einen solch schönen Tag erlebt zu haben.

Die Zeitung legte ich von nun an immer auf die Kante des Küchentisches, Jypsy hat sie nie mehr angerührt. Neu ist, dass sie nun sogar die Liegematte aus der Schlafbox zerrt und diese analog dem Tuch dazu nutzt, sich darauf zu legen. Ich denke, dass der Geruch des Tuches sich ebenso auf die Unterlage der Matte übertragen hat und etwas ganz spezielles für sie bedeutet.

Heute waren wir beim Schutzdiensthelfer, und auch Jypsy durfte nach Beute schnappen. Das Wetter war herrlich, und wir konnten nochmals im frischen Pulverschnee üben. Morgen, Sonntag, fahren wir zum letzten Kurs zu den Prägungsspielen, und am Montag ist Jypsy bereits seit acht Wochen bei mir und mit der sechzehnten beziehungsweise siebzehnten Woche endet die Phase der Prägezeit.

Dieser Sonntag war sonnig und warm, beinahe ein Frühlingstag. Jypsy war gut drauf und benahm sich aufgekratzt, doch Frau Berlowitz persönlich überwachte die Gruppe, sodass nichts aus dem Ruder lief. Jypsy wurde mal kurz diszipliniert, kam dann leicht aus dem Konzept, erholte sich aber wieder, und so wurde das gesamte Spiel wiederum sehr ausgeglichen. Der das letzte Mal neu dazugekommene Tervueren wurde diesmal erneut zu unserer Gruppe geschickt, doch bei uns wurde er einfach ignoriert, und diese Frustration quittierte er durch ständiges Bellen. Auch ein Welpe hat es oftmals schwer, sich mit dem Leben anzufreunden, und deshalb sind auch wir hierfür zuständig und tragen eine nicht unerhebliche Mitverantwortung. Wer sich dies bewusst macht, investiert viel in diese erste Zeit und erntet dafür Harmonie und Glück im Zusammensein mit seinem zufriedenen Hund.

Viele Verhaltensmuster wurden nicht nur erneut mit Kompetenz erklärt, sondern es wurden ebenso Möglichkeiten des persönlichen Beeinflussens aufgezeigt, sodass die Hundebesitzer, die ihren Hund nun bereits besser kennen, selbst Rückschlüsse werden ziehen können. Das Temperament eines jeden Hundes kommt in so einem Rudel sehr gut zur Geltung, und ich denke, dass Jypsy eine ausgesprochene „Zigeunerin" ist und ich mich sehr zu wappnen habe, ihr Temperament und ihre Intelligenz in die richtigen Bahnen zu lenken. Wichtig war ebenso das Erkennen, dass auch ein Spiel mit Knurren und sonstigen Geräuschen in Ordnung ist. Wenn einer anzeigt, dass er genug hat, wird er in Ruhe gelassen oder versteht sich entsprechend zu wehren. Lässt ein Hund nicht ab, wird er diszipliniert, und das finde ich richtig. Hunde sind soziale Geschöpfe und haben sich an unser Leben anzupassen.

Ich bin über diese Kurse sehr erfreut, lernen wir hier unseren Hund doch besser kennen. Es ist eine gute Schulung für Augen und Herz, denn wir lernen das richtige Beobachten. Die vielen zusätzlichen Tipps, mit welchem Verhalten wir Positives verstärken können, wie umgekehrt falsches Handeln das Negative verstärkt, hilft die Zukunft leichter zu bewältigen.

Heute Nachmittag besuchte ich noch kurz die Hundefachmesse. Eigentlich mehr deshalb, weil ich meine Jypsy dort unter vielen Menschen und Hunden herumführen konnte. Ja, es war eine ganz besondere Gelegenheit, die Prägung mit dieser zusätzlichen Belastung zu ergänzen. Wie sie dies gemeistert hat, ohne Angst, ohne irgendein Problem war eindrücklich. Interessant war auch zu sehen, dass künstliche Hunde gleich beschnuppert werden, als wären es richtige. Sie war sehr freundlich zu allen Menschen, und selbst zu kleinen Kindern war sie zurückhaltend, freundlich und ohne irgendwelche Unsicherheiten. Sie stellte sich stets in die Erwartungshaltung, ein Futterstück zu bekommen, aber ohne aufdringliches Fordern.

Ich stellte mir aber ebenfalls vor, dass durch den Prägungskurs am Morgen Dampf abgelassen worden war, und so stand sie dem ganzen Rummel mit mehr Gelassenheit gegenüber ohne Aufmerksamkeitsverlust gegenüber ihren Artgenossen. Die Erfahrung mit so vielen gut sozialisierten Hunden war eindrucksvoll. So freue ich mich an jedem Mosaiksteinchen, das ins Seelengefüge von Jypsy eingebaut werden konnte, in der Hoffnung, diese Prägung bleibe so erhalten und trage entsprechend Früchte.

Als wir nach Hause wollten, streikte mein Auto. Das Zündschloss war defekt, und wir mussten per Taxi von Winterthur nach Zürich. Alles kein Problem mit meinen zwei Hunden. Gerade in solchen

Situationen ist man froh, wenn diese sich zu benehmen wissen. Jypsy nahm ich problemlos auf den Schoss und Ojo war hinten im Kombi. Beide verhielten sich so gesittet, als wäre das Taxi unser tägliches Transportmittel.

So ging es anderntags früh eben zu Fuß auf den Hönggerberg. Das Auto, welches in der Nacht von der ACS-Pannenhilfe nach Zürich gebracht worden war, holen wir heute Nachmittag per Straßenbahn ab.

Wir machten einen größeren Spaziergang durch stark befahrene Straßen, und ich behielt beide Hunde an der Leine. Ojo links und die kleine Hexe links von Ojo nahe der Fahrbahn. Bei einem großen Brummer (LKW) wich sie etwas zurück, doch kurz danach lief sie wieder neben Ojo. So ist jede Situation immer wieder neu. An der Tramhaltestelle wurden wir von den Menschen begutachtet, aber diese waren heute nicht so freundlich, wie wenn ich nur mit Jypsy allein unterwegs war. Ojo macht schon mehr Eindruck, und so schaute ich sehr darauf, dass sie gesittet nebeneinandersaßen, das heißt, Jypsy legte sich nach kurzer Zeit einfach hin.

Heute, Dienstagmorgen, lag das Kissen vom Sofa wieder einmal im Wintergarten. Ich muss nun nicht mehr sagen, was ich mache, aber ich wiederhole die ganze Schimpftirade und traktiere das Kissen weiter, denn es kommt mir nichts Besseres in den Sinn. Möglicherweise nahm sie es erneut, weil sie, wenn ich mich auf das Sofa lege, sie sich dort auch mal ihr Plätzchen sucht. Vielleicht wäre alles einfacher, dürfte sie sich nirgends drauf begeben, aber ich lebe mit meinen Hunden, und so ist mir dies eben gleichgültig.

Trotz allem, ich habe weiterhin einen ordentlichen Verbrauch an Kartonschachteln, aber mir ist es lieber, die Pappschnipsel aufzulesen, als wenn sie an den Teppichen nagt.

Heute war es wie verhext, ich kam etwas aus dem Rhythmus, denn zuerst musste ich zum Zahnarzt und kurz danach zum Arzt. So war der Auslauf heute etwas kürzer und prompt, kaum waren wir zu Hause, um noch Unterlagen mitzunehmen, machte sie nochmals hinein. So ist das eben, wenn man meint, auch bei Hunden müssen wir nur auf das Knöpfchen drücken, und dann sei alles vorbei, doch ich weiß es ja, sie macht immer ein zweites Mal am Morgen, und nun lag das zweite Häufchen eben am falschen Ort. Aber ich bin ja selber schuld, und so lerne ich, das nächste Mal eher etwas früher aufzustehen, damit der Hund sich in Ruhe versäubern kann. Auch der später kommende sogenannte Zeitwechsel (die Umstellung von Sommer- und Winterzeit und umgekehrt) hat einen Einfluss auf die innere Uhr der Hunde, aber der lässt sich über zwei Wochen problemlos anpassen. Das zeigt auf jeden Fall, mit sechzehn Wochen und einem Tag ist man noch nicht ganz über dem Berg. Mir kommt es vor, als wäre dies mit Ojo anders gewesen, viel problemloser, doch es scheint wie zu Zeiten im Militärdienst: Man erinnert sich nur noch an die schönen Momente.

Eines weiß ich nun genau, so flink wie ein Malinois sind möglicherweise nur wenige. Kaum schneide ich mir ein Brot ab, steht sie schon auf den Hinterbeinen neben mir, drückt ihre Nasenspitze gegen meine Hände und sagt mit ihren großen Augen: Gib mal her, ich habe noch Hunger. Zwei Scheiben Brot und ein Stück Schokolade (absolutes Tabu für Hunde, da giftig und selbst in kleinen Mengen sehr belastend) dazwischen veranlassten sie sogar, mit einem Sprung über die Diwanlehne zu mir direkt auf den Bauch zu springen und meinte nun, als Erste etwas zu bekommen. Ojo ist diesbezüglich etwas gesitteter, schaut mir aber genau zu, was ich mache. Wehe, ich gebe ihr etwas, er würde mir seine Enttäuschung mit seinem Blick schon klar machen, aber das will ich nicht. Wenn schon, dann gebe ich immer ihm zuerst etwas und erst danach ihr. Die Hündin benimmt sich so raffiniert, dass man immer einen kühlen Kopf bewahren muss, um diese Regel einzuhalten. So ist es auch bei den Übungen. Mit allen Tricks versucht sie, ihr Köpfchen durchzusetzen. Manchmal frage ich mich, spielt **sie** stur, oder bin **ich** auf dem Prüfstand? Wenn ich „Fuß" sage, sitzt sie wohl, aber hinter mir, rechts von mir, schräg vor mir usw. nur nicht bei Fuß. Bis sie am richtigen Platz ist, das dauert manchmal eine Weile, aber Konsequenz muss sein. Zum Glück habe ich keine Eile, aber wenn ich etwas sage, dann meine ich es auch so. Im Augenblick braucht das einfach viel Geduld, und wenn man den Hunden in die Augen schaut, ist man für alle Mühe immer wieder entschädigt. Die Mimik und der Augenausdruck der Hunde ist einmalig und wer sich dafür nur etwas Zeit nimmt, kann viel darin lesen, so wie auch er uns damit zu durchschauen lernt. Möglicherweise kennt uns ein Hund schnell besser, als wir uns selbst.

Alles ist heute am Ort geblieben, Kissen, Zeitungen und auch sonst alles, nur langsam geht mir der Vorrat an Pappschachteln aus. Sie hat eine Energie, die sie beim Waldspaziergang in einer Weise auslebt, dass ich aus dem Staunen nicht mehr herauskomme. Ojo an der Leine und sie um Bäume/Sträucher rasend, auch wenn sie mal hängen bleibt und sich um eine Bank so schnell bewegt, dass sie mit dem Kopf schon neben, aber mit der Hüfte noch vor ihr ist und somit sich selbst überschlägt, so springt sie trotzdem weiter, als wäre nichts geschehen. Sie stürmt über daliegende Baumstämme, hüpft von einem zum anderen, ich kann mich immer wieder nur wundern, was mein Hündchen so antreibt. Hier drin steckt einfach viel Energie, und die muss ausgelebt werden. Diese Hunde müssen gefordert und gefördert werden. So denke ich oft, schade mein Hündchen, dass ich nicht jünger und sportlicher bin, mit dir wäre viel zu erreichen.

Erneut fasste sie wieder ein Kissen, vor allem eins aus der guten Stube, und ich denke, dass es seine Zeit braucht. Ob dieses System falsch oder richtig ist, weiß ich noch nicht, auf jeden Fall gebe ich es nicht auf und versuche immer wieder, durch diese indirekte Weise meinem Hündchen klar zu machen, dass mit dem Kissen nicht gespielt wird. Zum Glück handelt es sich hier um ein robustes Exemplar, und damit ist alles nicht so schlimm.

Jetzt beginnt auch der anfängliche Gehorsam etwas nachzulassen. Oft bemerke ich, dass ich bereits zweimal gerufen habe. Nun ist es höchste Zeit, die lange Schleppleine hervor zu nehmen, denn je früher umso einfacher ist es, Befehle wirklich einzuprägen.

Auf dem Übungsplatz ließ ich es zu, dass andere sie ohne Weiteres füttern durften. Ja, da war sie Feuer und Flamme und liebte die ganze Menschheit. Danach versuchten wir das Umlaufen von zwei Verstecken. Zwei hübsche Damen waren bereit, hinter den zu umlaufenden Schutzwänden zu stehen und Jypsy darum herum zu locken. Sie war aber so gierig und gewohnt, sich noch irgendwas zu erbetteln, dass sie von diesen kaum mehr loskam. So dauerte es ein paar Umgänge, bis es klappte und dann wieder ab ins Auto. Niemand wusste, dass Jypsy noch nichts zu Fressen bekommen hatte und dass daher der Hunger so groß war, dass sie nur noch ans Fressen dachte. So weiß ich für das nächste Mal, dass ich sie besser zuvor leicht füttere, dann wird auch sie klarer im Kopf bleiben und nicht nur an den leeren Magen denken.

Heute hatte sie beinahe die Tendenz, einem Auto nachjagen zu wollen. Vielleicht sind Polizeiautos etwas attraktiver und im Wald auf jeden Fall etwas Spezielles. Zum Glück gehorchte sie auf „Kehren" und kam noch rechtzeitig zurück. Bei Pferden möchte sie ebenso gerne hinterher schnuppern, und auch hier behielt ich sie stets im Sitz und fütterte sie, um attraktiver als Pferde zu sein. Ein vorbeiradelnder Fahrradfahrer mit angebundenem Hund war dann beinahe die oberste Grenze und nur mit sehr lautem Befehl blieb sie wenigstens stehen. Nach einiger Zeit äugte sie zu mir zurück, und wie sie meine Futterhand sah, ja, da war ich wieder einmal der Beste. Auch all diese Übungen brauchen noch eine lange Zeit, bis ich mich auf den Hund absolut verlassen kann. Jogger kennt sie, und auch bei Spaziergängern bleibt sie bereits passiv, sofern diese sie nicht ansprechen.

Ihr Vertrauen zu mir ist stabil und dies ist bei diesem Hund nicht selbstverständlich, denn ein/zweimal disziplinieren und schon würde sie die Flucht wählen, denn Malinois sind im Grunde als Welpen schneller zu beeindrucken als ein Deutscher Schäfer, denn dieser verzeiht kleine Erziehungsfehler eher. So freue ich mich bis heute über ihr Vertrauen und gebe mir Mühe, für sie weiterhin verständlich zu bleiben. Dies heißt aber in keinem Fall, man könne robustere oder weniger sensible Hunde generell einfacher korrigieren, nein, gerade während der Prägungszeit ist das gegenseitige Vertrauen das Wichtigste, es ist die Basis der gesunden Entwicklung des Hundes und daher würde ich es in Zukunft mit jedem Hund gleich tun. Wenn ein Hund etwas besser wegsteckt als der andere, heißt das nicht, dass grobes Verhalten keine negativen Auswirkungen nach sich zieht, nein, wir wissen später einfach nicht, was wir im Grunde an Einmaligkeit verloren haben. Wenn das gegenseitige Vertrauen einmal beschädigt ist, wird auch die Kommunikation schwieriger.

Wenn ich zusehen muss, was sie alles gierig in sich hineinstopft, das mich ekelt (am liebsten würde ich sie dafür strafen), und sie aber trotz hartem Befehl zu mir kommt, so belohne ich sie mit spitzen Fingern, danach aber freue ich mich, dass ich gelassen bleiben konnte. So schaut sie dann mit ihren Unschuldsaugen triumphierend zu mir auf, und gerade dies macht vieles vergessen. Kein Hund macht etwas zum Trotz, sondern er folgt seinen Naturbedürfnissen, und so zerbrechen oftmals Bindungen nur wegen einer differenzierten Sichtweise von Mensch und Hund. Wir sehen es von unserer Seite, der Hund aus seiner Sicht und das führt dann am Ende zu Konflikten, die wir gerade in solchen Momenten tolerieren lernen müssen. Wenn wir auch diesen Übergang schaffen, haben wir das an der Leine, was man als Edelstein im wahrsten Sinne des Wortes bezeichnet. Es gibt überall auf der Welt „verlockende" Stellen für den Hund, und wenn wir diese kennen, unsere Hunde dort an der Leine führen, können wir vieles vermeiden, was uns unangenehm ist (Waldränder, aufgeschichtetes Holz, dichtes Gebüsch auf viel begangenen Wanderwegen usw.). Die Erkenntnis aus diesen Begebenheiten ist, dass wir sehen, was unsere Gesellschaft so einfach alles in der Natur gedankenlos wegwirft respektive hinterlässt.

Gestern übten wir Schutzdienst mit Ojo und das Beutespiel mit Jypsy. Die Beute ist für Jypsy bereits so wichtig, dass sie diese voller Stolz nach erfolgreichem Fassen im Fang trägt und selbst zum „Pipi"-machen nicht loslässt. Ja, sie versucht sogar eine Zusatzschlaufe bis zum Auto dazuzulegen, damit sie ihren erfolgreichen Besitz möglichst lange auskosten kann. Sobald sie die Beute fallen lässt, zupfe ich sie weg und fort ist sie. So freut sie sich auf das nächste Mal.

Heute früh, nach dem Frühstück, brachte sie mir das Kissen vom Sofa. Sie legte es neben mich, wartete einen Augenblick und ich tat so, als bemerkte ich nichts. So ging sie von dannen ohne mein „übliches" Spektakel. Etwas später nahm ich das Kissen, legte es wortlos an seinen Platz und damit hatte es sich. Vielleicht fand sie mein Verhalten bei den früheren Fällen lustig und nun, wo ich nicht reagierte und sie es nicht nur einfach nahm, sondern mir ins Büro brachte, erlosch nun möglicherweise ihr Interesse? Wer weiß, was in einem Hund so vorgeht. Nun liegt sie nach dem ausgiebigen morgendlichen Spaziergang im Wintergarten, eine angeknabberte Pappschachtel neben sich und döst mit Ojo vor sich hin. Es war herrlich, bei stürmischen Wetter herumzutoben, und beide Hunde waren entsprechend verschmutzt. In der Garage wurden sie mit Wasser abgespritzt und mit einem Tuch getrocknet. Sie lieben das Duschen nicht so besonders, aber jetzt verläuft alles wieder in harmonischen Bahnen, und wir freuen uns auf die wunderbare Mittagspause.

Vorgestern gab ich, als wir vom letzten Spaziergang nach Hause kamen, der Jypsy und Ojo ein getrocknetes Kalbsohr. Ojo frisst dies bedeutend schneller als Jypsy, und so ergab sich für Ojo die Möglichkeit, Jypsy das halb gefressene Ohr streitig zu machen. Er bluffte durch einen Scheinangriff, sie wollte reagieren, und es schien, als würde Jypsy von ihm aufgefressen, doch Ojo mit seiner überlegenen Stärke und Größe trug es einfach weg. So mischte ich mich ein und entnahm ihm das schmackhafte Stück und gab es ihr wieder. Heute Abend blieb sie immer in meine Nähe, als ich die Kalbsohren verteilte und wie Ojo aufschaute und sie ansah, rückte sie nochmals ein kleines Stück näher zu mir. Mir kam in den Sinn, dass in der Welpenschule auch geübt wurde, das Fressen wegzunehmen oder direkt in die Schüssel zu greifen. Ich bückte mich zu Jypsy, wollte das gute Stück daraus entnehmen und schon schoss sie mit einem eindeutigen Knurren auf meine Hand zu, ihr Fressen verteidigend. Ich packte sie und langte beherzt zu und so, wie sie mich angeschaut hat, erwartete ich einen Angriff auf meine Finger. Doch das gesprochene „Aus" und der sichere Griff hielten sie davon ab. Ich legte sie an meinen Körper und hielt sie fest und wartete, bis sie beruhigt war, löste nun den Griff langsam und ging über zu Lob und streichelte sie, dann gab ich ihr die Futterschüssel mit dem Ohr wieder. Sie floh mit dem Ohr aus dem Zimmer, kehrte aber nach kurzer Zeit wieder zu uns zurück und nagte zufrieden in nächster Nähe von Ojo weiter. Nun weiß ich, dass bei ihr Knochen und Futter nicht dasselbe sind, und solche Übungen werde ich wiederholen. Ich habe danach noch zwei Mal einen Knochen aus ihrem Fang genommen, aber nach dem zweiten Mal wurde es ihr zu blöd, und sie verzog sich in den Wintergarten. Mit dieser sporadischen Übung erfährt man viel über die Entwicklung des Welpen, und Jypsy verträgt beim „Knochen hergeben" keinen Spaß. Hätte ich wohl gezögert und ihr den Knochen überlassen, wäre sie gestärkt aus diesem „Machtkampf" hervorgegangen, doch dies könnte sich später zum Problem auswachsen, indem sie um jede Beute zu kämpfen versuchte, anstatt durch ein „Aus"-Befehl diesen an mich zu übergeben.

Beim letzten Spaziergang abends durch den Wald nutzte ich die lange Schleppleine (20 m) und testete, ob sie für Jypsy hinderlich ist oder nicht. Ihre Selbstständigkeit und ihr Freiheitstrieb sind nun schon so groß, dass Worte nicht mehr garantiert wirken. So kann ich mit der langen Leine auch aus gewisser Distanz meinen Einfluss geltend machen. Alles klappte gut, und so wird diese in nächster Zeit wohl zur Standardausrüstung gehören. Schon eine Weile hat sie die Kissen nicht mehr angerührt und auch andere Gegenstände nicht. Nun schläft sie neben Ojo, und bald ist Lichterlöschen für alle.

Ja heute, am letzten Tag der achtzehnten Woche, spazierte ich mit der langen Schleppleine, welche auch durch mitspielende Hunde nicht den geringsten Einfluss auf Jypsys Bewegungsfreiheit hat. Als ich sie zurückrief und sie nicht sogleich reagierte, erfuhr sie durch einen Schritt auf die Leine „Aha, ich muss sofort zurück", und sie kam mit viel Freude und dem Bewusstsein, dass mein Arm viel weiter reichte, wie sie wohl dachte.

Zu Hause bekamen meine Hunde erneut ein Kalbsohr, und ich testete ihr Verhalten. Jypsy wollte sogar zu mir aufs Sofa kommen, um vor Ojo sicher zu sein, reagierte aber nicht mehr, als ich sie um die Schnauze streichelte und ihr das Ohr mit „Aus" wegnahm. Sie versuchte sich vorerst noch daran festzubeißen, gab es dann doch heraus und nach großem Lob steckte ich es ihr wieder in den Fang. Sogleich haute sie ab, kam aber wieder, als sich ihr Ojo näherte, und blieb doch lieber bei mir.

Und was ich noch sagen wollte: Die Behauptung, jeder Hund kann von Natur aus apportieren, möchte ich hiermit bestätigen. Als zusätzlichen Beweis führe ich den Bericht mit den gefundenen Ausweisen an, die sie mir gebracht hat! Das Geheimnis liegt in der guten Bindung und im Vertrauen zum Führer. Nähme ich Jypsy ohne Beutetausch Dinge aus dem Fang, wäre ich für sie nicht verständlich und provozierte einen Vertrauensverlust. So geht diese Fähigkeit „den Bach hinunter" und muss oft mühsam später wieder erarbeitet werden. Ein guter und zielgerichteter Aufbau erspart viel Arbeit und macht gleich noch mehr Spaß. Dass das korrekte Apportieren und ruhige Im-Fang-Behalten eine weitere neue Übung darstellte, erfuhr ich erst später, aber immerhin, meine Probleme waren bedeutend kleiner, als wären noch alte Konflikte damit begraben.

Seit Tagen liegt das „Nuschi" ihrer Kindheit in der Wohnung herum und mir scheint, auch sie hat damit den Schritt vom Welpen zum jungen Hund vollzogen.

Nun ist meine Jypsy bereits fünf Monate alt. Das Kissen ist seit Wochen absolut zum Tabu geworden, Zeitungen interessieren sie auch nicht mehr, Apportieren (Kartonschnipsel, Holzstücke, Blätter usw.)

macht sie mit Freude, Forderungsbellen hat sie immer noch nicht gelernt, doch das ist weiter nichts, und die Zähne hat sie nun alle gewechselt, aber positiv ist ebenso, dass es auch mir wieder gesundheitlich ein wenig besser geht.

Das „Nuschi", das uns seit frühester Zeit begleitet hat und das sie immer wieder hervorzog, ganz speziell, wenn sie sich allein fühlte, wenn ich kurz weg musste oder ich sie mal kurz von Ojo wegsperrte, damit sie ihre Ruhe hatte, ist im Grunde vergleichbar mit dem „Nuschi" unserer Kleinkinder, die sich damit Trost verschaffen. Am 2. März, einfach um den Tag genau zu sagen, beschloss ich, das „Nuschi" in die Waschmaschine zu geben, holte noch einige weitere Wäschestücke aus dem Badezimmer, und wie ich auch diese Wäsche hineinlegen wollte, bemerkte ich das Fehlen des „Nuschis". Jypsy hat es wohl in der Zwischenzeit dort geortet, aus der Wäsche herausgezupft und es wieder in den Wintergarten zurückgebracht. Noch nie hatte sie einen Gegenstand oder ein Wäschestück aus diesem Behältnis entnommen. Mich hat dies so verblüfft, dass ich es ihr weiterhin überlasse. Es erscheint mir mehr als wahrscheinlich, dass ihr dieses Tuch weitaus mehr bedeutet, als ich angenommen habe.

Wenn ich Jypsy allein zu Hause lasse und weggehe, passiert rein nichts. Damals spielte sie noch mit ihren Kartonschachteln, Holzkisten usw. und wartete zufrieden auf meine Rückkehr, auch wenn ich eine bis zwei Stunden wegblieb. Ich sagte ihr immer vor dem Weggehen, dass ich gleich wiederkomme, und dies mache ich bis heute so. Es ist für sie beruhigend und klar. Sie erwartet mein Zurückkommen, wofür ich sie immer mit einem Leckerbissen für ihre Geduld und ihr vortreffliches Benehmen belohne. Als ich ihr kein Vertrauen schenkte und sie in den Wintergarten sperrte, begann sie zu rackern, jedoch nicht an Spielsachen, sondern an allem, was herumstand, lag oder für sie erreichbar war. Sie macht aus Frust, Angst oder Enttäuschung „Terror", und so bin ich überzeugt, dass wenn alles stets so bleibt wie zuvor, also der Hund sich frei in der Wohnung wähnt, er sich weiterhin so verhält, als wäre ich vor Ort. Sperrt man einen Hund bewusst weg, ist dies für den einen oder anderen eben frustrierend. Voraussetzung ist auch, dass wir ihn langsam an das Alleinsein gewöhnt haben, er etwas zum Spielen hat und nichts passiert, was ihn ernsthaft irritieren könnte. Aus diesem Grunde erklang auch früher stets leise Musik aus dem Radio.

Mit der Schleppleine ging alles gut. Ich konnte Jypsy rufen und sie kam über lange Zeit sofort zurück. Nun haben die Leute Spaß daran gefunden, sich mit ihr anzufreunden. Sie ist gut sozialisiert und auch freundlich, und gerade deshalb geben sie ihr gern einen schmackhaften Bissen. Dies hat nun zur Folge, dass mein Rufen immer weniger Wirkung zeigt, und sie auch bei anderen Gelegenheiten nicht mehr gut hören will. So habe ich sie einmal, als sie nicht sofort zurückkam, am Kragen geschüttelt und gesagt: „Umkehren habe ich gesagt!" Dies war echt katastrophal, zumal sie mir nun speziell an diesem Ort auf meinen Rückruf und das leichte Schütteln zu flüchten begann. Nun ist das Erlebnis beinahe vergessen, aber ein zweites Mal dasselbe tun, wäre schlecht und würde den Vertrauensbruch verstärken. Da Jypsy dieses Erlebnis mit der Örtlichkeit verband, übte ich das Abrufen an diesem Ort täglich und versuchte ihre Misstrauensreaktion zu korrigieren, und dies gelang erst wieder nach zweiwöchigem Üben, und so sieht man, Fehler sind schnell gemacht, aber zum Ausbügeln von solchem Fehlverhalten unsererseits braucht es manchmal sogar bis zu zwei Wochen!

Wenn ich sie rufe und sie kommt nicht, drehe ich um und gehe einfach weg, bis sie angerannt kommt. Dann rufe ich sie nochmals aus kurzer Distanz und belohne sie dafür, sofern sie nun gleich kommt. Danach marschiere ich wieder zurück und nehme sie zwischendurch vermehrt an die Rollleine. Hier gilt einfach: „Wehret den Anfängen!", denn baut sich der Ungehorsam auf, wird ein Korrigieren, je älter der Hund ist, immer schwieriger. Ist sie an gestreckter Leine, rufe ich sie zurück, und kommt sie gleich, dann lobe und belohne ich sie. Hört sie nicht hin, erinnere ich sie an meinen Befehl durch sehr leichtes Ruckeln, um sie beim Eintreffen freudig zu belohnen. Diese Arbeit ist eigentlich mühsam, doch es lohnt jede Anstrengung, denn eines Tages geht so was in Fleisch und Blut über. Später wird es dann sowieso noch schwieriger, sobald „Wild" ins Spiel kommt. Dann ist der Hundeführer zusätzlich gefordert, schnell zu reagieren, indem er den Hund und die Umgebung genau beobachtet und bei geringsten Anzeichen, wie Ohren und Blick in Richtung Wald gewendet, vielleicht noch eine Pfote anhebend, den Hund sofort durch ein Kommando störend zurückruft. Dann aber gleich an die Leine!

Am Montag, den 29.03.04 musste ich mein Auto in den Service bringen, nahm dabei vieles heraus, um das Auto auch reinigen zu lassen. Die alten Bring-Hölzer trug ich in die Wohnung, zeigte ihr eines, Jypsy nahm dies korrekt in ihren Fang, hielt es ruhig zwischen den Zähnchen, ich stand blitzartig auf, um eine Belohnung zu holen, sie rannte durch die Stube, und wie ich dann „Bring" rief, brachte sie es mir! Ich war so überrascht, dass ich das Experiment wiederholte. Für Jypsy war dies alles so selbstverständlich, dass ich kaum wusste, wie meiner Freude Ausdruck zu verleihen. Natürlich wiederhole ich dies nicht alle Tage. Sie kann es einfach, und ich will damit nichts tun, was ihr nicht auch Spaß macht. So werde ich zur gegebenen Zeit diese Übung mit „Halten" und Belohnen mit weiter verlängerten Übungsabläufen noch besser zu üben versuchen. Ich denke, dass dies das schönste Geschenk war, das sie zu ihrem sechsten Lebensmonat mir machen konnte. Hier muss ich im Nachhinein noch einfügen, dass das ruhige Halten des Holzes auf dem Übungsplatz noch eine weitere Dimension hat, denn dort begann das „Zurück- und Ausweichen", was es durch Konsequenz zu überwinden galt. Dies zeigt, dass der Hund oft versucht, sich durchzusetzen, was längerfristig zu einem Bindungsverlust führen würde. So wird es nun wichtig, dass ab jetzt zwischen dem sechsten und siebten Monat die faire Konsequenz und mein Durchsetzungsvermögen die Bindung festigt, und deshalb für uns die Konsequenz zur absoluten Voraussetzung für ein erfolgreiches Weiterarbeiten wird.

Vor einiger Zeit, als sie meinen Hausschuh mit sich herumtrug, sagte ich ganz ruhig, „Nein, mein Kleines. Den darfst Du nicht haben!"

Heute Vormittag brachte sie mir denselben ins Büro, zeigte ihn mir, ich sagte wieder, „Nein kleine Jypsy, den darfst Du nicht haben." Sie ließ ihn fallen und ging wieder weg, mir den Schuh einfach überlassend. Später legte ich ihn wieder zurück. Dies war das letzte Mal, dass sie sich an Schuhen zu schaffen gemacht hatte.

Diese Episode erinnert mich an jene mit dem Kissen, sie verlief genau gleich, und daher finde ich ihr Gehabe beinahe, als wolle sie fragen: „Darf ich jetzt diesen Schuh haben?" Und wenn ich „Nein" sage, dann ist alles vorbei, und sie überlässt ihn mir, ohne daran herumgezerrt zu haben. Wenn ich nur wissen könnte, was in so einem Hund vorgeht! Ich liebe ihn daher umso mehr, wenn ich über ihn nachdenke, und gebe mir alle Mühe, ihn zu verstehen. Es passieren zu viele wundersame Dinge, als dass man den Hund nur als nützlichen Begleiter betrachten dürfte. Selbst ganz gewöhnliche Hunde haben für Menschen, die zu ihnen einen „Draht" haben, viel mehr Persönlichkeit, als wir uns vorzustellen in der Lage sind. Oft sind wir aufgrund von Eigennutz nur an Leistung, anstatt an der Verständigung interessiert, und dies ist schade für unsere liebenswerten Kreaturen. Ich möchte hier nicht moralisieren, denn Ojo hat selbst mit mir auch vieles erlebt, das nicht notwendig gewesen wäre, und ich zahlte dies teuer. Wenn man Probleme hat und diese nicht vollständig auflösen kann, ist es schwierig, das volle Vertrauen wiederzugewinnen. Man möchte etwas erreichen, jedoch die Voraussetzungen sind erschwert und die Konfliktlage zu breit, als dass man einfach tut, als wäre nichts gewesen. Das Gedächtnis des Hundes ist exzellent und die Wiederholung einer Gebärde, die Aussprache oder die Tonlage, mit welcher man spricht, bleibt samt Emotionen gespeichert, dass man glaubt, sie wären kleine Hellseher. Gerade dies veranlasste mich, über Jypsy zu schreiben, weil ich gelernt habe, wie sich ein „Ausrasten" des Hundeführers auswirkt und wie schwer später seine daraus resultierenden Reaktionen zu „schminken", oder zu eliminieren sind.

Nachdem einige Tage alles ruhig verlief, bemerkte ich, dass durch meinen operierten Fuß die täglichen Ausflüge kürzer sind und sich die Hunde nicht so richtig austoben können und nun haben beide, vor allem nach dem Fressen, einen ungeheuren Energieanfall. Es kam sogar dazu, als ich kurz einschlief, dass Jypsy die Kissen vom Wintergarten herumzerrte, ja selbst auf dem Tisch herumtanzte, noch ein Stück Zopf vom Küchentisch stibitzte, also alles in allem: Ich war sprachlos. Doch irgendwie verstehe ich solche Handlungen, denn ich denke, Tiere müssen ja auch ihren angestauten Bewegungsdrang abbauen. Ich fluchte mit den Kissen, über den Zopf konnte ich mich nicht mehr auslassen, denn der war ja weg, und knallte das Kissen wieder an den richtigen Platz.

Einen Tag später das gleiche Schauspiel und es wurde immer deutlicher, dass dies schon die Konsequenz des Bewegungsmangels war. Nachdem ich genügend Auslauf geboten hatte, blieb alles schön ruhig und an seinem Platz. In drei Wochen kann ich wieder normal gehen, und dann gehört hoffentlich diese Episode der Vergangenheit an. Ich finde Bewegungsmangel quittieren vor allem Welpen und Junghunde mit viel Übermut. Daher die irrsinnige Komik, die kleine Hündin tobt sich aus und Ojo liegt da, mit wachen Augen und gespitzten Ohren. So schaut er in mein verdutztes Gesicht, wenn Jypsy etwas tut, was mir als unordentlich erscheint. Jypsy tänzelt wie eine Primadonna herum und schaut mich stolz und triumphierend an, als wolle sie sagen, sieh nur, was ich fertigbringe, wenn Du nicht aufpasst! Sobald ich die Kissen nehme und diese lautstark „verwünsche" oder traktiere, ohne sie dabei anzusehen, macht sie plötzlich einen Sprung gegen mich, um mich zu beschwichtigen. Sie folgt mir, schaut mich an, denn sie konnte bisher bestimmt mein Handeln nie richtig verstehen. Es wäre möglich, dass sie unbewusst bemerkt, dass alles nicht so gemeint ist, dass sie meine innerste Stimmung durchschaut und für sich denkt, was macht denn der nur für ein Theater!

So denke ich, damit gelernt zu haben, dass der Hund genügend Bewegung braucht, um ausgeglichen zu sein. Wer dazu nicht bereit ist, muss beim jungen Hund mit Überraschungen rechnen. Diese brauchen Bewegung und Engagement, um Aggressionen oder ein

Unbefriedigt zu sein abzubauen. So benötigen soziale Hunde Betätigung, und möglicherweise gerade deshalb entstehen bei Sporthunden grundsätzlich weniger Unfälle mit Bissverletzungen, weil man sich mit diesen zwangsläufig durch die Weiterbildung im Sport weitaus mehr beschäftigt und auch bewegt.

Ich war lange am Telefon. Dies unterbrach meine Aufmerksamkeit, was Jypsy sofort nutzte und versuchte, kleinen Kinder gleich, durch ungebührliches Benehmen das Gespräch zu beenden. Genauso verhielten sich meine Hunde gestern Abend und am Ende einer Rangelei erkannte ich plötzlich, wie Jypsy ihr „Nuschi" unter Mithilfe von Ojo zerriss. Wir alle tragen in uns ein Stück Natur, und da gibt es immer wieder auffallend viele Ähnlichkeiten, die uns staunen lassen. Auch der Reifeprozess, den der Hund vollzieht, ist es wert, genauer betrachtet zu werden. So bin ich überzeugt, dass mit diesem „Nuschi" ein erster Reifungsprozess zum Abschluss gebracht wurde. Ich möchte nur noch nachtragen, dass Jypsy ab dem siebten Monat nie mehr Kissen, Schuhe oder sonst etwas zu Hause kaputt oder herumgezerrt hat und heute stets frei in der Wohnung lebt. Sie kann selbst über Stunden allein gelassen werden. Was nicht unerwähnt bleiben darf, ist, dass ich mich um Jypsy sehr sorgsam und mit viel Bedacht gekümmert habe, scharf beobachtete, analysierte und im Zweifelsfalle eher nicht korrigierend eingriff, als etwas falsch zu machen, um das Vertrauen des Züchters und des damalig angedachten künftigen Besitzers nicht zu verletzen. Dies ist vielleicht auch ein kleiner Bestandteil meines Erfolges. So konnte ich hautnah erleben, wie sich das Bindungsverhalten entwickelte, das mich fesselte, denn dieses Gefühl, vom Hund etwas zurückzubekommen, eine solche Vertrautheit, war für mich mehr als berührend. Als Erfolg betrachte ich nicht nur den sportlichen, sondern auch den täglich gegenseitig respektvollen Umgang mit dem Hund. Ihre Bedürfnisse musste ich zweifellos respektieren lernen, was dazu beigetragen hat, dass sie danach auch mir in vielem problemloser folgte und mich auch besser in vielen Dingen zu verstehen lernte.

Das Fremdgeben eines Welpen kam für mich nie infrage, denn es kann vieles passieren, und so sollte der Halter sich darauf einrichten. Im

Notfall den Hund lieber dem Züchter bringen, der ihn kennt und keine Experimente wagt, oder in ein vertrautes Hundeferienheim, das man stundenweise zuvor schon geübt haben sollte, bevor man sein Hündchen für einen Tag oder auch nur ein paar Stunden weggeben muss.

Hiermit schließe ich das Tagebuch von Jypsy und werde später, wenn ich mit ihr weitergearbeitet habe, selbst sehen und mitteilen, was aus uns geworden ist. Ich danke allen für die Aufmerksamkeit und wünsche einem jeden viel Glück, viel Zeit, Einfühlungsvermögen, Selbstbeherrschung und viel Erfolg in der Erziehung und Prägung des eigenen Hundes.

Exkurs über den Sinn und Unsinn eines Hundehalterbrevets, Sachkundenachweis

Es erscheint mir bedeutend wichtiger, mehr Wissen über erfolgreiches Prägen zu verbreiten, als mich über Sinn oder Unsinn eines früheren Hundehalterbrevets und SKN zu echauffieren, das vor Kurzem noch in der Schweiz, in einigen Kantonen, obligatorisch war. Es kommt mir vor, wie ich in einem meiner Verse über Bindung schrieb, dass viele zu spät erkennen, worauf es ankommt und was wesentlich ist. Es wäre bedeutend gescheiter, eine Regelung zu schaffen, welche Hundehalter **vor** dem Kauf eines Tieres zu einem Kurs verpflichtet würden, indem man eine Informationsstunde zusätzlich zum nachfolgenden Prägungskurs vorschiebt. In dieser Veranstaltung könnte man erklären, wie die Bindung zum Welpen entsteht, damit man diesen vom ersten Augenblick der Übernahme an richtig behandelt. Wird die Verpflichtung zu diesem Kurspaket nicht akzeptiert, würde keine Zulassung zur Hundehaltung erteilt. Durch dieses System könnte man einen Ausweis erstellen, der dem Halter bestätigt, dass er über alles genau in Kenntnis gesetzt worden ist. Tritt asoziales Fehlverhalten beim Hund auf, würde dieser Ersthalter zum Mithaftenden und könnte (müsste) ebenso zur Verantwortung gezogen werden. Es ist doch allgemein bekannt, dass sich ein falsches Verhalten gegenüber dem Welpen während der ersten sechs Monate prägend auf seine Zukunft und sein Grundverhalten auswirkt. Jeder Hundeführer sollte ebenso wissen, dass, wenn die bis zu diesem Zeitpunkt geübte „Frühkonsequenz", die sich nach sechs Monaten zur absoluten Konsequenz wandelt, und was dies heißt, habe ich bereits beschrieben, fehlt, der Hund damit nur ausweichen lernt und sich somit dieses Verhalten immer weiter verstärkt. Dies birgt späteres Konfliktpotenzial und die Ausbildung, selbst die Erziehung zum einfachen guten Begleit- und Familienhund wird bedeutend schwieriger. Der Hund lernte ja, ich kann machen was ich will, mein Führer setzt sich ja nie durch. Dass sich dies ebenso absolut ohne Gewalt machen lässt, ist selbstverständlich, aber wenn ich „Komm zu mir!" sage, muss das nach dem 6. Monat einfach durchgesetzt werden. Nur so behalten wir die Bindung und die Lernbereitschaft unseres Hundes, und man vergesse dabei nie die lange Leine, welche die Einflussnahme und die Konsequenz unterstützt, indem wir ihn motivieren zu uns zu kommen, dadurch, dass wir ihn einfach nur an der Leine zurückhalten, um ihn mit Feingefühl und Überzeugung zur Rückkehr zu bewegen. Ein Zurückreißen ist kontraproduktiv, denn den Schmerz, den wir hierdurch dem Hund zufügen, bezieht er auf das Objekt, das er gerade betrachtet. Somit wird er aggressiver gegen Hunde oder andere Mitbürger dieser Welt, und seine Leinenführigkeit wird längerfristig immer problematischer.

Die Verpflichtung zur Prägung eines Welpen würde somit zum Fundament der Hundeausbildung und dies würde ich zum obligaten Kurs erklären, sofern dieser kompetent ist, wie ich es mit meiner Jypsy erfuhr. Oft behaupten Menschen, ich kann doch ein Kind erziehen, ergo ist die Hundeerziehung etwas viel Einfacheres ... und wursteln gedankenlos drauf los ... in alter Manier, ohne sich Gedanken zu machen: Könnte nicht Wesentliches, wie auch mein persönliches Verhalten einen Einfluss auf die heranwachsende Psyche und geistige Entwicklung eines Hundes haben? ... und siehe da, der Mensch ist gegenüber dem Hund sehr ähnlich einzustufen! Ergo lohnt es sich doch hierüber etwas mehr nachzudenken. Je größer das Vertrauen des Hundes, umso bereitwilliger wird er sich entwickeln, mit uns die Lernziele zu erreichen, sofern wir ihn stets mit Respekt und Einfühlungsvermögen ihn anleiten und führen. Ausgeglichenheit ist ein ebenso wichtiges Ziele für uns selbst, wie Selbstbeherrschung und das Ablegen unserer Emotionen. Dagegen hilft uns die Fantasie und unser Denkvermögen über nicht verstandene Reaktionen unserer Hunde diese zu deuten, um sie leichter dahin zu führen, dass sie es korrekt lernt und dazu noch mit viel Freude!

Diese Maßnahme führt zu verantwortungsvolleren Hundehaltern, und wenn schon Tiere geschützt werden sollen, so ist dies nur mit einer guten Schulung in der Prägungszeit möglich. Hier wird der Grundstein für gegenseitigen Respekt und Einfühlungsvermögen gelegt. Auch wüssten die Halter dann um die Auswirkungen falscher Führung und würden mit entsprechenden Informationen versorgt. Hiervon würden alle profitieren.

Sport – ein weiter Weg

Nun haben wir die Prägung hinter uns gebracht. Markant zeigte sich Jypsys verändertes Verhalten nach der ersten Läufigkeit mit nicht ganz sieben Monaten. Auf einen Schlag verhielt sie sich aggressiver im Auto und beim Schutzdienst, wo sie sich zuvor umgänglich und vertraut gab, quittierte sie nun jegliche Annäherung von Personen gegen das Auto mit drohendem Gebell und im Schutzdienst in kaum erwarteter Aggression.

Mit der Zeit versucht sich unser Hund naturgemäß mehr Freiheiten zu nehmen. Er wird schlauer, kennt uns bereits viel besser und nutzt dies bei Möglichkeit aus. Daher wird aktives und motivierendes Führen des Hundes täglich wichtiger. Liegt der Hund auf dem Sofa oder Fernsehsessel, und dies wollen wir nicht, heißt es, dies sofort zu verhindern. Wollen wir es tolerieren, so achten wir wenigstens darauf, dass, wenn ich komme, der Hund unverzüglich flieht, was heißt, wir übernehmen wortlos unseren Platz. Der Hund ist programmiert, sich sein Leben lang Vorteile zu verschaffen. Deshalb versucht er jeden Tag neu, ob es ihm nicht auf die eine oder andere Weise gelingt, unsere Konsequenz aufzuweichen. Aus diesem Grund hat die Arbeit mit dem Hund auch nie ein Ende, und ein stetes klares und faires Durchsetzen unserer Anordnungen bleibt die Basis unserer Gemeinschaft. Opportunismus ist ebenso seine Eigenschaft und Leidenschaft, genau wie so oft beim Menschen.

Bei Ojo habe ich mich nach der Prägung oft gefragt, was nun? Bei Jypsy ist es mir nun klar: Alles geht im gleichen Schritt weiter wie zuvor. Wenn man sich umhört und fragt: „Was machst du nun nach der Prägung?", so hört man oft „Leben lassen!" Soll man also den Hund tun und machen lassen, was er will? Erst heute weiß ich, dass dies falsch ist. Die ganz „Schlauen" sagen: „Ich mache gar nichts, der soll noch leben, er braucht doch noch ein wenig Freiheit!", aber arbeiten für sich weiter, zu Hause und auf den Spaziergängen, um die anderen bei Übungen in Gehorsam danach weit hinter sich zu lassen!

Oft glaubt der Laie: Ja, dies kommt mir gelegen; und es sei richtig, den Hund nach der Prägung praktisch sich selbst zu überlassen und es genüge, hin und wieder eine kleine Fährte zu machen oder ein wenig beim Hundeclub zu üben. Doch weil sich Hund und Hundeführer noch nicht gut verstehen, wirkt alles meist ungeschickt. Man hört dann oft auf den Übungsplätzen: „Ja, das kommt dann schon, musst halt ein wenig Geduld haben." So kommt oftmals die falsche Meinung auf, dass es später mit etwas mehr Zwang sicher besser gehen wird. **Das Gegenteil ist der Fall!** Hier ist zu unterscheiden, was „Man(n)" unter „gar nichts tun" versteht. Ich habe gelernt, dass dies heißt: keinen Druck, keinen Zwang und keine Härte ausüben. Nur mit Ermunterung, Einfühlungsvermögen und durch das Spiel kann alles, so z. B. das Halten der Positionen, das Angehen der Verstecke, das Apportieren von Gegenständen respektive Halteübungen mit einem echten Apportierholz geübt werden. Alles soll in einer Situation der Freude und des Lobes geschehen, und dieser Aufbau geschieht nur mit dem Herzen. Verlieren wir bei Übungen die Nerven, gehen wir emotionsgeladen zu unserem Hund, so flüchtet er oder misstraut uns. Dies ist absolut zu vermeiden. Der junge Hund ist noch sehr leicht beeindruckbar und emotionsempfindsam. Daher müssen wir mit ihm gerade in der jetzigen Phase stets mit Bedacht umgehen. Ist er inzwischen sechs und acht Monate alt und bedeutend belastbarer, sofern die Bindung stimmt, und zu diesem Zeitpunkt können wir uns bereits mit fairer

Konsequenz durchsetzen. Wir erkennen diese Entwicklung im Spiel, im Körperkontakt, indem wir ihn etwas härter anfassen. Weicht er zurück, braucht es vielleicht noch etwas Zeit, ist er aber bereit, mit uns fair zu kämpfen und zu balgen, so können wir uns problemlos durchsetzen. Dies heißt, die Übung, die wir verlangen, kann mit mehr Nachdruck durchgesetzt werden, ohne dass der Hund zurück- oder ausweicht.

Denken wir nur an die Prägung. Hier entsteht das Grundmuster seines Verhaltens, das unbewusste und reflexartige, welches ein ganzes Leben eingeprägt bleibt und sich gerade in Situationen zeigt, wo der Hund leicht unter Druck kommt. Je positiver die Prägung, umso stabiler die innere Sicherheit und das Nervenkostüm des Hundes. So wird er Stresssituationen besser gewachsen sein. Aber wir sehen ja aus unseren bisherigen Erfolgen, dass wir nichts, aber gar nichts aufs Spiel gesetzt haben. Also ist eines ganz klar; je besser die Bindung bis zu diesem Zeitpunkt, umso einfacher ist die Kommunikation und gleichzeitig stabiler das gegenseitige Verständnis und Vertrauen. Nur auf diese Weise können wir unserem Hund vermitteln, was wir von ihm wollen. So erhalten wir im Gegenzug eine steigende Lernfähigkeit und entsprechend stabilere Aufmerksamkeit, und selbst die Konzentrationsfähigkeit wächst ganz langsam mit.

Der Hund entwickelt sich bekanntlich sehr rasch, und es ist wichtig, dass wir stets mit ihm entsprechend seinem jugendlichen Übermut umgehen und gleichzeitig selbst im Spiel ihn respektieren und fair bleiben. So lernen wir verstehen, dass der Hund seine Freude uns auch dadurch mitteilt, indem er an uns mal kurz aufspringt, mitunter ein wenig zwickt und zwackt, wir andererseits ihm dies verzeihen, ihn zu uns nehmen und streichelnd loben, das ist die Musik, die es zu Beginn braucht, um zu einem Team zusammenzuwachsen. Wir haben aber selbst in der Welpen-Prägungsstunde gelernt, dass wir „Au!" rufen oder abbrechen können, wenn das Spiel in Grobheit ausartet. So kommt nun die Zeit, wo wir ungestümes Verhalten langsam abbauen, vor allem allzu triebfördernde Spiele unterlassen, was der Hund auch akzeptiert. Nie strafen in überbordenden Situationen, denn dies könnte das Vertrauen belasten. Beim Familienhund ist es vielleicht notwendig, etwas Trieb im Spiel aufzubauen, aber man sollte wissen, wo das hinführen kann.

Es ist erstaunlich, wie erfahrene Hundeführer in einem Jahr plötzlich diese oder jene Übung auf einfachste Weise mit anderen Komponenten zu einem Ganzen zusammensetzen und alles stimmt, obwohl diese uns sagten, sie hätten nichts „ernsthaft" trainiert. Man kann auf dem Spaziergang spielend lernen oder zu Hause spielend üben, doch wer täglich zu viel und monoton übt, vernichtet Motivation und Lernpotenzial. Wichtig wird hier speziell die persönliche freudige Einstellung zum Hund, die wir manifest machen sollten. Dies motiviert auch unseren Hund, der daran Spaß findet. Etwas zu tun, was ich für meinen Sport kaum gebrauche, heißt nicht, dass dies unnütz ist. Irgendwann können diese Spielformen ebenso genutzt werden, da sie zu einem Mehr an Verständnis zwischen Führer und Hund führen (z. B. Dog-Dancing usw.).

Man kann Hunde auch „konditionieren" durch Strenge, mit übermäßiger Härte als Konsequenz getarnt, doch was bringt uns ein Hund, der bei gewissen Bewegungen oder Kommandos zusammenzuckt, ängstlich oder verwirrt reagiert und dadurch nichts versteht? Das kann es nicht sein, und ich selbst beobachtete, dass manche der Hunde Reaktionen zeigten, die darauf hinwiesen, dass etwas zwischen Hund und Halter nicht stimmte. Man soll hier selbstkritisch sein und nicht auf „falsche Komplimente" hören, denn nur wenige „Freunde" sagen uns, was zu sagen wäre und wenn doch, dann zumeist nur hinter unserem Rücken!

So komme ich auf die Nachprägungszeit und will hier beschreiben, was und wie ich gewisse Dinge mache und gemacht habe. Es ist ganz klar, wie auch das Resultat sein wird, ich will offen und ehrlich zu allem stehen und dem Leser vermitteln, dass ich mir Mühe gebe und gemäß meinem Verständnis das Erlebte und Erreichte in dieser Form als Anreiz, es vielleicht besser zu machen, weitergebe. Ich werde ohne Probleme auch Fehler aufzeigen.

„Es führen viele Wege zum Ziel" oder besser: „Nicht das Ziel ist der Weg, sondern der Weg ist das Ziel". So setzen wir uns nicht unter Druck und können nach Herzenslust uns sachte an die sportlichen Herausforderungen heranwagen. Dies ist also kein Kurs und ich betone, dass ich den Weg als sehr lang betrachte, doch bemüht bin, meinen Hund nicht durch eine „Schnellbleiche" zu schicken. Ich will mir die Zeit nehmen, um meinen Hund in absoluter Ruhe auf die sportlichen Herausforderungen einzustellen. Dass ich dies alles zur Schau stelle, hat nichts mit Belehrung zu tun, sondern ist meine Überzeugung. Ich wünschte, manch Hundebesitzer zu animieren, seinen Hund mit mehr Respekt zu sehen und gleichzeitig sich die Zeit zu nehmen, die es braucht, um mit ihm auch wirklich in aller Ruhe fröhlich zu arbeiten. Viele denken viel zu früh an die Perfektion, doch gut Ding will auch hier Weile haben. Der Hund lernt langsam durch Wiederholungen und nur, wenn er innerlich nicht verspannt ist. So kann er die „Stellungen", also ein rasches „Sitz/Platz/Steh" zeigen und später auch ausführen.

Oft hatte ich das Gefühl, wenn etwas auf Anhieb klappte, dass ich mich scheute, es sogleich zu wiederholen. Wichtig ist, dass wir alles, was wir tun, nur dann tun sollten, wenn wir unseren Hund ganz speziell lieb haben. Alleine spielend zu üben, ist zu Beginn gerade aus diesem Grunde wichtig, denn oft erlebe ich, dass Übungsleiter uns dies und jenes folgerichtig erklären, aber wir nicht in der Lage sind, dies mit unserem Hund umzusetzen. Daher kämpfen viele mit sich und dem Hund, anstatt innezuhalten, um sich das Neue demonstrieren zu lassen, dies im Kopf zu verarbeiten und in glücklichen Augenblicken, also vielleicht am morgigen Tag im Spiel mit dem Hund umzusetzen. Wenn wir wirklich dann zur spielerischen Übung auf einem kleinen Spaziergang schreiten, kann es sein, das etwas anderes auf einmal auch noch geht, das wir gar nicht zu lernen beabsichtigt hatten und doch funktioniert es einfach. So lernen wir, unser Spiel mit dem Hündchen langsam und folgerichtig auf Ausbildungsziele hinzulenken. Es ist vielleicht ebenso wichtig zu wissen, dass Motivation und positive Emotion das Benzin für den Motor des Hundes sind, aber übertreiben sie es nicht, denn ein triebstarker Hund ist schnell außer Kontrolle. Dies erneut in kontrollierte Bahnen zu lenken, braucht dann immer wieder Zeit. Ein Hund, der zu schnell beinahe vor Eifer explodiert, sollte eher behutsam mit viel Ruhe und langsam aufgebaut werden.

Nach der zwanzigsten Woche hatte sich bei Jypsy überhaupt nichts geändert. Ich machte weiterhin stets dasselbe wie während der Zeit als Welpe, mit dem Unterschied, dass die Spielvielfalt größer wurde und damit zusätzliche Anlagen gefördert wurden, wie Konzentration und Aufmerksamkeit.

Wichtig ist zu wissen, was für einen Hund wir auch führen, zu welchem Typ Hund er gehört. Ist er aktiv normal, so darf ich ohne Probleme üben, sofern die Motivation stimmt und stabil ist. Ist er hyperaktiv, so würde ich empfehlen, etwas weniger oft und gelassener Übungen zu gestalten, und ist er hyperreaktiv, so würde ich behaupten, dass das Spiel auch im Vordergrund stehen muss, doch beim hyperreaktiven Hund ist weniger mehr, und er muss mit ausgeprägter Gelassenheit und Ruhe geführt werden. Dies zu erkennen ist wichtig.

Wenn ich nach Jypsy rief und sie zögerte, zu mir zurückzukommen, so nahm ich sie zum Korrigieren an die lange Leine, um mit störendem leichten Zupfen ihre Aufmerksamkeit auf mich zu lenken. Es blieb mir nicht viel anderes übrig, als immer Futter in der Tasche bereitzuhalten, und jedes Kommando mit prompter Ausführung wurde belohnt. Selbst Ojo begann, sofort zu mir zu kommen, und wollte ebenso eine Belohnung. Man kann nicht nur den **einen Hund** belohnen. So pflege ich praktisch eine „Nacherziehung" meines Ojos, was sich ebenso positiv auch auf ihn auswirkte. Aber dies zeigt natürlich auch gleichzeitig, dass die Prägung und Ausbildung mit zwei Hunden bedeutend schwieriger ist. Sie ist eine riesen Herausforderung, denn diese schauen vermehrt aufeinander als auf mich, und die zusätzliche Gefahr besteht darin, dass sie ebenso schlechte wie gute Eigenschaften aneinander weitergeben wie leider auch das aktive Wildern.

Nimmt mein Hund auf dem Spaziergang einen kleineren Ast und trägt ihn, so rufe ich ihn zu mir, halte ein Futterstück in Händen, entnehme den Ast aus dem Fang, halte diesen, füttere und überlasse ihm seine

Eroberung und sage dazu stets: „Schön halten, so ist brav, halten ..."
Lässt er diesen fallen, lass ich dies geschehen und gehe einfach weiter.
Wenn es nicht klappt, ist gar nichts passiert, einfach keine Belohnung
geben und zu Hause vielleicht das Halten des Gegenstandes üben mit
etwas, das der Hund gerne herumträgt. Dann sage ich zu ihm, „na was
hast du Schönes ..., Sitz ..., Schön Halten ..." und, „Oh, jetzt hole ich dir
aber was ganz Feines, Sitz, Warten", und begebe mich in die Küche,
um die Belohnung zu holen. Auf dem Rückweg sage ich rechtzeitig
„Brav Sitz, Halten", dann fasse ich den Gegenstand, sage „Aus" und
belohne. Wäre der Hund, oder erscheint mir meine Jypsy für irgendein
Experiment noch nicht bereit oder überfordert, so breche ich einfach
ab. Dann aber mache ich eine Übung, die sie absolut beherrscht, lobe
und bestätige sie und damit enden wir immer mit einem Erfolg. Dies
alles erledigt man in wenigen Minuten.

Lehre ich sie das Bringen gegen Belohnung, so entwickeln sich spezielle Verhaltensweisen. Wenn mir zum Beispiel beim Ausräumen der
Waschmaschine eine Socke auf den Boden fällt, sie diese aufnimmt
und sich vor mich hinsetzt und damit auffordert: „Hab ich gefunden,
jetzt gib mir was!", dann tue ich dies. Sie kommt auf die Idee, mir
Papiertaschentücher aus der Hosentasche zu zupfen, um sie zwischen
ihre Zähnchen nehmend, sich vor mich hinzusetzen mit der deutlichen
Aufforderung nach Belohnung, so werte ich dies alles sehr positiv. Oft
muss ich mich aus dem bequemen Sessel erheben, um zu tauschen. So
bringt sie auch Teile einer zerrissenen Kartonschachtel, hält sie mir vor
die Nase, doch immer darauf reagieren kann man nicht. Dann ignorie-
re ich sie einfach eine Zeit und plötzlich macht sie wieder etwas anderes. Aber eines muss ich dazu sagen, man darf zu Beginn nicht zu bequem sein. Ich verstecke hinter alledem die Absicht, ihr etwas beizubringen und dabei durch ihre Erwartungshaltung ein ruhiges Halten
des Gegenstandes zu erreichen. Hin und wieder verlange ich nach dem
„Aus" auch noch ein „Fuß", ein „Hier", ein „Steh" oder weiß ich was,
und so hoffe ich, dass hierdurch ebenso gelernt wird, nur auf das
„Wort" zu hören. Dies alles ohne Druck und in absolut ermunternder
und freudiger Atmosphäre. Am Ende freuen wir uns, hat sie doch alles
gegeben, um zur Belohnung zu gelangen, und hat zusätzlich gezeigt,

dass sie meine Wünsche nach dem Wortlaut zu erkennen und entsprechend auszuführen gelernt hat. Auf diese Weise verhindere ich, dass sie sich zu stark auf meine Körpersprache fixiert und wirkliches Zuhören und Verstehen lernt.

Wie viele Male erhebe ich mich aus dem bequemen Sessel. Aber die freudige Erwartung einer Belohnung in ihren Augen, ihr Ziel, mit einer neuen Idee eine Belohnung mir abzuluchsen, überträgt sich auch auf mich, und ich weiß, eines Tages macht uns das Apportieren auf dem Sportplatz viel Spaß, und die kleinen Mühen zahlen sich aus. Ist dies nicht ein guter Lohn? Mit Ojo hatte ich mich schon frühzeitig durch emotionale Reaktionen beim Hundetraining nicht gerade beliebt gemacht, und es war danach schwierig, ihm ein überzeugtes, freudiges Bringen und Halten wieder beizubringen.

Mit der linken „Futterhand" zeige ich Jypsy, was „Fuß" ist, und führe sie korrekt dahin. Hin und wieder braucht sie vermehrt Hilfe, und wenn ich erkenne, dass sie mich nicht verstanden hat, dann heißt das auch, dass unter Umständen meine Worte wohl gesprochen wurden, mein Hund aber auf die Körpersprache geachtet hat, die möglicherweise etwas anderes ausdrückte. Ich praktiziere mit dem linken Arm einen Kreis, um die vor mir stehende Hündin über meine linke Seite außen herum zu meinem linken Knie zu führen. Das Futter erhält sie aber nur, wenn sie ganz korrekt sitzt, und gar nie, wenn sie etwas schräg, zu weit hinten, zu weit weg oder zu weit vorne sitzt. Mit der Zeit, es geht nur ein paar Wochen, machte sie es schon so gut, dass man getrost beginnen konnte, die Belohnung mit der Hand von den Lippen fallen zu lassen, damit der Hund schön aufschaut. Hat er dies kapiert, motiviere ich ihn und zeige durch ein kleines Geräusch von den Lippen, wo sich die Belohnung befindet, und lasse dies fallen respektive vom Hund auffangen. Kann er dies, verzögere ich die Belohnung, und sobald er wegschaut, animiere ich ihn erneut und bestätige nur dann, wenn er über einige Sekunden konzentriert zu mir aufgeschaut hat. So kann die Konzentration gefördert werden, und man lobt danach ausgiebig. Jetzt, mit über acht Monaten, habe ich auch begonnen, ein paar Schritte mit ihr „bei Fuß" zu laufen, aber logischerweise geht das noch nicht immer oder auch nur zufällig ein paar Meter. Ist auch noch nicht wichtig. Alles braucht seine Zeit, doch es kommen plötzlich Momente, wo der Hund neben uns läuft, zu uns aufschaut, und wenn wir nun geistesgegenwärtig genug sind, nehmen wir ganz flink ein Futterstückchen zwischen die Lippen und lassen es einige Schritte später als Belohnung fallen und animieren voller Freude durch Wort und Gestik, wie geschickt er dies gemacht hat. Gerade solche Situationen sollten wir nutzen, wenn der Hund Futter fordert, dann wird ihm diese Technik mit der Zeit zur Selbstverständlichkeit. Dies ist das A und O, und wenn dies so einfach gelernt werden kann, wird er durch dieses Verhalten in einem Jahr bereits in der Lage sein, diese Fähigkeit über eine immer größer werdende Strecke aufrechtzuerhalten. Aber es kommen auch Momente, in denen einfach nichts mehr richtig passt. Na dann, üben wir uns eben in Geduld. Das ausdauernde „Fordern" erlernt der Hund erst zwischen dem zweiten und dritten Lebensjahr.

Das ist eigentlich das Ziel, und so sehen wir, dass es zum Fußlaufen gar nicht so viel braucht. Es bräuchte im Grunde nicht mal eine Leine, doch ist es besser, man benutzt eine dünne, leichte und stets durchhängende Leine, damit sich der Hund nie angezogen fühlt. Ziehe ich den Hund zu mir, so macht er Gegendruck und will weg, das ist zu vermeiden.

Beim gewöhnlichen Leinenlaufen auf dem Spaziergang, da sage ich nie „Fuß", sondern, „komm zu mir", „da bleiben" oder „kehren", wenn sie zu weit vorne ist. Fußlaufen ist nur für den Hundesport und nicht für den gewöhnlichen Spaziergang. Sie muss auch überall schnüffeln dürfen, muss auch hin und wieder von der Leine zum Spiel mit anderen Hunden, damit die soziale Komponente ebenso stets aufgefrischt und erhalten bleibt.

Ich habe die Erfahrung gemacht, dass das Spiel mit dem Kong (Gummiball mit Schnur) für Jypsy zu einer zu aggressiven und beutebezogenen Haltung führte. Deshalb sparte ich, für eine gewisse Zeit, diese starke Motivation nur für das Fuß-Kreislaufen auf. Ich kann dies auch abwechselnd tun mit augenblicklichem Schwergewicht auf Belohnung durch Futter. Futter beruhigt mehr und ist in solchen Momenten eher hilfreich. Wenn der Hund im Trieb so hochläuft, dass es in leichte Aggression mündet, dann soll man wissen, dass mit Futtergabe Hektik und überbordendes Verhalten abgebaut wird.

Alles, was wir als Welpe gemacht haben wie „Platz", „Sitz", „Platz Warten" und selbst das „Steh", üben wir immer wieder. Es braucht viel mehr Zeit, als wir denken, bis alles sitzt und gerade jetzt, wo gewisse Hunde bereits ins Flegelalter kommen, braucht es Geduld und Verständnis. Und geht etwas nicht mehr, so beginnen wir mit aller Liebe wieder am Anfang. Die Jugendzeit soll behutsam gelebt werden. Unnötige Enttäuschungen für den Hund muss man absolut vermeiden, denn für Perfektion ist es noch viel zu früh. Jetzt geht es nur darum, dass der Hund die Kommandos lernt und freudig befolgt und natürlich um gemeinsames Spiel.

Wichtig ist auch, dass wir nie denken, der Hund will nicht, sondern wir suchen die Erklärung bei uns, in unserem Verhalten. Sollte der Hund in gewissen Dingen Einschränkungen unterliegen, lassen wir ihn noch reifen. Kein Hund ist gleich in der Entwicklung. Der Deutsche Schäfer ist zumeist etwas langsamer als ein Malinois, eine Hündin meist etwas schneller als ein Rüde, aber am Ende sind praktisch alle gleich gute Hunde. Der harmonische und liebevolle Aufbau ist mit Sicherheit das Wichtigste für die Zukunft der Teamarbeit.

Wie oft sind wir nicht in richtiger Stimmung und sollen bereits im Verein Erlerntes vorführen. Das geht zu Beginn gerne in die „Hosen", denn der Hund, wie wir selbst, ist möglicherweise im Augenblick nicht in der gleichen Welt. Daher sind die kleinen Übungen im Alltag und während unserer Spaziergänge auch so wertvoll und wichtig. Mit der Reife kommt später auch die Konstanz, und mit der Konstanz erst unsere innere Sicherheit, und mit dieser Ausstrahlung (Freude und Überzeugung) fühlt sich auch der Hund besser. Ist die Belastbarkeit schon sehr gut, so können wir beim „Sitz" beginnen, mit der linken Hand den Hund durch ganz leichtes Antippen an der Lende zu schnellerer und korrekterer Ausführung anzuhalten. Diese Hilfen, die später wieder abgebaut werden, leisten gute Dienste, und zu alledem behalten wir die absolute Kontrolle über den Hund, vor allem wenn wir ohne Begleitpersonen üben. Üben wir allein, besteht die Gefahr, dass wir den Lernfortschritt kontrollieren wollen und uns dem Hund leicht zuwenden. Dies führt zu einer Köpersprache, die das Tier ebenso lernt wie das reine Zuhören, nur muss dies später konsequent abgebaut werden, indem eine Begleitperson kontrolliert, ob der Hund, ohne dass ich mich ihm zuwende, die Stellungen korrekt ausführt. Sollte er in der Fehlerstellung verharren, kann ich ihn mit der Hand korrigieren, oder sogar etwas später unter „Stress" setzen, wenn ich die Aufforderung fordernd einige Male schnell hintereinander wiederhole. Doch dies erst, wenn er den Befehl wirklich auch versteht.

Aufgrund einer Fußoperation und des Schnees konnte ich die vergangenen zwei Monate nicht mehr üben. Nun habe ich wieder begonnen und festgestellt, dass meine Jypsy nichts vergessen hat. Durch viel Trieb ist sie etwas hektisch, das habe ich aber mit viel Futter zu Beginn der Fährte korrigiert. Die Fährtenarbeit ist eine Fleißarbeit. Ich habe mit ganz kurzen Übungen wieder begonnen, zu Beginn nur eine Schlangenlinie mit viel Futter, dann einige Tage später eine etwas längere und so gehe ich weiter. Ich bin absolut kein Fährtenweltmeister, im Gegenteil, dies war auch die große Schwäche von Ojo. Jypsy ist hier ganz anders im Trieb- und Suchverhalten. Sie ist fleißig und **will** suchen, und trotzdem braucht es hier oftmals erfahrene Hilfe durch gute Übungsleiter. Ein triebvolles Suchen kann beim Hund beim Verlust der Fährte in einem Winkel zu hektischem Verhalten führen, doch bleiben Sie gelassen, dies korrigiert sich meist mit der Zeit von selbst. Dem Hund Vertrauen schenken, mit ganz wenigen Hilfen, aber mit umso mehr Freude und Motivation helfen Sie, den Hund selbstsicherer zu machen.

Jeder muss selbst beobachten, wie sich sein Hund verhält. Wichtig: Die Stimmung muss so sein, dass wir uns freuen und für den Hund da sind, und nicht um zu zeigen, wie gut wir sind und wie gut wir den Hund beherrschen. Funktioniert irgendwas nicht richtig, sofort einen Schritt zurück und neu beginnen, aber wohl verstanden, erst vielleicht am übernächsten Tag und nur mit einer kleinen Fährte. Alles Schimpfen oder Korrigieren nützt nichts. Unser Ehrgeiz, einen ebenso guten Hund zu haben wie der Kollege aus dem Verein, sollte nicht existieren. Grob unterteilt folgen triebstarke Hunde der Fährte intensiver. Andere, eventuell voller Hektik und die Dritte Gruppe, über das Auslassen einer Mahlzeit. Dies wirkt dann als Motivationsverstärker, doch ist es so, dass zu viel Hunger ebenso schlecht sein kann wie zu wenig. Wir hören so viele Meinungen die uns helfen, daraus anzuwenden, was uns richtig erscheint. Dann aber setzen wir uns eine gewisse Zeit durch und sehen, wie sich diese Variante entwickelt. Ständig etwas zu ändern, verwirrt den Hund. Meine Grundsatzmeinung dazu ist die, dass, wenn der Hund nicht lernt, Bodenverletzung mit Futter zu verbinden, diese Übung schwierig wird. Daher ist es wichtig, dass wir das Futter **in den „Fußabdruck" legen**, und nicht einfach auf die Fährte werfen. Unangemessenes Korrigieren des Hundes auf der Fährtenarbeit ist möglichst zu vermeiden. Zeit lassen beim Suchen eines Winkels und an dessen Fortsetzung, so kann der Hund in Ruhe lernen, ohne unter Stress zu geraten und andererseits bitte viel Lob bei korrekter Arbeit.

Schutzdienst (Exkurs)

Als Erstes beginnt man mit einer flauschigen Beißwurst, die man an einer Schnur vor dem Hund herumschwingt, und sieht sodann, ob er diesem Gegenstand mit seinen Augen folgen kann, ob er sie zu fassen versucht und ob der Hund die geschwungene Beute gezielt fängt. So kann man bereits erkennen, ob sein Griffverhalten einer ordentlichen Genetik entspricht. Je größer der Hund wird, und je nach seinem Entwicklungsstand, wird die Beißwurst härter und nach dem Zahnwechsel zeigt es sich, wie er sich mit der Beißwurst verhält, denn er sollte sie im Fang behalten, einige Runden tragen lernen.

Nach dem Zahnwechsel übt man mit verschiedenen Gegenständen, ob Wildlederstück, härterer Beißwurst und ganz zum Schluss mit einem Schutzarm für Junghunde. So entwickelt sich auch ein großer Teil seines Beutetriebs und gleichzeitig muss auch der Gehorsam gefördert werden.

Bis hier alles im Gleichgewicht ist, vergeht eine beträchtliche Zeit. Erfahrene Hundeführer sprechen sich mit dem Helfer ab. Der Unerfahrene muss alles glauben, was ihm sein Helfer sagt und wenn der Hund kaputt ist, schiebt man die Schuld sehr schnell auf den Hund oder den Führer ab. Verliert der Hundeführer das Vertrauen zum Helfer, muss er eine andere Lösung für die Ausbildung finden. Selbst gut ausgewiesene Helfer besitzen oft nur für eine bestimme Rasse optimale Kenntnisse. Daher würde ich einen Helfer bevorzugen, der meine Rasse ebenso führt. Etwas ist klar: Wenn ein Hund Angst zeigt, muss ich einschreiten. Es ist ja alles ein spielerischer Aufbau und da wäre Angst ein Spiel um Kopf und Kragen.

Richtiger und kompetenter Schutzdienst gehört zum Schönsten, was es gibt. Ziel ist, dass der Hund lernt, seine Aggression auf einen Schutzarm zu richten und nicht auf den Menschen. Obwohl der Helfer sehr schnell zum besten Freund und Spielpartner meines Hundes wird, ermuntert dieser durch Zurückweichen vor dem Hund denselben zur Aggression und mit einem bestätigenden Biss in den Schutzarm wird dies belohnt. Das Glück dieses Erfolges spiegelt sich in den Augen des Hundes – ein für jeden Hundeführer immer wieder beeindruckendes Erlebnis.

Aber wie gesagt, es gibt viele Helfer und nicht alle sehen die Ausbildung gleich. So gibt es die Methode des Scheinangriffs mit Peitsche und Stock, die nicht alle Hunde verkraften. Der Hund ist angebunden und sollte eigentlich auf die Aggression reagieren. Kurz nach dem Angriff stellt der Helfer die Aggression ein, geht zum Hund, streichelt ihn, geht weg. Sollte der Hund in dieser Situation aufgrund seiner anfänglichen Unsicherheit gegen den Helfer Aggression zeigen, darf man ihn keinesfalls bestrafen. So lernt der Hund zwischen friedlicher und aggressiver Situation zu unterscheiden.

Eine weitere, nicht zu unterschätzende Gefahr ist das Knallen und damit „Ankratzen" der Hunde mit der Peitsche. Trifft die Peitsche den Hund an einer sensiblen Stelle, folgt ein ängstliches Zurückweichen. Solche unglücklichen Erfahrungen sind keine Seltenheit und führen dazu, dass man dem Hund anschließend in mühsamer Kleinarbeit wieder seine Angst nehmen muss. Doch solches Fehlverhalten wird stets dem Hund zugeschrieben, was natürlich ungerecht und oft nur eine Ausrede ist. Der Helfer trägt hier die hauptsächliche Verantwortung. Malinois sollten grundsätzlich nur über die Beute aufgebaut werden, denn sie tragen genügend Wehrverhalten, sprich Aggression in sich und entwickeln diese von selbst. Dies zur kurzen Zusammenfassung über den Aufbau im Schutzdienst.

Für meine Jypsy hatte ich, weil ich an verschiedenen Orten Hundesport betreibe und so viele Fachleute treffe, zwei Schutzdiensthelfer. Diese sind untereinander befreundet, und so versuchten sie, die Ausbildung für Jypsy miteinander abzustimmen. Generell ist aber zu sagen, dass für Junghunde nur ein einziger Helfer den Aufbau machen sollte, denn zu oft passieren Fehler, die sich erst später zeigen. Dies liegt daran, dass jeder ganz genau zu beachten hat, wo die Belastungsgrenzen liegen und keinesfalls zu unüberlegt belasten oder korrigieren darf. Ich habe Helfer kennengelernt, die sich selbst für unfehlbar hielten und glaubten, den ihnen anvertrauten Hund „hier durchzupeitschen", oder solche, die Hunde immer wieder „testen" wollten. Der Helfer soll kein Macho sein, auch nicht meinen Hund nur gut aussehen lassen. Er soll meinem Hund helfen, seine Arbeit richtig zu verstehen, und dann ist alles gut. Im Leben braucht man auf allen Gebieten Erfahrung, ein gutes Beziehungsnetz und wirklich ehrliche Freunde, die uns helfen, den besten Weg zu finden. Aber es lohnt sich. Wer sich rechtzeitig schlaumacht, macht mehr aus seinem Hund. Man soll sich vom Helfer, gerade in der Anfangsphase, erklären lassen, was und wieso er wie was tut. Wenn er klar antwortet, hat er sich eine Meinung gebildet, und wir sehen sodann zusammen, ob das Ziel mit dem eigenen Hund so erreicht wird. Das Allerwichtigste ist aber folgendes: Wenn ich das Gefühl habe, mein Hund ist der Belastung nicht gewachsen, muss ich mich für mein Tier einsetzen und einschreiten. Denn es muss für mich und mein Herz stimmen, andernfalls ziehe ich meinen Hund lieber zurück. Denn Fairness zum Hund bleibt stets das oberste Gebot!

So stand am Anfang das Beutespiel an der Leine, und erst seit Jypsy läufig wurde, hat sie „aufgemacht", also begonnen, auf Aggression entsprechend zu reagieren, indem sie sich bellend und aggressiv entgegenstellte. Der eine Hund beginnt damit früher, der andere etwas später. Interessant ist hier die Entwicklung, die Jypsy bei jeder Läufigkeit mitmachte. Bei den Rüden finden sehr oft dieselben Entwicklungsschübe wie bei den Hündinnen desselben Wurfes statt. Bereits einen Tag früher zeigte sie sich plötzlich aggressiv im Auto und verbellte Menschen, die an das Auto herantraten. Am kommenden Tag reagierte sie im Schutzdienst wie eine Halbstarke. Drei Tage später war diese etwas schwierige Phase wieder weg, und meine Jypsy ist nun erneut die selbstsichere und ausgewogene „pfiffige" Hündin, die sie zuvor schon war. Die anerzogene Beißhemmung ist wieder im Vordergrund, und das ist ja ganz wichtig. Selbst die plötzlich nun eingetretene Unsicherheit oder das „Misstrauen" gegenüber Menschen hat sich sofort wieder verflüchtigt. Sie scheint mir nun nach einer ganz kurzen Phase echt gewachsen. Mit der „Hitze" (Läufigkeit) erhielt Jypsy einen weiteren Schub zu mehr Selbstsicherheit, Persönlichkeit und Liebenswürdigkeit. Auch die Rüden entwickeln sich in ihrem Normalverhalten immer wieder weiter. Somit bin ich eindeutig gegen die in „Mode" geratene frühe „Kastration" von Hündinnen und das Kastrieren von Rüden überhaupt, weil damit gewisse Entwicklungsschübe verlangsamt oder nur noch schwach in derer Persönlichkeitsmerkmale einfließen.

So hat sich meine Jypsy nun dahin gehend verändert, dass sie nach der durchlebten „Hitze" die einmal erkämpfte Beute aggressiver verteidigte. Sie fühlte sich mit gutem Recht als neue Besitzerin und verteidigte die Beute mit aller Konsequenz. Dies ist der Zeitpunkt, ab dem auch der Hundeführer lernen muss, wie der Hund in dieser Phase geführt werden muss. Das Auslassen, respektive Loslassen der Beute muss geübt werden, denn der Hund will diese verteidigen und so muss selbst der Hundeführer lernen, wie er dieses Problem löst. So geschah es, dass mich meine Jypsy einmal kurz in den Oberschenkel zwickte. Auf meinen fragenden Blick hin erklärte mir der Helfer, dass ich beim „Aus" nicht zu weit vor dem Hund stehen darf, ihn nicht hochziehen soll, sondern mit allen vieren auf dem Boden belassen muss.

Einige Zeit später änderte der Helfer das System, nach dem „AUS" wird nun der Hund von der Beute leicht weggedrängt, wobei der Hund den Triebwechsel übt und im „Wehrtrieb" den Helfer weiter verbellt. Diese Abläufe werden ebenso geübt, indem durch den Abbruch der Helfer zum Hund geht, und ihn streichelt. Dies zeigt allen, dass der Hund nun klar unterscheidet zwischen friedlicher und aggressiver Situation.

Mit vielen Trainingseinheiten, die der Hund im Laufe der Jahre durchläuft, erarbeitet er sich eine stabile Beißkraft, welche für den Schutzdienst wichtig ist.

Irgendwann musste ich erkennen, dass etwas mit dem Aufbau meines Hundes nicht stimmen konnte. Bei einem Training, als der Helfer in der Schutzwand stand und meine Jypsy erwartete, kam sie um diese herum und sprang den Helfer an, der den Wehraufbau befürwortete und empfahl an, und packte ihn frontal an der Brust. Er meinte nur, dies müsste er korrigieren und brach ab, ließ Jypsy nochmals eine Schutzwand umlaufen und erwartete sie dort mit einem „Schwingerhaken", obwohl er lediglich sagte, er würde sie korrigieren. So flog sie an die drei Meter aus der Schutzwand. Sie flog raus, griff aber sofort wieder an. Von nun an verbellte sie die vordere Spitze seines Schutz-Armes, von welchem der Schlag ausgegangen war. So verbellte sie zeitlebens diese Ärmelspitze, und der Helfer meinte dämlich, „Sie hat eben zu viel Beutetrieb". Dass dies eine reine Lüge war, die er mir aufzutischen versuchte, war mir von Beginn weg klar. Natürlich passierte diese Korrektur erst mit knapp zwei Jahren, ich weiß es nicht mehr so genau, aber ich denke, dass dies mit der Bindung nichts zu tun hat, denn wenn Drittpersonen eine Korrektur anbringen, geht die Bindung zum Hundeführer nicht verloren. Dies ist es auch, was den Hund über alle Probleme hinweg trägt, nämlich die Bindung zu seinem Halter. Seine Erfahrungen aber bleiben stets in irgendeiner Form erkennbar, sofern eine Korrektur allzu hart erfolgt, selbst, wenn diese vom Helfer, wie oben erwähnt, verursacht wurde, der im Grunde genommen ein Freund des Hundes sein und bleiben sollte.

Dank wirklichen Freunden mit mehr Erfahrung mit den Malinois, welche mir das Risiko des Wehraufbaus aufzeigten, versuchen wir nun, das Beste aus der Situation zu machen. Wie gesagt ist die Förderung von Wehrverhalten bei einem Malinois ein zu hohes Risiko, weil der Hund danach, wenn überhaupt, kaum mehr unter Kontrolle gebracht werden kann. Aus diesem Grunde ist es wichtig, sich stetig über das Verhalten des Hundes Gedanken zu machen, denn schnell ist zu viel kaputt, und man zahlt dies bitter. Es gibt Helfer, die zu feige sind, ihre Fehler einzugestehen und gerade deshalb ist die Selbstverantwortung dermaßen groß und erfordert vom Halter ein gutes Maß an Kenntnis und Einfühlungsvermögen in Hund und Materie. Auch Menschenkenntnisse sind gefragt, denn ein Helfer muss die Rasse, den Hund **und** den Halter wertschätzen, ansonsten kann er sich nie genügend auf das Team Halter/Hund einstellen. Wir müssen unseren Hund in Schutz nehmen und ihn für Fehler des Helfers niemals bestrafen, sondern ihm in aller Ruhe alles neu und folgerichtig beibringen, sollte er etwas falsch gelernt haben oder weiterhin falsch machen. Nur so bringen wir unser Tier weiter, aber ohne Bindung respektive starkes gegenseitiges Vertrauen zwischen Hund und Halter können viele Probleme nicht mehr gelöst werden.

Es ist schon beeindruckend, einen Hund zu führen, der im Trieb hoch ist und gegen einen Angriff mit solcher Selbstsicherheit reagiert, dass ich staune. Dieses Staunen, das einhergeht mit einer gewissen Bewunderung, ist für mich beinahe verwirrend, denn der Gegensatz zu ihrem alltäglichen Wesen könnte größer nicht sein. Kurz darauf wieder die Liebe und Ausgeglichenheit selbst, zeigt den Stand der Ausbildung, aber alles braucht im Leben auch etwas Glück. Die Sensibilität eines Hundes einschätzen zu können, ist schwierig, und daher zeigen sich Fehler oft erst nach einer gewissen Zeit der Ausbildung. Danach das Richtige zu tun, ja, hierzu braucht man ein Umfeld, das Veränderungen des Hundes erkennt und interpretieren kann. Oft wäre nicht alles gleich verloren, würden danach die richtigen Maßnahmen ergriffen, aber gerade hier zeigt sich sehr oft, dass ein Umfeld und fundierte Ratschläge ohne eigenes Dazutun nicht einfach vom Himmel fallen. Ein gutes, persönliches Beziehungsnetz ist das A und O im Hundesport; von einer kritischen Beobachtungsgabe ganz zu schweigen.

Weiterer Aufbau

Das Fährten ist eine reine Fleißarbeit, und da ich nicht gerade der fleißigste bin, und nun auch wieder Probleme herrschen mit dem zu hohen Gras, nehme ich diese Arbeit etwas gelassener, aber ich bin überzeugt, wir machen kleine Fortschritte.

Für die Unterordnung war es gut, dass ich rechtzeitig den Kurs eines kompetenten Hundeführers besuchte. Man lernt, mit System zu arbeiten, und all das, was man zusätzlich so für sich machte, war wohl eher etwas für meinen Hund und mich, brachte aber für die weitere und später anspruchsvollere Ausbildung zu wenig (Glaubte ich wenigstens bis vor kurzer Zeit).

Mit der Läufigkeit kehrte sowieso etwas mehr Ruhe auf dem Hundeplatz ein, denn keiner wollte arbeiten, solange eine hitzige Hündin auf dem Platz war. So ließ ich es sein und übte nur noch auf dem Spaziergang, auf einer kleinen Wiese oder auf einer kleinen Waldlichtung. Warum dies so eminent wichtig ist, wo und wie wir üben, liegt daran, dass wir den Hund immer richtig „einstimmen" müssen. Abseits des Weges, im Gras, rufe ich den Hund bei „Fuß". Ich beginne mit Haltung, dies heißt, mit viel Spannung in meinem Körper und bestimme eine Übung. So lernt der Hund, „Aha, jetzt gibt es was zu tun, jetzt wird es ernst". All jene, die überall üben, da weiß der Hund nie, ob gespielt wird oder ob dies seriöser sein muss. Nach den Übungsabschnitten wird dann wohl gespielt und gelobt, aber der Beginn ist das Betreten einer Wiese mit klaren Signalen zur Unterordnung wie ein Startschuss. An dies erinnert sich der Hund, konzentriert sich sogleich und folgt sofort in aufmerksamer Erwartung. Also Arschbacken zusammen klemmen und los geht's.

Das Fußgehen mit „Futterspucken" ist je nach Hund etwas, das sehr viel Geduld erfordert. Der Hund sollte, wenn er es nicht selbst auffängt, nicht vom Boden fressen, sondern der Führer sollte es aufheben. Damit vermeidet er, dass der Hund das Futter am Boden sucht und damit abgelenkt ist, anstatt konzentriert zu bleiben und auf uns zu achten. Alles braucht eben seine Zeit.

Wenn ich so alles in allem betrachte, könnte es meines Erachtens besser nicht sein. Wir haben auch schon den „Hoch-Sprung" meist gleich hin und zurück geübt (30/50 cm), den Weitsprung über anderthalb Meter, und dies alles funktionierte ohne Probleme. Ein sehr erfahrener Freund sagte mir, die Technik beim Hochsprung erlernt der Hund mit etwa dem siebten Monat und muss in dieser Zeit geübt werden, stets mit Hin- und Rücksprung. So bleiben ihm Koordination der verschiedenen Bewegungen eingeprägt und das für sein ganzes Leben. Und er hatte recht!

Sobald ich ihr den Kong weit wegwerfe, so holt sie diesen, hat noch etwas Mühe, bis sie ihn richtig im Fang hat, und bringt ihn sehr schnell geradewegs zurück, sitzt automatisch vor, behält ihn im Fang, ich sage „Aus" und werfe den anderen Ball und sie wiederholt alles, als hätten wir dies schon viele Male geübt. Manchmal denke ich beinahe, hat sie denn keine „Macken"? Ich finde wirklich nichts. Bei genauerem Hinschauen bin ich überzeugt, dass dies daher stammt, dass ich ihr nie eine Beute entrissen habe und sie somit gerne zu mir kommt, weil aktives Spiel nur von mir aus geht. Die Bindung meines Hundes ist dermaßen faszinierend, dass ich überrascht bin über die tolle Entwicklung, obwohl ich zuvor sehr skeptisch war. Mir schien ein Malinois oft so unkontrolliert lebhaft, doch meine „Dame" ist etwas ganz Besonderes geworden. Die gute Grundprägung als Welpe beim Züchter und dann bei mir hatte mit Sicherheit einen großen Einfluss auf ihr Wesen. Ich habe auch nie versucht, sie im Spiel anzuheizen, im Gegenteil, ich versuchte aus verständlichen Gründen wegen meines fortgeschrittenen Jahrgangs mein Hündchen eher zu beruhigen. Ausgelassenheit kann einen so temperamentvollen Hund rasch zum Überdrehen führen, und so würde für mich alles noch schwieriger. Man hat dann auch kaum mehr die Möglichkeit, vernünftig einzuwirken. Ein „Au-Weh" wird überhört, und so muss man dann vielleicht mit dem Spiel schlagartig aufhören, was der Hund in solch einer Phase kaum versteht. Austoben lasse ich sie sich mit anderen Hunden oder mit Ojo, doch für ihn scheint sie manchmal bereits zu lebhaft.

Gestern, es war der 2. Juni 2004, erlitt sie mit Ojo einen tragischen Autounfall. Mein Ojo verstarb auf der Stelle und Jypsy schleppte sich mit gebrochener Hinterhand durch ein dichtes Kornfeld mindestens 700m weit zum Auto zurück. Für mich grenzt dies beinahe an ein Wunder, denn sie hatte absolut keine Übersicht und fand trotz allem den Weg zurück zum auf dem Waldweg stehenden Auto. Unverhofft tauchte sie dort auf, während ich nach ihr im hoch bewachsenen Acker suchte und sie immer wieder mit ihrem Namen lockte und rief. Sie stand vor dem Heck meines Wagens, ihr hinteres Beinchen baumelte in der Luft und sie wartete, bis ich sie erreichte. Sorgfältig hob ich sie ins Auto und legte sie in ihre Box, neben ihr den toten Ojo, den ich zuvor von der Straße aufgenommen hatte und mit ihm zum Waldweg zurückgefahren war. (Hunde kehren immer wieder zum Ort zurück, von welchem sie ausrissen.)

Ich telefonierte mit meinen Freunden, die uns umgehend zum Tierarzt in Burgdorf brachten. Dort diagnostizierte die Ärztin den Bruch der Hinterhand, therapierte den Schock und gab Jypsy entsprechende Schmerz- und Kreislaufmittel. Ich setzte mich mit meinen Ärzten in Zürich in Verbindung und Herr Dr. P. Kramers übernahm die Behandlung und setzte den Termin zur Operation auf Freitag fest.

Jypsy verlor durch diesen Unglücksfall ihren besten Freund, der sie ebenso prägte und mithalf, aus ihr einen wunderbaren Hund mit hervorragenden Wesenseigenschaften zu machen. Aus Gründen der Genesung von Jypsy, welche am 4. Juni erfolgreich operiert wurde, und der Verarbeitung meines großen Verlustes ließ ich die Einträge auf meiner Homepage ruhen.

Hommage an Ojo

Abschied

Gelassen ruhig schläft der Hund
denkt nicht an gestern noch an morgen
von was er träumt, gibt er nicht kund
freudig begrüßte er jeden Morgen

So betrachten wir dies Wesen
uns im Ganzen so vertraut
ich denk, dass alles erst gewesen
ganz leicht war er schon angegraut

Alle Fehler, die sich zeigten
stammten viele nur von mir
Emotionen die sich reihten
ich hab's erkannt, vergib mir hier

Unkenntnis und mit wenig Verstand
verlor ich früh schon dein Vertrauen
Gehorsam gab ich aus der Hand
offenbart dies nur, beim genauen Schauen

Als das Fieber ihn gepackt
meine Ohnmacht, ich spür sie noch heut
ich war ihm wurst, er blies zur Jagd
noch weniges habe ich so bereut

Eine Schrecksekunde im kurzen Leben
auf dem Weg zu mir
wie „schlafend" auf der Straße gelegen
ein Auto nahm ihn mir

Ein letzter Blick, der Abschied da
seine Augen sind schon weg
bei mir im Herzen ist Dein Grab
ich lass' Dich nie mehr weg

Hab bezahlt durch diese Wunde
den Schmerz fühl ich noch heut
drum schrieb ich dieser Runde,
damit man lernt, und nicht bereut

Was nützen Tränen nach Erkenntnis
hätte ich früher mehr gewusst
wie zart die Seele, *DAS EINZIGE GEHEIMNIS,*
Unverstand bringt immer Frust.

Leben nach Ojo

Die Prägung eines Welpen ist eine lange Geschichte. Ich schrieb diese
so, um zu zeigen, dass diese Arbeit Engagement und viel Einfühlungsvermögen und eine große Gelassenheit erfordert. Jypsy zeigte durch
diese Entwicklung eine erhöhte Aufmerksamkeit und erforderte meinerseits auch mehr Selbstkontrolle. So müssen wir mehr uns überlegen als zu hoffen, daß unser Gefühl uns leite. Man lernt so seinen
Hund besser kennen und bringt im weiteren Verlauf das „gewisse Etwas", eben das gestärkte gegenseitige Vertrauen, auch Bindung genannt, zum Vorschein, was ich als Voraussetzung zum erfolgreichen
Führen eines Hundes hier aufzeige.

Nun ist Jypsy beinahe neun Monate alt, ihre Hinterhand ist mit einer
Platte und zehn Schrauben fixiert worden. Sie ist immer an der Leine,
kann also noch nicht herumtollen und die Heilung ist noch lange nicht
abgeschlossen. Rasch merkte ich, dass das „Sitz", und „Platz" noch mit
Schmerzen oder zumindest gehemmt ausgeführt wird, und so nutze
ich das „Steh" auch beim Bringen und Anhalten. Es hat ja keinen
Zweck, ihr etwas zu befehlen, das sie ungern respektive nur unter
Schmerzen macht, denn später braucht man ja das freudige, fordernde

und rasche „Sitz". Wenn ich ihr nun dies abverlangte, könnte ich viel verlieren. Trotz der vierstündigen Operation ist sie wie früher, hellwach und lernt verblüffend rasch. Wenn sie denkt, nun ist es mir zu langweilig, sucht sie krampfhaft die halbe Wohnung ab, um etwas zu finden, das sie mir bringen könnte. Schuhe sind tabu und Wohnutensilien ebenso. Alles, was aber nicht normalerweise herumsteht, bringt sie mir, um etwas dafür zu bekommen, und sei dies auch nur ein auf den Boden gefallenes Blatt einer Pflanze. Sie fordert mich immer wieder auf, mit ihr zu arbeiten, und außer dem Sitz und Platz haben wir bereits wieder mit Fährten und anderen Übungen begonnen.

Draußen nun stets an der Leine, lasse ich sie oft zu anderen Hunden, und so können sie sich beschnuppern und ich erkenne den Stand ihrer Sozialisierung. Interessant ist, dass sie all jene, die sie schon zuvor kannte, mit Freude begrüßt und nur bei fremden Hunden eine gewisse Vorsicht an den Tag legt. Ich sehe sogleich, wenn sich ihr Haar auf dem Nacken sträubt, dann befehle ich ihr, anständig zu sein, doch immer ist dies nicht möglich. Wäre sie frei, so bin ich überzeugt, würde nichts passieren, und so freue ich mich sehr auf die Zeit, wenn ich sie wieder spielen lassen darf.

Ich lehre sie, an der Leine so zu laufen, dass sie nicht stets vorwärts zieht, indem ich, kurz bevor die Leine ganz ausgestreckt ist, ihr durch ein „sssst" (Ablenkung) mitteile, dass sie nicht ziehen soll. Zieht sie weiter, halte ich einfach an und warte, bis der Zug weg ist oder sie sich zu mir dreht. Erst dann gehe ich weiter. Nach links und rechts lass ich sie schnuppern, soviel und solange sie will, soll sie doch ihr Geruchsorgan stärken und mit Eindrücken füllen, damit sie später gerade die Nuancen einer Fährte richtig interpretieren und verfolgen lernt. Schlafplätze der Rehe in der Wiese und am Waldrand interessieren sie sehr, sowie auch Wildwechselspuren. Ich denke, sie hat von Ojo unbewusst viel auch „Zweischneidiges" gelernt und dies macht mich sehr wachsam. Letztlich beobachteten wir zusammen ein äsendes Reh, sie bemerkte es als Erste und wir sahen diesem wunderschönen Tier aus dreißig Metern Entfernung zu. Sie legte sich nicht in die Leine, und das gibt mir Zuversicht.

Das Leinenlaufen hilft mir auch, den Hund bei mir zu führen, wenn andere Hunde kommen. Zieht sie zu diesen, blockiere ich mit meinem „sssst" und halte die Leine fest, schaut sie zu mir, belohne ich sie dafür. Sie zeigt auf diese Weise keine Aggressivität, denn ich reiße sie nicht zurück oder rucke stark, was sie als negatives Erlebnis mit dem vorübergehenden Hund verknüpfen könnte. So wird der andere Hund nicht zum Feind, und zudem werde ich mit meinem Locken interessanter, und in Zukunft könnte es sein, dass sie sich eher durch ein Forderungsverhalten nach Belohnung für gutes Benehmen mir zuwendet, und dies ist die schönste Bestätigung für einen Hundeführer.

Durch die Schonung hat Jypsy an Gewicht respektive an Umfang zugelegt. Nun wird das Futter halbiert. Leinenzwang bis Ende Juli verordnete mir der Arzt, obwohl ich gehofft hatte, dass nach fünf bis sechs Wochen alles wieder gut wäre. Nun, mir ist es wichtig, Jypsy zu schonen, damit sie danach wieder voll belastet werden kann. Mit dem eigentlichen Schutzdienst muss hingegen noch bis Ende Oktober gewartet werden. So wird dieses Jahr zum Aufbaujahr im wahrsten Sinne des Wortes. Ich habe ja alle Zeit der Welt und bin überzeugt, dass alles bestens verheilt.

Oft fragen mich Freunde, ob ich nicht doch wieder einen Deutschen Schäferhund dazu nehmen möchte. Selbstverständlich habe ich mir dies schon überlegt und kam zum Schluss, dass mir dieser Wunsch vielleicht für immer verwehrt bleibt. Jypsy will ich voranbringen, und zwei junge Hunde werden zum Problem, vor allem wenn beide Hunde zusammen noch im selben Haushalt leben. So konzentriere ich mich auf Jypsy und sollte es meine Gesundheit zulassen, kann ich in vier oder fünf Jahren nochmals darüber nachdenken. Jypsy ist für mich zu wichtig geworden. Täglich finde ich sie faszinierender und freue mich, nächste Woche mit Unterordnung wieder zu beginnen. Das wird aber ein ganz langsames Herantasten, denn hier, denke ich, kommt im Augenblick noch Freude vor Perfektion. Bereits sitzt sie gerader und schont das gebrochene und nun geflickte Bein nicht mehr, läuft natürlicher, und in der Stellung „Platz" nimmt sie bei einer gewissen Erwartungshaltung bereits wieder selbstständig die „Sphinx-Stellung" ein, allerdings nur sehr kurze Zeit. Aber immerhin, ich bin superzufrieden mit ihren Fortschritten. Das Fell wächst sehr langsam und unregelmäßig nach, und ich glaube, dies hängt mit der Jahreszeit zusammen. Im Herbst, beim Fellwechsel, da wird dann alles wieder der Natur entsprechen.

Ein einwöchiger Kurs bei einem Freund hat mir aufgezeigt, dass ich trotz allem in einigen Beziehungen mit der Erziehung zu oberflächlich war. Sie stand an mir auf, was ich zuließ, aber bei der Arbeit wirkte, oder war es auch, als Ausweichen taxiert, das man auch als Ersatzhandlung bezeichnet. So wurde richtig erkannt, dass ich noch zu viel Rücksicht auf meine Jypsy nahm, anstatt mich wie früher absolut konsequent zu verhalten. So schaltete ich in der Erziehung sogleich wieder einen Gang höher, war bestimmter und siehe da, sie machte dies nun nicht mehr. Fährten kann sie für mich vorzüglich und alles Weitere wie Sitzen bei Fuß, kurzes Gehen und Wenden ordentlich, eigentlich dem Alter entsprechend. Das Halten des Apportierholzes auf einem anderen Platz als zu Hause war für mich zu Beginn eine Katastrophe, doch mir wurde alles so gut erklärt, dass sie es nach zwei Tagen begriffen hatte, und nun üben wir erst mal einige Wochen. Zu Hause allein konnte sie ein Apportierholz problemlos in Futtererwartung halten. Nun, auf dem Platz draußen war alles anders. Ihr Blick zu mir, ihre große Offenheit lassen mich erkennen, dass sie etwas nicht versteht, und so versuche ich dann mit viel Verständnis, Geduld und der notwendigen Konsequenz, ihr meine Wünsche klar zu machen. Der Übungsleiter erklärte, dass das Durchsetzen dieser Übung gerade jetzt äußerst wichtig sei. Jetzt beanspruchte ich praktisch zum ersten Mal meine Führungsrolle. Hätte ich mich nicht durchgesetzt, wäre die Bindung mit der Zeit langsam kaputt gegangen, und der Hund würde weiterhin bei gewissen Übungen sich zu entziehen versuchen. Ich freue mich sehr, dass ich ohne zu viel Druck alles erreichte, was meine Jypsy in etwa ihrem Alter entsprechend verstehen sollte. So übte ich vorerst zu Hause und auf dem Übungsplatz das Vorsitzen, hielt meine Hand über der Beißstange in der Mitte des Holzes und wartete. Sodann nahm ich meine Hand zur Seite, hielt das Holz außerhalb und sagte „Bring". So erfasste sie das Holz, und ich ließ sie dieses halten, fasste erneut zum Holz und wiederholte „Bring!", sodass sie verknüpfen lernte, dass das Wort „Bring" nur festes Halten des Holzes bedeutete. Ich begann, in späteren Schritten am Holz zu ziehen mit gleichzeitigem

Diese Aufnahmen entstanden an der Schweizermeisterschaft 2007 in Thun.

Befehl „Bring", und beim Ziehen zog ich ihr Köpfchen zu mir hin. Dies übte ich, ohne jemals das Apportierholz zu werfen, über mehr als anderthalb Jahre! Danach legte ich das Holz immer vor eine Wand oder einen geschlossenen Zaun, damit sie nie lernen konnte, das geworfene Holz zu umlaufen und von hinten zu erfassen. Ich apportierte sehr selten, machte nur einfache Halteübungen und hielt mich daran. Später ließ ich dies nur zu, wenn eine Wand oder Zaun vorhanden war und ich das Holz davor legen konnte. Dann nahm ich sie bei Fuß und sagte: „Bring", und so lernte sie dies sehr korrekt.

Wichtig für mich ist weiterhin, dass Jypsy im Kopf klar ist und schnell begreift, was man von ihr will und verlangt. Ich finde sie belastbar und relativ sicher bei all den kleinen Arbeiten wie Fährten und Unterordnung. Sie muss sich allerdings noch festigen, erst dann kann man hierüber ein korrektes Urteil abgeben, ist doch dies selbst für mich alles reines Neuland und deshalb sind meine persönlichen Beobachtungen von großem Wert.

So gingen wir auch hier in kleinen Schritten langsam weiter und hofften, im kommenden Jahr die Begleithundeprüfung (BH1) zu bestehen. Über die Methodik der Ausbildung möchte ich hier im Grunde nichts schreiben, denn es führen viele Wege nach Rom. Für mich das Wichtigste ist, nie die Geduld verlieren, mit dem Herzen motivieren und sich an den kleinsten Schritten erfreuen. Wir haben ja so viel Zeit für die Ausbildung, und so kommen alle Übungen, schön aufgeteilt in kleinen Einzelübungen, eine nach der anderen. Wir übten das Revieren nach dem Helfer, d. h., wir gehen die sechs Verstecke auf dem Platz einzeln an, worin sich der Helfer mit dem Schutzarm aufhalten könnte und üben dies vorerst ohne Helfer. Danach das Voraussenden des Hundes auf das Kommando „Voran"! Dann das Bei-Fuß-Laufen mit „Sitz" und ohne Hund weitergehen, das Liegen des Hundes auf das Kommando „Platz" aus dem Laufschritt, wobei sich der Hund legt und wir weiterlaufen, sowie das „Steh" aus dem Laufschritt, wobei der Hund sofort anhält und wir ebenfalls weiterlaufen. Dies alles mit viel Lob, um so gut wie möglich durch ehrliche und faire Kommunikation und Führung das gegenseitige Vertrauen zu erhalten. Mit viel Druck emporgearbeitete Hunde verlieren sehr rasch die Leistungsfähigkeit, die Konstanz und den Willen, dem Führer gefallen zu wollen. Denken

Sie daran, es lohnt sich, eine vorgesehene Prüfung erst dann zu machen, wenn Sie im besten Einvernehmen mit dem Tier bestehen können. Ihre Unsicherheit oder unbewusste Angst nicht zu bestehen, überträgt sich auch auf den Hund. Freuen Sie sich am täglichen Umgang mit ihrem Tier und genießen Sie den Aufbau. So werden sie Erfolg haben, und zwar vor allem den Erfolg eines Teams, das sich in sich selbst beglückt und daher immer besteht. Jeden Tag, ja ein ganzes Hundeleben. Bedenken Sie auch das Ziel, also eine Prüfung. So üben sie nie das „Voraus" ohne zuvor eine kleine Übung mit dem Apportierholz gemacht zu haben. Damit vermeiden Sie, dass der Hund Übungen in der falschen Reihenfolge lernt. So merkt sich Ihr Hund auch eine spätere Abfolge und weiß damit, vor dem „Voraus" kommt erst noch das Apportieren eines Gegenstandes. Wenn ich zur Unterordnung ging, ließ ich sie stets das Holz tragen, entnahm ihr dies direkt vor dem Prüfungsplatz, warf es zu Boden und somit lernte sie, nun ist Unterordnung angesagt, und glaubte dies, selbst wenn die Verstecke vom Schutzdienst auf dem Platz standen.

Es würde mich freuen, mit diesen gemachten Erfahrungen dem einen oder anderen gewisse Anregungen vermittelt zu haben. Im Nachhinein sehen wir, was aus meinem Aufbau geworden ist. Ich selbst habe gelernt, dass, was mit viel Liebe und Konsequenz aufgebaut ist, eben auch dauerhaft abgerufen werden kann. Aus diesem Grunde bin ich kaum stolz über die Ausbildung im Schutzdienst, und daher ist dieser auch nie nachhaltig geblieben, denn der falsche Aufbau (im Wehr) und der nachträgliche Starkzwang vermieste mir meine ehrliche Freude in dieser ganz speziellen Sparte. Ob die Ausbildung für den Schutzdienst wirklich ohne Starkzwang erreicht werden kann, wage ich zu bezweifeln, aber wer dies trotz allem erreicht, den beglückwünsche ich. Viele behaupten, dass dies ohne Starkzwang möglich sei, aber ich bezweifle dies, denn ein triebstarker Hund wird zu einer schier übermenschlichen Herausforderung. Ich glaube, diesbezüglich wird man nie mehr belogen, als gerade in dieser Sparte und spezifischen Ausbildung.

Eine kleine Episode möchte ich hier noch loswerden. Eines Morgens, ich war auf meinem Spaziergang etwas müde, da setzte sich meine

Jypsy etwa drei Meter vor mich hin, beobachtete und griff mich urplötzlich an. Sie sprang mit einer nicht unerheblichen Aggression gegen meine Schulter, zwickte mich, dann nahm sie nochmals einen Anlauf gegen die Brust und zwickte mich nochmals, raste um mich herum, klemmte mich ins Gesäß und Rücken – also ich war so perplex und wusste nicht, wie mir geschah. Ich überlegte kurz und entschied mich für ein Unterordnungskommando „Fuß". Obwohl es näherliegend gewesen wäre, mich zur Wehr zu setzen, handelte ich so, denn mit Gegenwehr hätte ich unser gegenseitiges Vertrauen riskiert. Blitzartig saß sie bei „Fuß", und ich marschierte drauf los und kommandierte weiter mit „Sitz" usw. Das war es, was sie mit ihrer Aggression (Aufmunterung) bezweckt hatte, sie wollte arbeiten! Ich war froh, dass ich mich nicht habe beeindrucken lassen und sie aus lauter Selbstschutz gemaßregelt hatte. Damit hätte ich etwas unwiederbringlich zerstört, aber mein Grundbindungsgedanke während der ganzen Ausbildung ließ mich das Richtige tun. Ich fühlte förmlich ihren Arbeitswillen und liebe sie dafür.

Im Nachhinein möchte ich noch anfügen, dass hyperaktive Hunde die Tendenz haben, auf dem Spazierweg stets an der Leine zu ziehen. Unterbinden Sie diese natürliche Triebhaltung ihres Hundes so wenig wie möglich, sondern lassen Sie zu, was nicht unbedingt korrigiert werden muss. Soll er bei mir laufen, führe ich ihn an kurzer Leine. Hyperaktive und hyperreaktive Hunde sind sehr „SPEZIELL", und der Hundeführer hat es mit einem äußerst arbeitsfreudigen Hund zu tun. Aber wenn ich sie bei „Fuß" nehme, so sollte dies ein zweckgebundenes Verhalten sein, also nur für eine kurze Strecke gefordert werden. Danach befreie ich sie wieder aus dieser Begleitform. Nur so nützt sich der Befehl „Fuß" nicht ab und die Arbeitsfreude bleibt. So wollte ich auch nie, dass sie so eng, über vermehrten Zwang bei Fuß geht, als wolle sie beschwichtigen, wie man dies oft sieht, und bei Prüfungen als „gelungenes Bei-Fuß-Gehen" wertet.

So qualifizierten wir uns am Ende für die WM 2009 in Rudnice, Tschechien, und belegten Rang 18.

Nach all ihren Erfolgen erlebte ich einige Probleme mit meiner Gesundheit, und selbst mein Rückblick auf den Hundesport begeisterte in Grenzen. Natürlich bin ich stolz auf meine Jypsy und deren Leistung im Schutzdienst, aber gerade den „Zwang", den ich dort ausüben musste, lehnte ich innerlich ab. So übernahm ich nach der Weltmeisterschaft zusätzlich zu Jypsy meinen Ottlingers Faust und hoffte, dass mein Wissen und meine Erfahrung ihm helfen könnten. Aber lesen Sie selbst seine Geschichte im folgenden Kapitel.

Die neue Herausforderung

Ottlingers Faust, Rüde, geboren am 26.09.2007

Ein Leben mit Faust

Dieser Malinois-Rüde wurde mir am 24. Juni 2009 anvertraut. Gerne hätte man diesen Hund verkauft, doch scheinbar wollte ihn niemand. Sein Zustand stimmte mich nachdenklich, abgemagert, nervös und unsicher. Er zählte zu dieser Zeit einundzwanzig Monate. Ohne die Vergangenheit dieses Tieres zu kennen, übernahm ich ihn ohne klare Auskünfte von einer damals befreundeten Tierpensionsbesitzerin. Ich erkundigte mich nach dem ehemaligen Besitzer und konnte mich ein paar Tage später kurz mit ihm über die gestörten Verhaltensmuster austauschen. Welche Defizite noch in Erscheinung treten werden, konnte ich zu jener Zeit nicht erkennen, war danach aber keineswegs gescheiter, denn wer sagt schon die Wahrheit über einen Hund, wenn er ihn weghaben will. Im festen Glauben, dass durch Vertrauensaufbau verschiedenste Ängste und Verhaltensformen normalisiert werden können, übernahm ich diese Kreatur. Ich wusste nun, dass er in der Obhut eines ehemaligen Schäferhundeführers war, der aber mit einem Malinois nicht zurechtkam. Ich wusste, dass es sehr harte Schäferhundeführer gibt, weil ich einige seiner Kollegen kannte. Aber auch diese wussten, oder sagten nichts Bestimmtes über diesen Hund und dessen Vorleben.

Diese wahre Geschichte schreib ich mit bestem Gewissen und bin dankbar, dem sicherlich schlecht behandelten Faust noch etwas bieten zu können, das ihn für sein Leiden vielleicht entschädigen mag.

Dies mag dem geneigten Leser etwas langatmig erscheinen, aber ich wusste zu wenig über die Vorgeschichte und versuchte deshalb alles, um zu helfen, anstatt den Stab geradewegs über Faust zu brechen. Hiermit wird klar, dass bei keinem Wesen ohne entsprechende aufbauende Prägung und Festigung seiner Veranlagungen, nur halbherzig aufgebaut und erzogen, später mit Gewalt Versäumtes nachgeholt werden kann.

Bei der Übernahme war sein Fell struppig und matt, auch war er durch sein permanentes Gestresstsein brandmager. Ursprünglich erhielt ich ihn nur für einige Tage. Zuerst dachte ich an einen Weiterverkauf im Auftrage des vorgängigen Halters, denn ich kannte einige Interessenten für einen Rüden. Die Vorzüge dieses Hundes sind seine lieben Augen, die tief gesetzte Rute, seine Anhänglichkeit und sein gutmütiges Verhalten zu mir. Was aber andererseits ins Gewicht fällt, ist die deutliche Abneigung und Angst gegenüber Joggern, Radfahrern oder Reitern. Überhaupt alles, was einem entgegen kommt oder vorbeifährt wie Wanderer mit Stöcken, einzelne Personen oder Personengruppen, Motorräder, Traktoren und sogar normale Autos machen ihn kribbelig und ängstigten ihn. Was er anstellt, würde man ihn von der Leine lassen, weiß ich noch nicht. Er machte einmal Jagd auf einen Radfahrer. Nun, dieser war sehr weit entfernt, und irgendwann kam Faust außer Atem zurück und war zudem noch platschnass. Wie ich ein paar Tage später diesen Hund meinen Kollegen vorstellte, waren nicht nur diese, sondern auch ich selbst erschrocken über seine mangelnde Selbstsicherheit. Laute Worte erträgt er nicht, und er legte sich zu Beginn gleich hin, die Ohren „zurückgeklappt" wie ein geschlagener Hund auf der Flucht, doch für meine Jypsy war er wie ein Welpe, und sie bemutterte ihn, als wäre er nicht ganz erwachsen. Sie spürte wohl seine großen Ängste und seine Unsicherheit. Sein ständiges Hecheln machte ihn auch zu einem Tier, das hiermit seiner inneren Nervosität Ausdruck verlieh. Dazu kam, dass er, stets durstig, enorme Mengen an Wasser trinkt und entsprechend oft die Flüssigkeit auch wieder loswerden muss.

Druck vom Hundeführer konnte er nicht einordnen, sauber (stubenrein) war er ebenso wenig, aber dies sind kleine Probleme, die man rasch auf die Reihe bringt, denn er lebte nach dem Hörensagen bislang in einem Zwinger mit großem Auslauf. Wie ich sah, dass meine Jypsy ihn sehr mochte und er sich anhänglich und liebesbedürftig zeigte, öffnete sich mein Herz, und ich verliebte mich in dieses arme und mit Sicherheit äußerst geplagte Wesen. So entschlossen wir uns, Faust zu uns zu nehmen.

Mit meiner Jypsy habe ich den tollsten Hund der Welt, führte ich sie doch bis zur Weltmeisterschaft der belgischen Schäferhunde und dachte mir, Faust, selbst mit gewichtigen Problemen, gut bei uns integrieren zu können. Hat doch jedes Tier eine Seele und was ihm bisher widerfahren war, glaubte ich an seinen Reaktionen zu erkennen. Das hatte er nicht verdient.

Sich an der Leine zu versäubern, war für ihn ungewohnt und zu Beginn problematisch. In der Wohnung wohl sauber, doch im Garten/Wintergarten, auf dem Kunstrasen und Steinplatten, da passierte es manchmal auch deswegen, weil er sich auf dem Abendspaziergang nicht lösen konnte. Ein Radfahrer, ein Jogger oder ein Spaziergänger störte schlagartig seine innere Ruhe und er begann trabend in höchster Erregung im Kreise zu gehen. Dieses Verhalten zeigte er minutenlang und war kaum zu beruhigen. In dieser Verfassung konnte er sich zu Beginn nicht mehr versäu-

Faust und Jypsy

bern, und mein ganzes Bemühen war zwecklos, und ich musste daher die Heimfahrt unverrichteter Dinge antreten.

Selbst zu Hause zeigte er während der ersten Monate eine permanente Unruhe und ständiges, sehr oberflächliches Atmen und Hecheln. Bei einer möglichen Konfrontation mit allem, was daherkam, rief ich „Kehrt!", so kamen meine Hunde zu mir zurück. Faust musste ich zu Beginn jedoch oft noch ganz heranziehen aber mit „Platz" erreichte ich einen Abbruch seines nervösen und gestörten Verhaltens. Sodann belohnte ich mit Streicheleinheiten und mit viel Lob das Bei-mir-Liegen und ließ alles, was kam, an uns erstmal vorbei. Wir warteten kurz und mit „Sitz" ließ ich sie wieder aufsitzen. Wir gingen weiter, und ich behielt sie mit dem Befehl „dableiben" weiter nah bei mir unter Kontrolle. Ich versuchte so, seine innere Erregung etwas zu dämpfen, die nach einiger Zeit, vielleicht zwanzig oder dreißig Schritten, an langer Leine wieder mehr oder weniger zurückkam. Es schien mir, als wäre er in Phasen von Begegnungen schlimm bestraft worden, was mir durch seine Unsicherheit erkennbar schien. Selbst danach umkreiste er noch meine Jypsy, was sich erst nach einiger Zeit auflöste. Wir spazierten an Hunden vorbei, und meine Augen und Reflexe waren immer fest auf Faust gerichtet, welcher weiterhin eine starke Reaktion oder ängstliche Vorsicht zeigte, die zwischen Anspannung, Flucht und Aggression lag.

Der Aufbau des gegenseitigen Vertrauens würde bestimmt sehr schwierig, doch faszinierte mich diese Herausforderung von Beginn an. Bis alles soweit ist, werde ich mit Fosty (wie ich ihn heute nenne) sehr sorgsam umgehen. Er ist bereits schon über vier Wochen bei uns und wurde in dieser Zeit ein ganz klein wenig freier. Aber es dürfte noch Monate oder noch länger dauern, bis er genügend belastbar für eine Ausbildung ist, oder in einem normalen Umfeld der heutigen Zeit bestehen könnte. Mir scheint sein Verhalten, zumindest mir gegenüber, leicht verbessert, doch zu viele Faktoren seines Wesens zeigen Unzulänglichkeiten. So bleibt mir nur die Hoffnung und zu warten, denn wie heißt es doch im Volksmund: „Zeit heilt bekanntlich alle Wunden".

Zu Hause kann ich ihn mit Jypsy bereits allein in der Wohnung lassen. Zu Beginn waren es wenige Minuten, und nun sind es schon bis zu zwei Stunden. Alle Zimmer sind stets geöffnet. Von Anfang an überwachte und unterband ich jeglichen Versuch, etwas anzuknabbern und reagierte mit einem „NEIN!", anschließend mit einer Belohnung und viel Lob. Dies hat er schon gut verstanden und zeigt sich in diesen Situationen sehr zuverlässig.

Er folgt mir auf Schritt und Tritt, legt sich immer gut überlegt so hin, dass der Weg in ein anderes Zimmer oder zur Wohnungstür an ihm vorbeiführt. Dieses Verhalten entspricht seinem Sicherheitsbedürfnis oder einer ausgesprochenen Verlustangst. Auch des Nachts verhält er sich ähnlich und ist sofort hellwach, um mir zu folgen, wenn ich aufstehe. So legt er sich auch nie zu Jypsy, sondern ist stets in meiner Nähe und war schon deshalb nicht der Hund, der „versteckt" oder als Ersatz frustriert an einem Möbel nagen würde.

Die Stadt schien mir für ihn viel zu stressig, und so mied ich diese vorerst. So konnte ich ihn zu Hause in einem kontrollierten Umfeld sachte in sein neues Leben einführen. Sein Hilfe suchendes Verhalten zeigte nur zu deutlich seine Not, doch er ist ehrlich in jeder Beziehung. Er versteht es, seinen Seelenzustand zu offenbaren und demonstriert dies, indem er wie verschämt, leidend, oder auch einfach schuldig wegschaut, als sei er innerlich verletzt. Er wendet seinen Blick immer sogleich ab, indem er einen Ausdruck zeigt, als möchte er einfach seinen Frieden haben, ohne sich aufzudrängen. Dieses Verhalten zeigt er auch, wenn ich Jypsy Leckerli gebe, als möchte er ja nur hier sein, und es schien, als signalisiere er mit seinem Blick in eine andere Richtung, dass er nicht stören möchte und nichts wolle als nur seine Ruhe. Rufe ich ihn dann explizit, kommt er freudig. Ich würde nie nur einem Hund etwas geben, denn dafür erscheinen mir diese Wesen zu sensibel. So weckte er in mir den Gedanken, er könnte eventuell depressiv sein. Auch liegt er oft noch heute in seinem „Bettchen", ähnlich einem Embryo, immer abgewendet von der Realität, als wünschte er sich zurück in die frühere Geborgenheit seiner Mutter. Auch vermisse ich bei ihm jegliches Forderungsverhalten. Selbst wenn meine Jypsy im Garten ihre Präsenz markiert und in jede Ecke bellt, hält er sich vornehm zurück und überlässt ihr den Dominanzanspruch. Ja, es ist wirklich ergreifend, wie er sich stets zurücknimmt, als wären ihm sämtliche Neugierde, Erfahrungslust oder auch Auflehnung herausgeprügelt worden. Als hätte er in einem Umfeld gelebt, wo er einfach chancenlos einstecken musste. Dies zu erkennen, ist verbunden mit großer Traurigkeit meinerseits, denn wie gerne hätte ich einen Hund, der reagieren würde, sich auflehnen oder sogar drohen würde, und damit zur Kommunikation mir dieses Instrumentarium hätte anbieten können.

Voriges Wochenende fuhren wir mit der Seilbahn auf den Säntis. Einer meiner Söhne führte Jypsy, ich übernahm Fosty. Es war, als würde  Jypsy ihn durch ein inneres Band führen. Keine Panik, keine Aufregung, auch wenn die Menschen in der Schwebebahn dicht um uns herumstanden, war er in keiner Weise aggressiv oder ängstlich, sondern blieb gelassen. Fosty hatte praktisch die Ohren immer angelegt, als hätte er keine „Lauscher", aber es war möglicherweise auch das Neue, das auf ihn einstürmte. Im Restaurant blieb er ebenfalls gelassen, und man wies ihm sogar einen größeren Platz mit einem Wassergeschirr zu. Bei forschem Wind erstiegen wir den Aussichtspunkt, doch Fosty schien dies nicht zu beängstigen und lief die Treppen hinauf und hinunter, als wäre das sein Alltag. Wir erfreuten uns eines genüsslichen Ausfluges und kosteten den wundervollen Ausblick auf den Sonnenaufgang auf über 2500 Meter über dem Meeresspiegel aus. Vor der Talfahrt spielten die zwei Hunde miteinander und bald gelangten wir wieder auf die schöne Schwägalp, die mir schon als Kind durch viele frühere Erlebnisse vertraut ist.

Jeden Tag lernt er etwas Neues und schon tollen diese zwei in der Wohnung, als wären sie beide hier aufgewachsen. Hier fühlen sie sich wohl und das Erstaunlichste ist, beide machen nichts kaputt. Wenn es allzu „bunt" wird, schreite ich ein mit „Ruhe!" Dann legen sie sich hin, aber Fosty ist immer ganz in meiner Nähe. Wenn Jypsy genug hat, zieht sie sich in den Wintergarten zurück. Wichtig finde ich, dass man sich mit beiden gleich verhält und keinen bevorzugt. Wenig Hektik ist auch für ihn wichtig. Hunde sind ja so einfache Wesen, aber ich stelle fest, gleichwohl empfindsam wie Kinder. Jypsy mag ihn sehr, und so lernte er vielleicht dies oder jenes noch von ihr. Das „Platz-Bleib" funktioniert nun schon ganz ordentlich. Wenn ich sie im Hauseingang vor der Ausgangstüre ablege, mich durch diese hinaus zum Briefkasten begebe und danach wieder zurückkomme, verharren sie in beauftragter Stellung voller Erwartung des Lobes. Auch wenn er im Augenblick noch öfters in der Wohnung nervös herumtänzelt, habe ich dafür Verständnis und versuche lediglich, ihn mit Heranrufen und mit anschließendem Hinlegen zu beruhigen. Manchmal gelingt es, manchmal muss seine Erregung erst abklingen, und er legt sich erst später nach einer gewissen Zeit von selbst einfach erschöpft nieder.

Sich gegen Faust durchzusetzen, erfordert keine Grobheiten, sondern nur eine faire und klare Haltung in allen Dingen. Der Hund muss alles einordnen lernen und nur so entsteht das gegenseitige Sichverstehen.

Auf dem Hundeplatz führe ich Faust mit den Worten „Dableiben" und laufe einfach im Kreise und er merkt am ganz feinen Rucken der Leine, was ich von ihm erwarte. So schätze ich ab, wie weit er mir aufmerksam folgen kann. Im Augenblick ist er noch sehr ablenkbar, aber dies ist für diesen Hund nur normal. Man sieht gute Ansätze, und ich hoffe, irgendwann ein kleines Ziel zu erreichen. So warte ich ab und freue mich an den kleinsten Fortschritten. Sein Verhalten sollte ja zuvor noch weiter studiert werden.

Heute, Sonntag den 19. Juli, begaben wir uns nach dem Morgenspaziergang zum Hauptbahnhof in Zürich. Kurz vor 08.00 Uhr war trotz des Sonntags schon reger Betrieb mit Elektrofahrzeugen, Radfahrern, Familien mit Kinderwagen, kleinen Hunden, Menschen mit Koffern und vielem anderen mehr. Die einen rannten zum Zug, oder andere studierten die Tafeln mit den Ab- und Einfahrtszeiten diverser Züge. Noch nicht allzu hektisch der gesamte Betrieb und so schien es mir gut machbar, mit Fosty an der Leine mich unter die Menschenmenge zu mischen. Ja, es war alles neu und schwierig, und er fühlte sich nicht wohl. Er schaute rechts und links, zog an der Leine, aber er klemmte wenigstens nicht seine Rute zwischen die Hinterbeine. Er war sehr erregt, und ich musste zwischendurch innehalten, um ihn zu beruhigen. Nachdem er sich gefasst hatte, ging ich weiter. Nach zehn Minuten kehrten wir zurück. Noch werden wir einige dieser Übungseinheiten planen, denn hier sieht man, was eine verpasste Prägungsarbeit hinterlässt. Wieder zu Hause angelangt, hatte er großen Durst und liegt nun wieder vor meinem Büro und schläft. Dies war für ihn zu ungewohnt, und so beanspruchte es sein Nervenkostüm doch deutlich mehr als ein normaler Spaziergang.

Nach über einem Monat versäubert er sich nun auch an der Leine. Wie oft habe ich mich bemüht, durch ausgedehnte Spaziergänge dieses Verhalten zu fördern, doch nun scheint es zu klappen. Im Wald fühlt er sich frei, stellt seine Ohren, trägt seinen Kopf hoch und man spürt förmlich, wie die zwei vor mir laufenden Hunde eine natürliche Lebensfreude ausstrahlen. Kaum sind Begegnungen zu erkennen, so ändert sich sein Verhalten jedoch drastisch.

Heute Nachmittag trafen wir auf dem Spaziergang eine freundliche Dame mit einem Deutschen Schäferhund an der Leine. Am Halfter führte sie ein sehr ruhiges dunkles, fast schwarzes Pferd. Dieses war

über beide Ohren bis zu den Nüstern mit einem sehr feinmaschigen schwarzen Netz gegen aufdringliche Insekten geschützt. Ich rief meine Hunde nahe zu mir, und die Dame sprach mich über den Zuwachs an. Ja, erwiderte ich, ich hätte ihn aufgenommen, und nun müsse er noch vieles kennenlernen. Ich sah, wie Fosty das Pferd interessiert anschaute und die Frau ermunterte: „Lassen sie ihn nur schnuppern", und so gab ich ihm laufend etwas mehr Leine, und er näherte sich vorsichtig. Möglicherweise war dies das erste Mal in seinem Leben, so hautnah einen so großen Vierbeiner beschnuppern zu können und niemand ahnte, wie froh es mich stimmte, meinem Fosty diese Möglichkeit bieten zu können. Interessant, wie er das Pferd mit seiner Schnauze sogar an den Nüstern berührte, als würde er es küssen. Er benahm sich weder hektisch noch aggressiv, und das Pferd zeigte eine stoische Ruhe. Selbst die Schäferhündin der Dame schaute dieser Begegnung gelassen zu, und vielleicht wusste sie, wie wichtig dieses Erlebnis für meinen Faust war. Ich bedankte mich und wir zogen mit einem verhältnismäßig beruhigten Hund weiter. Eine Joggerin kam uns entgegen. Fosty war sehr gespannt, aber ich weiß, dass er zu Damen meist höflich ist, und wie er gegen dieselbe hinzog, sagte sie: „Lassen sie ihn nur herankommen." So ließ ich ihn ebenfalls zu ihr, und sie begrüßte ihn freundlich, indem sie seinen Kopf mit beiden Händen streichelte. Aber wie Rüden sind, sie wollen mit ihrer Nasenspitze immer überprüfen, ob Männlein oder Weiblein. Wie die Dame leicht verlegen sodann weiter joggte, benahm er sich beruhigt, als wäre sie aus unserem Rudel einfach weggegangen. Solche Erfahrungen brauche ich für Fosty und denke, weil er sich zu keinem Zeitpunkt aggressiv zeigt, er sei lediglich stark frustriert, weil niemand sich früher um ihn wirklich kompetent gekümmert hat. So scheint sein innerster Wunsch stets nur „Habt mich doch lieb, streichelt mich" zu sein und mit diesem im Herzen wurde er möglicherweise durch die Annäherung an Menschen schmerzlich korrigiert, anstatt dass er sie kennenlernen durfte, und damit hätte lernen können, dass sie nicht zum eigenen Rudel gehören. Richtig sozialisierte Hunde lernen dies von klein auf, wobei man mit Futter ablenkt und damit den Welpen auf seinen Halter programmiert. Es gibt aber auch Personen, die sich bereits einen Welpen als „aggressives Monster" wünschen, was sich auf die weitere Entwicklung stets problematisch auswirkt.

Erneut begaben wir uns zum Bahnhof. Faust (vom früheren Besitzer Fausto genannt) hatte seine Ohren aufgestellt und schien trotz des großen Rummels relativ ruhig. Es waren weniger Fahrzeuge, fahrende Koffer oder Radfahrer unterwegs, dafür einfach viele Menschen! Seine Rute war wie das vorige Mal relativ normal, hängend, und wie ein Ehepaar mich auf Faust ansprach, so ließ ich ein Streicheln zu, und er zeigte sich von seiner wahren Seite: liebenswürdig, freundlich und voller Neugierde. So denke ich, einen Teil der Problematik zu seinem Verhalten zu erahnen, indem er im Grunde wohl ängstlich und vorsichtig erscheint, aber trotzdem seine natürliche Neugierde in gewissen Situationen oder vor allem Damen gegenüber beibehalten hat, möglicherweise als Ersatz für fehlende Zuwendung bei Männern, denn er wurde hauptsächlich von Männern geführt, respektive bestraft. Am Ende des kurzen Rundganges durch die Bahnhofhalle war ich zufrieden und lud ihn wieder ins Auto.

Durch Unterordnungsübungen könnte es sein, dass er Defizite zu überbrücken lernt. Auch dies ist eine Option, um seinem Stress Einhalt zu gebieten. Wichtig ist, dass ich ihn klar, konsequent und unterstützend begleite. Sein momentanes Fehlverhalten, seine innere Spannung und Unsicherheit dem Hundeführer gegenüber muss aber erst noch abgebaut werden. An der Leine geführt, folgt er nahe meiner Hände mit leicht aufgerissenem Fang, als wolle er sich bereithalten für den Biss gegen seinen Führer.

So fühle ich mich der Gesellschaft, wie auch der missverstandenen Seele eines Hundes gleichermaßen verpflichtet. Schwierige Hunde wie Menschen auch bringt man nicht einfach um, sondern wir alle tragen für diese Geschöpfe eine große Verantwortung und sind zu einer positiven und äußerst wichtigen sozialen Grundprägung zu verpflichten. Verläuft diese von klein auf harmonisch, verständnisvoll und engagiert, so hätten wir keine „Problemhunde", wobei immer der Mensch das Problem ist und nur in den seltensten Fällen die Hunde!

Der 1. August, begleitet von einem lautstarken Feuerwerk in unserer Umgebung, brachte viel Stress. Was dies alles bedeutet, kann man erst im Verlauf der kommenden Jahre abschätzen. Stressformen von früher, die Zeit im Hundeferienheim, der Wechsel zu uns, dies alles hat Faust in letzter Zeit stark gefordert. Doch bereits am kommenden Tag war er wieder der „alte", und nichts schien mehr nachzuwirken. Seine Hektik während der Nacht ist wieder seinem üblichen Alltagsverhalten gewichen.

Wir freuen uns, mit ihm einen fairen Teampartner zu haben. Auch zu meinen Söhnen, die einfach in die Wohnung platzen, ohne zu läuten, und selbst der Haushalthilfe gegenüber ist er in keiner Weise auffällig, weder aggressiv noch unanständig. Nein, er ist hier wirklich zu Hause und kennt unsere Spielregeln. Selbst sein Verhalten gegen Radfahrer während unserer Rundgänge wurde ein ganz klein wenig sicherer, und seine früher rasch aufkeimende Hektik bleibt immer öfters in noch tolerierbaren Grenzen. Aber wie gesagt, wir wollen nichts verschreien, und ich bemühe mich, mit viel Lob und Belohnung seine Aufmerksamkeit auf uns zu lenken. Ist er vom Duft einer „hitzigen" Hündin abgelenkt, so können Spaziergänger sogar an uns vorbei gehen, und er reagiert nicht im Geringsten. Ich denke, dass wir auf dem richtigen Weg sind. Selbst sein Blick wirkt etwas weniger unsicher ja vielleicht sogar leicht offener, ist dies doch sehr wichtig für ein kommunikatives Verhalten. Doch was die Lernfähigkeit und Konzentration anbetrifft, so vermisse ich diese noch immer. Was dies bedeutet, darauf fand noch niemand eine Antwort, und ich durchlöcherte mit meinen Fragen alle, die ich kannte, Hundeführer wie Tierärzte.

Wenn ich Faust bei einer unklaren Situation ins „Platz" kommandiere, so befolgt auch Jypsy jeden gesprochenen Befehl. Dies ist für sie oftmals nicht ganz nachvollziehbar, aber sie gehorcht, wenn der Wunsch mit Nachdruck ausgesprochen wurde, immer bereitwillig. Ich denke, dass sie weiß, dass es meist nicht sie betrifft, aber sie macht mit und ist deshalb eine riesige Hilfe. Ihr oftmals fragender Blick spricht aber Bände.

Nach unserem traditionellen Spaziergang waren wir erneut am Waldrand angelangt. Kein Mensch weit und breit. Ich dachte mir, ja wenn er sich nicht auf dem Spaziergang durch den Wald sich nicht versäubern konnte, so lasse ich ihn einfach hier nochmals frei, vielleicht gelingt es ihm so besser, sein „Geschäft" am Rande des angrenzenden Waldes zu erledigen. Gedacht – getan, und ich spazierte diesem entlang. Fosty lief ungefähr dreißig Meter frei vor uns. Jypsy war an der Leine. Plötzlich hörte ich Schritte, schaute mich um und es tauchte ein Jogger-Ehepaar kurz hinter uns auf. Ich schaute nach Fosty und mir blieb im Schreck nicht viel anderes übrig, als „Platz" zu rufen. Fosty war relativ weit weg, doch er weiter vorne und Jypsy neben mir, klappten zusammen und lagen regungslos da. Den Joggern sagte ich beinahe „Entschuldigend ... ja wissen Sie, der Kleine ist noch etwas unsicher." Sie lachten mir freundlich zu ... und waren vorbei. Fosty lag immer noch da, ich ging ruhig zu ihm und wiederholte: „Brav Platz" und er blieb! Ich war so glücklich, begab mich zu ihm und streichelte den lieben Kerl. Was hat er doch schon gelernt in diesen bald zwei Monaten. Ich war berührt und streichelte mit meinen Händen stolz seinen schönen Kopf. Nun, erneut an der Leine, versäuberte er sich doch noch. Mit einem guten Gefühl des Respekts gegenüber ihm und seinem Verhalten fuhren wir zurück nach Hause.

Über all die Zeit veränderte sich sein Verhalten aber viel zu wenig. Vielleicht bin ich zu ungeduldig, auch bin ich nach wie vor sehr verunsichert über seine seelische und nervliche Verfassung. Ich glaube, ich habe bislang lediglich nur ein „gewisses", noch unstabiles Vertrauensverhältnis geschaffen. Ich stelle fest, dass seine Seele möglicherweise so stark verletzt ist, dass er nicht einfach darüber hinwegkommt. Es ist schon so: „ZEIGE MIR DEINEN HUND, UND ICH SAGE DIR WER DU BIST!" Ich habe mich auf etwas eingelassen, und nun bleibt mir nur, das, was andere durch Unwissen und Nichtkönnen zerstört haben, in einem langwierigen Versuch wieder zu reparieren. Ob diese Fehlprägung je korrigiert werden kann, ist die wahre Herausforderung, die ich lösen will. Doch ich sehe ein, dass mit noch so viel Korrektheit und Verständnis grundsätzliche Schädigungen nicht einfach so „mir nichts, dir nichts", überdeckt oder geheilt werden können. Bei allen Säugetieren schädigt ein Trauma das Verhalten oft bleibend. So versuche ich in den kommenden Wochen ihn nur mit einer großen Rücksichtnahme zu führen. Für Fosty ist dies sicher wie Balsam für seine Seele, und ich meinerseits bin überzeugt, das Richtige zu tun. Selbst zu Hause ist er etwas ruhiger geworden und hastet nicht mehr permanent in der Wohnung herum, sondern legt sich mehrheitlich bereits neben mich, passt auf alles auf, reagiert auf Geräusche außerhalb der Wohnung, und so genieße ich die doppelte Wachsamkeit meiner Hunde. Ich entschloss mich, seine Ausbildung weiter zurückzustellen. Weil selbst sein Blickkontakt noch immer für meine Erwartung zu instabil ist, fühle ich seine Unsicherheit und darf diese nicht über Gehorsam oder irgendwelchen Druck zusätzlich beeinflussen. Stressfreies Spiel, Freundschaft und einfachste Erlebnisse ziehe ich für seine Entwicklung vor. Ich muss lernen zu warten, bis er sich selbst für etwas anbietet, das man weiter ausbauen könnte, doch der Zustand seiner verletzten Seele muss erst noch heilen. Die verschiedenen Schritte, die ich vollzog, um ihm mehr Selbstbewusstsein und Sicherheit zu geben, blieben ohne große Wirkung. Ich kaufte eine zehn Meter lange Schleppleine und machte die Spaziergänge mit Fosty teilweise auf diese Führweise. Auf diese Idee brachte mich ein Vorkommnis, wo beide plötzlich losstürmten, denn sie orteten wenige Meter neben dem Waldweg ein Reh. Die Leine von Jypsy ließ ich los, denn ich wollte nicht in die Büsche fliegen. Die Leine von Fosty riss, und wie ich so da stand, rief ich einfach laut „Platz" und was geschah? Jypsys Leine verhedderte sich im Gebüsch und bremste sie aus, doch Fosty legte sich gehorsam zwei Meter neben dem Waldweg hin und wartete, bis ich herankam. So erkannte ich, sobald er ohne Leine ist, wurde er noch unsicherer und gehorchte einem strengen Befehlston. Dies konnte ich durch die Schleppleine ausnutzen, und wenn er sich zu weit weggetraute, trat ich einfach nach einem entsprechenden Kommando wie „Warten" oder „Kehrt" auf die Leine, und er muss nicht an ihr zurückgezogen werden, sondern dreht oftmals von selbst ab und kam zurück. Nach weiteren zwei Monaten beginnt er nun auch, wie Jypsy hin und wieder an Gräsern zu zupfen, was er bis anhin nie tat. Die Therapie mit Bachblüten soll unterstützend wirken. Mit einer großen Erlebnisbreite versuche ich, ihm damit die Möglichkeit zu geben, sein großes Erfahrungsdefizit aufzufüllen. Dass ich ihn stets in all seinem für mich artgerechten Verhalten bestärke, ist eine Selbstverständlichkeit, braucht er doch unsere Kommunikation und innere Einstellung mehr als ein normal aufgewachsener Hund. Auch wenn Arbeiter ins Haus kommen, so gibt ihm meine Gegenwart Sicherheit, um mit solch neuen Situationen zurechtzukommen. Für ihn bin ich im Augenblick sehr wichtig, denn er braucht Präsenz für seine Ruhe. Es freut mich alles, was ihn zu neuen Erlebnissen führt. Auch ich selbst darf mich nie ängstlich zeigen, damit nie meine Unsicherheit zu der seinen würde. Ich hoffe, so zu einem Team zusammenzuwachsen, das später mit einem entsprechenden gegenseitigen Respekt auch schwierigere Aufgaben zu lösen vermag.

Meine Kollegen meinten, ich sollte zu Fosty bei einem Fehlverhalten strenger sein. Ihm gegenüber auch meinen Unmut über das falsche Verhalten klar aufzeigen. Ich habe mir dies lange überlegt und immer gedacht, was Fosty früher doch alles erlebt hat, kann er überhaupt Druck so einfach wegstecken? Ihre Thesen lautete: „Führe konsequent, das fördert die Bindung", denn der Hund braucht einen beherzten, ehrlichen und klaren Führer und kein halbherziges „Wischiwaschi" Verhalten. „Gerade dermaßen verunsicherte Hunde brauchen diesen Halt", führten diese weiter aus, „denn sonst verfallen sie erneut in alte Verhaltensmuster."

Ich war wohl froh um jeden Rat zu jener Zeit, aber ebenso skeptisch, solange ich sah, dass der Hund gar nichts, selbst freundliche Aufforderungen, nicht richtig einordnen konnte. Sie akzeptierten früher andererseits meine Rücksichtnahme zu Jypsy, denn ich kannte diese besser als jeder andere Ausbilder und wäre ich all ihren Anweisungen gefolgt, hätte das gegenseitige Vertrauen gelitten, und ich wäre mit ihr erfolglos geblieben.

Aber eines darf hier gesagt sein, die Bindung in Vollendung gestaltet sich erst, wenn bei Fehlverhalten fair und stets verhältnismäßig korrigiert wird. Nichts ist schwieriger für den Hund als eine unklare Führung, und wer so eine praktiziert, wird sein Leben lang einen Hund haben, der auszuweichen versucht und sich weder ein- noch unterzuordnen lernt. Ich denke, so kann jeder besser verstehen, wieso ein Hund auf einem gewöhnlichen Spaziergang nicht mit „Fuß, Platz oder Steh" geführt werden soll. Dies sind Kommandos für den Hundeplatz. Es wäre ja zum Totlachen, würden Soldaten im Privatleben eine Achtungsstellung oder einen zackigen militärischen Gruß vor der gesamten Gesellschaft verordnet bekommen. Dieser „Gehorsam" würde genauso wie beim Hund sich abflachen, die Haltung immer unkorrekter und zu einer halben Sache sich zurückbilden. Hundesport findet auf dem Hundeplatz statt, und nur dort verlangt man ein schnelles „Sitz, Platz, Steh!" usw. Im Alltag muss der Hund einfach gehorchen und wir gebrauchen anstatt das Kommando „Fuß!" einfach „Dableiben!", oder „Da!", „Lieg!" oder „Komm!" In der Menschenmenge ist er eh an der Leine, und dort soll er einfach artig mitgehen, basta. Bestimmte Kommandos, die absolut und bestimmt sind, sollten nur im „Notfall" gebraucht werden. Aber Faust ist nach meiner Erfahrung noch gar nicht genügend belastbar, um solchen Erwartungen gerecht zu werden.

Eine Erziehung zum Sporthund ist wie das Leben im Sport ganz allgemein. Wer etwas erreichen will, wird sich überwinden und trainieren müssen. Niemand wird mit Samthandschuhen angefasst. Der Mensch täuscht sich gerne selbst. Um bessere Leistungen zu erbringen, nimmt er Leistungsverstärker. Wenn das gute und ausgewogene Ernährung bedeutet, ist dies positiv. Es gibt welche, die konsumieren Drogen, um gut „drauf" zu sein, um die Leistung zu steigern. Dabei schaden sie sich selbst, aber wehe ein Hund wird etwas härter angefasst, da schreit das Bundesamt für Veterinärwesen laut auf. In welcher Welt leben wir? Bringt ein **misshandelter** Hund eine nachhaltige Leistung? Ich glaube kaum. Manchmal fehlt der heutigen Gesellschaft das natürliche Verständnis. Hunde können durch ihr Verhalten sehr gut aufzeigen, mit wie viel Feingefühl sie ausgebildet wurden und zeigen dies über die gesamte Arbeit. Aber hin und wieder eine maßvolle strenge Konsequenz schadet bei psychisch gesunden Hunden mit Sicherheit nicht. Der Beweis einer guten Ausbildung ist die Nachhaltigkeit, die Ausgeglichenheit und das freudige Auftreten im Wettkampf. Trotz allem war für mich Fairness dem Hund gegenüber äußerst wichtig und meine Strenge angemessen. Selbst die Belohnung hat die gemeinsame Freude an der Arbeit zementiert. Doch mit Faust bereits heute schon streng und konsequent zu sein, wäre meines Erachtens verfrüht.

Bei der Fährtenarbeit reagiert Fosty äußerst sensibel auf jegliche stimmliche Einwirkung. Aber er wird es lernen und mit der Zeit viel Freude daran haben, ist doch gerade diese Disziplin von einem schönen Erlebnis gekrönt. Dem Fressen, das Lob und das Spiel am Ende ist für einen jeden ein lohnendes Ziel. Leider hat der Vorgänger in dieser Sparte mit Sicherheit gesündigt. So braucht es von mir doppelt gute Nerven und Geduld als bei einem Welpen, der unverdorben alles gierig zu lernen bereit ist. Jegliches Problem bestätigt Fosty mit einem beschwichtigenden sich hinlegen. So ermuntere ich ihn immer wieder mit beruhigenden Worten und Streicheleinheiten zum Weitermachen. Aber auf das Ende freut auch er sich schon offensichtlich und ist danach gelöst, freudig, und wenn ich dann noch zusätzlich den Ball werfe, so bringt er ihn mit einem ergreifenden und stolzem Gehabe mir zurück. Dies ist dann mein Lohn.

Hin und wieder glaube ich, Ansätze zu erkennen, die Anlass zur Hoffnung geben. Einmal versucht er, „Spitzgras" zu fressen, das er noch nicht richtig kennt, oder er kostet einfach mal einer Übersprunghandlung gleich einen Pferdeapfel, oder er zeigt plötzlich nach dem Versäubern ein kräftiges Scharren, als hätte er eine Großtat vollbracht. Dies sind schon neuere Anzeichen der Verbesserung seines natürlichen Verhaltens, um kurz danach leider wieder in seine unerklärliche Eigenheit zurückzukehren, sich in sich selbst zurückziehen zu wollen. Auch erkenne ich stärkeres Vertrauen, wenn er in der Phase hoher Erregung durch Radfahrer oder Reiter von mir gerufen wird. Hin und wieder kommt er dann schon ganz zu mir. Früher lief er wohl in meine Richtung, aber ein bis zwei Meter vor mir drehte er sogleich wieder ab, und ich musste zu ihm gehen, wollte ich ihn fassen und ganz bei mir behalten. Auch schaut er mich bereits etwas länger und genauer an als zuvor, und es gibt noch einige wenige zusätzliche Anzeichen einer beginnenden Vertrautheit.

Das Leben mit beiden Hunden ist spannend, Jypsy mit ihrer Abgeklärtheit und der gut zweijährige Rüde, der voller Überraschungen steckt und trotz oder vielleicht gerade durch seine Naivität für menschliches Denken eine unbewusste und auch leicht tragisch-komische Schau abzieht, sodass man ihn in seiner Ganzheit einfach lieb gewinnen muss. Ein solcher Hund ist eine Bereicherung, und nichts wünschen wir ihm mehr, als die Selbstfindung zum normalen canis familiaris

(Familienhund). Manchmal kommt es mir vor, als hätte ich ein leicht behindertes Kind, mit welchem man sich stärker verbunden fühlt, weil es uns mehr braucht.

Ich habe in der Zwischenzeit auch mit weiteren Fachleuten Erfahrungen ausgetauscht wie Hundesportlern, Menschen, die mit Tieren kommunizieren und Spezialisten für Bachblütentherapie. Zusätzlich habe ich mich auch bei HealthBalance AG in Uzwil gemeldet. Nichts scheint mir unnütz, wenn es meinem Tier helfen kann. Allerdings glauben alle an eine nur sehr langsame Verbesserung seiner Psyche, denn sein momentanes Verhalten scheint irgendwie nicht ergründbar. Es ist höchst interessant, seine Entwicklung zu beobachten. Selbst einen Calminizer (Beruhiger) dieses Gerät wurde ursprünglich für Pferde entwickelt, damit diese weniger nervös reagieren, habe ich ihm um seinen Hals gelegt (ein kleines rechteckiges Kästchen) und hoffe, dass sich Resultate zeigen. Ich verstehe, dass dies alles viel Geduld braucht, aber irgendwann werde ich mit der einen oder anderen Therapieform aufhören müssen. Ewig wird er nicht krank sein, auch wenn gewisse Todsünden aus der Welpen- und Junghundezeit, wie schon gesagt, meist lange erkennbar bleiben. Gerade deshalb wäre es von großem Nutzen, er hätte eine Schule für Welpen durchlaufen können. Dort hätte man mögliche Störungen vielleicht frühzeitig aufdecken können.

Meine Jypsy ist in meinen Bemühungen genauso wichtig wie meine persönliche Einstellung zu Faust. Er braucht Ruhe, Sicherheit und Geborgenheit. So ist es auch zu früh, kleine Erlebnisse der Verbesserung all den verschiedenen Maßnahmen wie Bachblüten oder Calminizer zuzuschreiben. Doch heute früh überraschte er mich, als ich am Ausgangsort zum Morgenspaziergang mich bereit machte und meine Hunde für einen Augenblick freiließ, weil ich noch am Auto beschäftigt war. Als ein Morgenspaziergänger sich vom Waldweg herkommend uns näherte, erkannte ich dies nicht und sah ihn erst, als er praktisch bereits bei uns war. Fosty rannte angeblich auf diesen Herrn zu, und als ich aufblickte, waren beide bereits auf meiner Höhe. Ich sah bei Faust keine Aggressivität, allerdings benahm er sich aufdringlich und wollte aber, wie mir schien, nur gestreichelt werden. Ich erwartete jeden Moment eine falsche Reaktion vom Spaziergänger, doch wie ich den Hund zu mir rief, kam er sogleich. Es schien, als wäre Faust sogar ein wenig erleichtert. Den Spaziergänger erkannten wir, wir haben uns schon einige Male gesehen, doch hielt ich meine Hunde beim Spazieren immer an der Leine. Angstfrei und vertrauensvoll begrüßte dieser Spaziergänger vor allem Fosty, als wäre dies das natürlichste der Welt. So war es richtig. Viele Menschen empfinden in ähnlichen Situationen nur Angst, und dies ist es, was Hunde ebenso verunsichert. Somit hat dieser Mann die Unsicherheit von Fosty nicht mit Unsicherheit und ängstlicher Vorsicht beantwortet, sondern dieser Situation keine Beachtung geschenkt. Dies wäre ein Rezept, sich gegenüber Fosty zu verhalten. Hunde lernen das Vertrauen zu den Menschen vom Hundeführer und verlieren viel an Aggression gegen Dritte, wenn sie mit Respekt, Anstand, Konsequenz, Verständnis und mit viel Zuneigung geführt und behandelt werden. Somit, behaupte ich, gibt es keine gefährliche Hunde, sondern nur verständnislose, launige und respektlose Hundehalter, die gewaltorientiert und rücksichtslos mit ihren Tieren umgehen und kein faires Verhalten gegenüber ihrem Hund praktizieren. **Denn dies ist die giftige Mischung, und leider verkannt von vielen. Der Hundeführer trägt die alleinige und volle Verantwortung für seinen Hund und sollte jederzeit für jeglichen Schaden verantwortlich gemacht werden und nicht die Hunde.**

Mit der Zeit ist sein Verhalten nun bereits besser vorhersehbar. Aber die Umstände gleichen sich nie, und so muss ich einfach meinem Gefühl entsprechend allen Situationen Rechnung tragen und bin überzeugt, dass Faust sich heute sicherer fühlt als vor vielen Monaten. Ich denke, seine Hektik ist leicht rückläufig und auch sein Verhalten zu mir und Jypsy hat sich verändert. Er scheint herzlicher, freudiger und auch offener geworden zu sein. Ich fühle mich damit bestätigt, keine allzu konsequente Haltung auszuüben, lieber zweimal zu rufen, als gleich strafend zu reagieren, denn zu Beginn war das angstvolle „Platz" seine primäre Reaktion, die ihn vor weiterem Ungemach scheinbar schützte. So lernt er nun allmählich das Zuhören und anschließendes, entsprechendes Handeln. Dies braucht man später bei der Ausbildung, denn ein Hund, der das Zuhören verweigert, ist blockiert und nicht lernfähig.

Auch liegt er nun am Morgen weiterhin auf seinem Lager, wenn ich aufstehe, und läuft mir in dieser Situation nicht sofort nach. So kommt er mit Jypsy zusammen erst, wenn ich die Gürtelschnalle meiner Hosen zuschließe. Dann wissen meine beiden Schlaumeier, nun geht es zum Frühstückshäppchen. Dies sind kleine Rituale, die einer Kommunikation förderlich sind. Der Hund verharrt sehr zuverlässig in seiner Erwartung und fördert damit auch das Erinnerungsvermögen seines Halters.

Sein Schutzverhalten, wenn Jypsy etwas von mir zu aggressiv fordert, ist berührend. So stellt er sich regelmäßig zwischen sie und mich und will mich offensichtlich schützen. Streichle ich sie, so mischt er sich ein, als wäre er eifersüchtig. Ich sage ihm dann, er möge dies lassen, was er zu verstehen versucht, denn ich muss auch ihr meine Zuneigung zeigen. Sie ist, seit Faust bei uns ist, sensibler und anschmiegsamer und fordert die Streicheleinheiten öfter als früher. Vielleicht auch gerade deshalb, um ihm zu zeigen, dass sie die eigentliche Chefin für ihn ist. Wer weiß denn dies schon so genau, Hunde sind ja keine „Dummerchen".

Ich erkenne an Fostys Reaktionen vieles, was man auf dem Hundeplatz oft sieht. Hat der Hund kein Vertrauen, so versucht er den Hundeführer zu beschwichtigen, indem er zu ihm hindrängt. Dies kann auch Nachlaufen beim „Steh" sein oder ein Nachrobben beim „Platz aus der Bewegung". Es ist so interessant, dass er mir dies alles so klar aufzeigt. Wenn ich ihm das „Platz" befehle, oder „Steh Warten", oder mich stimmlich etwas strenger ausdrücke, so zeigt er sogleich seine Beschwichtigung, indem er zu mir hindrängt oder kriecht, und dies wäre im Sport nicht anders. Er demonstriert seine Leidensgeschichte von früher, und bis dies ausgemerzt ist, muss noch viel Wasser den Rhein hinunter fließen. Jetzt muss er einfach täglich Neues erfahren, sich einprägen und noch viel nachholen und lernen. Wenn er beispielsweise bei einer Blechpuppe, die vom Fenstersims herunterkippt, weil er diese mit seiner Rute im Treppenhaus berührt hat, panisch davon rennt. So zeigte er mir heute, als eine Blechbüchse direkt vor ihn auf die Straße fiel, dass er, obwohl er erschrak, mutig an ihr schnupperte, dass dies nicht mehr derselbe Hund ist wie vor einigen Monaten. Sein Hecheln zu Hause, was selbst meinen Söhnen auffiel, hat sich auch wieder ein Stück weiter abgeflacht.

Wir reisten zur WUSV-Weltmeisterschaft 2009 (Weltunion der Schäferhunde) nach Krefeld. Dort nahm ich ihn jeden Tag mit auf das Gelände. Wie gelassen er alles hinnahm, war bewundernswert. Er zeigte keinerlei Aggression, etwas Unsicherheit im großen Gedränge, aber er benahm sich ordentlich, sodass er sogar von ausländischen Besuchern fotografiert wurde, weil er angeblich ein echter Schönling sei. So hörte ich, wie einer sagte: „Sieh, das ist der schöne Mali!" Er ließ sich von jedem streicheln, und ich gab ihn sogar einem Schweizer in die Hand, um vor dem Essensstand anstehen zu können, um selbst etwas Verpflegung zu kaufen, und Fosty benahm sich wunderbar, indem er ruhig wartete, bis ich zurückkam. So reiht sich Erlebnis an Erlebnis. Er wirkt immer entspannter und ist im Augenblick nicht mehr dermaßen gestresst wie zuvor. Ich vertraue dem Calminizer, den Bachblüten, der guten Ernährung und meiner Jypsy und auch meiner Führungsweise. Er wird langsam offener, sein Blick sucht mich nun schon bedeutend mehr als zu Beginn. Aber gerade hier gilt zu bedenken, dass er ja nie mitten in einer Menschenmenge korrigiert wurde, und somit war sein Verhalten hier natürlicher und möglicherweise auch deshalb angemessener.

Bin ich abends etwas länger im Büro oder vor dem Fernseher, geht er bereits selbstständig in sein Bett. Er verändert sich immer weiter und wirkt auch laufend etwas ruhiger.

Beim Spiel fordert er nur noch selten bellend, um damit seiner Ungeduld Ausdruck zu verleihen, ich möge ihm den Ball doch endlich werfen. Wenn ich rührungslos stehen bleibe, bemerkt er rasch, dass er mit diesem Gehabe nichts bewegt. So kommt er am Ende zu mir, was ich von ihm auch erwarte, und erst dann werfe ich den Ball.

Ins Auto springt er seit Beginn, als wäre dies ein Zufluchtsort. Wenn ich die Boxentüre nicht schnell und ganz öffne, so sprang er zu Beginn blindlings einfach in die Türe hinein. Nun schaut er gut, dass sie auch offen ist, bevor er zum Satz in die Box ansetzt.

Eines Tages merkte er, dass der Teppich in der Autobox aufgescharrt werden kann. Dann war es um den alten Teppich schnell geschehen. Ich hatte ihn seiner Zeit noch gänzlich herausgeschnitten, als der Mann uns aus dem Waldweg entgegenkam. Vor der Reise nach Krefeld ließ ich einen neuen einpassen. Wir schraubten diesen sicherheitshalber am Boden fest, denn auf einem großen Parkplatz mit Hundesportlern müssen viele mit ihren Hunden „Gassi" gehen. Somit ist stets viel Betrieb ums Auto.

In Krefeld bestätigten sich meine Befürchtungen. Als ich nach einiger Zeit die Box öffnete, schien mir, der Teppich hätte sich aufgelöst. Es war aber nur die oberste Schicht, die er mit seinen Pfoten bearbeitet hatte, und so sah es aus, als läge er auf Daunen. Mit einem Kamm fegte ich alles zusammen, der Teppich war noch intakt, denn er war ja festgeschraubt. Ich muss mir nun noch etwas einfallen lassen, um ihm seine Erregungen im parkenden Auto zu nehmen. Doch während der Fahrt war er ja ruhig. Es ist höchst spannend, wie er, ähnlich meinem ersten Hund Donar, stets erkennt, wenn wir im Gebiet unserer Spaziergänge, unserem Zuhause oder an unseren bekannten Übungsplätzen ankommen. Er zeigt dies durch seine Unruhe und Erregung an. Selbst wenn wir nach stundenlanger Fahrt aus Deutschland ins heimische Gebiet fahren, so zeigt er an, wenn wir in „unserer" Gegend sind. Er muss dies am Geruch erkennen. Ja, unsere Hunde wissen oft mehr, als wir denken. Damit erinnert er mich stark an meinen Donar.

Auf einem weiteren Spaziergang im heimischen Wald trafen wir eine Reiterin, deren Pferd, an „Schnüffler" gewohnt ist. Als sie sah, dass Fosty unsicher wirkte, so sagte sie freundlich, ich möge ihn doch näher heranlassen, sodass er das riesige Pferd beschnuppern könne. Das Pferd blieb stehen und bewegte sich nicht. So konnte Fosty beinahe überall schnuppern, doch als das Pferd den kleinen Wicht genauer ansah, bekam er Respekt vor dem großen Kopf und wich zurück. Diese Erlebnisse helfen mir, ihm diese Wesen näher zu bringen, und wer weiß, eines Tages sind sie für ihn nicht mehr so „bejagenswert", furchterregend oder auch so eindrücklich, und er könnte sogar Freundschaft schließen. Als die Reiterin davonritt, war sein Stress abgebaut, ja, er kam sogar zu mir, sprang an mir hoch und ich streichelte und lobte ihn für sein Verhalten. Dass ich mit der Reiterin zuvor ruhig gesprochen hatte, mag ihn zusätzlich beruhigt und positiv beeinflusst haben.

Nun legt er sich nicht mehr direkt vor mein Büro, wenn ich am PC bin, sondern begibt sich bereits ab und zu auf sein Bett, also zwei Zimmer weiter, wo der Calminizer liegt. Sobald ich mich erhebe und bewege, kommt er mir entgegen, denn seine Ohren hören alles. Sachte beginnt er zu Hause ein kleines Eigenleben, und dies ist wiederum ein kleiner Schritt in die richtige Richtung.

Im Wald erregt er sich stark, sobald er Rehe selbst nur wittert. Er ist dann sehr gespannt und wirkt unkontrolliert. Er reagiert anders als meine Jypsy. Die Ursache hierfür ist schwer abzuschätzen. Auch entsprechende Erfahrungen durch falsche Korrekturen könnten mit ein Grund sein. Meine Jypsy reagiert mit Spannung, Aufmerksamkeit und zeigt eine absolute Konzentration, wogegen Fosty sich selbst bis zum Erblicken des Rehs ablenkt, zum einen durch Übersprunghandlungen gegen Jypsy und zweitens durch deren unnatürliches Umkreisen. Erst wenn das Reh vor uns steht und ich „Steh" sage, bleiben beide blockiert und konzentriert stehen, bis das Wild wieder im Dickicht entschwindet. Vielleicht verbindet er eine solche Begegnung mit Schmerz und Unsicherheit und kompensiert dies damit, dass er Jypsy angreift, als trüge sie die Schuld am Erinnerungsschmerz.

Sein differenziertes Verhalten je nach Menschen, die wir antreffen, zeigt auch das folgende Beispiel. Eine Frau kommt uns entgegen, ruhig spazierend, freundlich und begrüßt uns, steht still, und meint: „Was für schöne Hunde!" Fosty, in solchen Momenten verunsichert, streckte ihr seinen Kopf entgegen. Wie sie „zu zögerlich" streicheln „wollte", schnappte er in den Ärmelsaum ihrer Jacke. Sofort sagte ich „Nein!", doch die Dame blieb ruhig. Aber ich war hellwach, denn dies zeigte seine Unsicherheit, die ihn bewog, so zu handeln. Sein Verhalten hängt stark von der Selbstsicherheit oder vom zögerlichen Verhalten des Gegenübers ab. So können trotz aller Vorsicht Unfälle entstehen und die Schuld liegt nicht immer nur beim Tier, sondern entsteht ebenso durch das Fehlverhalten der Menschen. So bin ich, solange Faust dieses Verhalten anzeigt, wohl bemüht, ihn so wenig wie möglich von den Menschen zurückzuhalten, um sein Vertrauen zu diesen zu fördern. Bei Hundehaltern ist dies kein Problem, doch bei ängstlichen Menschen ist es für mich eine Pflicht, vorsichtig zu bleiben.

Ein kleiner Kurs über drei Tage bei Oliver Neubrand auf dem Heiligenberg nutzte ich, um mit meinem Fosty besser üben zu können. Für Jypsy war Schutzdienst angesagt. Schon bei der zweiten Fährte hatte ich Fosty überfordert, aber trotz allem kamen wir am Ende ans Ziel dank dem Können von „Fährtenleser Oliver". Auch wenn Fosty nicht mehr weiter wusste, so wurde er weder hektisch noch unsicher, sondern begann durch ein ruhiges Stöbern die richtige Fährte zu suchen. Dank dem „scharfsichtigen" Hinweis von Oliver, welcher den Fährtenverlauf aus einer anderen Perspektive besser sah, konnte ich ihn dort korrekt wieder ansetzen, um diese bis zum Ende zu verfolgen, wo Faust seine Belohnung fand. Das Fußlaufen zeigte er nach zwei Tagen ordentlich. Selbst den Sprung meisterte er und auch die Kletter-Wand war kein Problem. Das „Hier", wenn ihn Oliver festhielt, machte er mit viel Herz, und ich erkannte schon eine gute Portion Vertrauen in seinem Verhalten. Er muss so viele Dinge kennen und richtig einschätzen lernen, um mehr Selbstsicherheit zu erlangen, aber ich glaube an ihn. Seine sensible Unterscheidung zwischen Beute und meinen Händen ist beachtenswert und sein Blick bereits wieder ein ganz kleines bisschen offener und stabiler.

Ist er frei im Gelände, so bewegt er sich stolz, ist schön anzusehen, ausdrucksstark, explosiv, und ihn so betrachtend, fühlt man sich privilegiert, einen solchen Hund um sich zu haben. Seine Konflikte zu den Menschen werden wir auch eines Tages hinter uns lassen. Gute Ansätze zeigt er ja immer wieder, und dies erfüllt mich mit Zuversicht. Wir wollten nach der Fährtenarbeit gleich zum UO - Platz fahren, doch ließ ich meine zwei Temperamentsbündel nochmals kurz frei, obwohl etwa fünfzig Meter entfernt sich ein Wanderer über die Wiese begab. Wie ich sah, dass Fosty ihn ins Visier nahm, rief ich ihn mit einem Ball lockend. Er kam. Unten, am Fuße des Abhangs fuhren die Autos weg, auf die er auch gerne Jagd machte, ich rief ihn, und er kam zurück. Das sind Momente des Glücks und geben mir Hoffnung, dass dies nicht nur heute gelingt, denn nicht immer klappt es, aber immer öfter.

Ich vertraue ihm langsam mehr und lasse ihn auch mal von der Leine. Dann passieren Dinge, die mich oft überraschen. Einmal startete selben Orts, wo wir übten, ein Jogger gegen den Wald. Wir kannten ihn, und wie ich den Ball warf, spurtete Fosty nach dem Ball, nahm ihn auf, sah den Jogger laufen und nun rannte er diesem nach. Ich rief aus Leibeskräften „kehrt!", doch er sah nur noch den Sportler. Ich wollte rufen, der Jogger möge stehen bleiben, aber ein Flugzeug respektive dessen Motorlärm übertönte meine Stimme. Fosty rannte hinterher, überholte diesen, und drehte vor ihm wieder ab und kam zurück. Er belästigte den Jogger in keiner Weise, aber dieser ignorierte ihn genauso. An der Leine möchte er stets der Vorderste sein. Ähnliches geschah bei unserer Heimkehr. Wir gingen zum Lift, meine Hunde frei neben mir, und wie der Lift unten ankam, wollte Fosty als Erster hinein. Eine Dame mit zwei Kindern von drei und sechs Jahren wollten heraustreten und erschraken, als sich Fosty direkt zwischen die Kinder in den kleinen Lift drängte. Ich rief „kehrt!", alles erschrak leicht, Fosty zeigte null Aggression, sondern kam sogleich aus dem Lift zurück, ohne eine negative Reaktion zu zeigen. Im Gegenteil, er war selbst zu den Kindern freundlich, und so atmete ich erleichtert auf. Dies sind Augenblicke, die zeigen, dass sein Vertrauen zu Menschen vor allem Kinder nicht schlecht sein kann. Wie rasch erkennt ein Hund die Unsicherheiten seines Führers und reagiert entsprechend. Kommandos gelassen aber bestimmt aussprechen und gleichzeitig fair zum Tier zu sein, ist enorm wichtig. Zu Beginn wäre dies ein zu hohes Risiko aber heute, nach über fünf Monaten, kann man ihm bereits mit recht beschränktes Vertrauen entgegenbringen.

So verfolgte er auch schon einen Radfahrer, weil er auf dem Übungsplatz nicht angeleint war. Dieser fuhr unbeirrt weiter und meinte verschmitzt, nachdem er einige Zeit später zurückkam, dass dieser Hund sehr schnell laufen kann. Er habe ihn während der Fahrt auf gleicher Höhe hin und wieder verbellt, doch der Fahrer zeigte keine Angst und kehrte zu uns zurück. Er hielt an, und ich entschuldigte mich zuallererst, dann erklärte ich die Situation dieses Hundes und er möge ihn nun ruhig streicheln, denn er sei im Grunde sehr lieb und nicht aggressiv. Er interessierte sich für diese Rasse, und ich erklärte ihm kurz die Vorgeschichte. So verabschiedete er sich wieder und mir fiel trotz allem ein kleiner Stein vom Herzen.

Fosty experimentiert bereits mit ähnlichen Verhaltensmustern wie Jypsy. Fällt mir einmal etwas aus der Hand, schnappt er sich dies, übergibt es blitzschnell an Jypsy und Jypsy ihrerseits fordert von mir die Belohnung, die immer beide bekommen. Da über Beutetausch im Sport viel erreicht wird, akzeptiere ich dieses Gebaren und amüsiere mich darüber, dass er dieses Spiel auf diese Weise interpretiert und umsetzt. Dies weckt in mir eine enorme Bewunderung, und ich erlebe täglich Neues. Der gegenseitige Vertrauenszuwachs beglückt mich, und ich erkenne immer mehr sein wahres Wesen. Ja, Fosty ist ein feiner Kerl, doch es wird noch dauern, bis er in allen Bereichen, vor allem draußen, seine wirkliche Alltagstauglichkeit zeigt. So lässt sich erahnen, mit wie viel Feingefühl aus einem verkorksten Hund ein normaler geformt wird. Dies braucht Geduld, Ausdauer und viel innere Ruhe des Hundeführers. Fosty ist überaus sensibel und gerade deshalb vielleicht so schwierig. Seine Vergangenheit wird er noch lange nicht los. Bei positiver Prägung hätte er sich gut entwickelt, doch mit negativer zerstört man die besten Veranlagungen. Deshalb ist die Sorgfalt bei der Erziehung so ungemein wichtig für ein harmonisches Miteinander.

Ich bin zu meinen Hunden großzügig, aber trotz allem, wenn ich „Leckerli" verteile, dann verlange ich zwischendurch mal ein anständiges „Sitz" oder ruhiges Halten des Apportierholzes. Hundesport fängt klein an, aber es wird oft in Zeitnot oder für den schnellen Erfolg gearbeitet. Im Hundesport muss ja alles gleich vollkommen sein, aber ob dies der gescheiteste Weg ist, bleibe dahin gestellt. Hunde können fast alles, nur wir Menschen müssen lernen, aus deren Verhaltensansätzen die Übungen abzuleiten, und so kapieren sie verschiedenste Aufgaben mit einer natürlichen Leichtigkeit. Jeder hat für das gesamte Ausbildungsspektrum eine eigene Vorstellung, und so muss er auch wissen, was er und wie tun will. Dies soll dann weiterentwickelt werden, denn jeder Hund lernt auf seine ihm eigene Art und Weise. Das Schöne an einer Hundeausbildung ist, sie bildet auch den Menschen. Man lernt sich zurückzunehmen, impulsives Verhalten zu zügeln und alles entwickelt sich ebenso zu einer persönlichen Lebensschulung.

Nach weiteren Monaten haben wir nun die Bachblütentherapie aufgehört, den Calminizer zurückgebracht und nun versuche ich noch etwas über die Ernährung zu verändern. Seine Verdauung gefällt mir noch nicht ganz, und ich versuche nun mit Nassfutter ein besseres Resultat zu erzielen. Sein Fell ist schon weitaus schöner geworden, aber alle Ziele haben wir auch in diesem Sektor noch nicht erreicht. So entstehen immer wieder Veränderungen, und ich bin gespannt, wie meine Jypsy darauf reagieren wird, wenn er anderes Futter als sie erhält. Aber nach wie vor vertragen sich beide optimal.

Seit Anbeginn stelle ich fest, dass Jypsy dem Fosty sehr oft das Maul leckt. Dies stammt ursprünglich vom Futterbettelverhalten der Welpen und kann nur bedingt auf ausgewachsene Hunde übertragen werden. Ebenso wenig handelt es sich um ein Unterwürfigkeitsgehabe seitens meiner sechsjährigen Hündin, denn dies entspricht nicht ihrer Persönlichkeit. Nun habe ich im Buch von Günther Bloch „Die Pizza-Hunde" (Faszinierende Freilandstudien an verwilderten Haushunden, Verhaltensvergleich mit Wölfen und weiteren Tipps für Hundehalter, ab Seite 29) gelesen, dass „Schnauzen-Zärtlichkeiten", deren Erscheinungsbild variabel erscheint, eine völlig geschlechtsunabhängige soziale Verbundenheit ausdrücken und die Basis für Vertrauen sind. So erscheint es mir immer deutlicher, dass sich Jypsy und Fosty miteinander exzellent verstehen und auch vertragen.

Ein Zweithund orientiert sich normalerweise mehr am Älteren, angepassten und erfahrenen Hund als am neuen Hundeführer. Trotzdem lässt Fosty, wenn ich mit meiner Jypsy laut und energisch rede, sich beeindrucken, was sich durch „Ohren runter" bis zu einem erschreckten „Platzliegen" äußert, und dies noch nach weit mehr als einem halben Jahr. In der Zusammenarbeit vertraut er mir, auch wenn ich hin und wieder energischer rufe. Dies geschieht zum Beispiel im Wald, wenn ein Traktor daher braust. So lag er zu Beginn, wenn ich laut „hier" rief, einfach da, anstatt zu mir zu kommen. Aber nun hat er diesen Druck von mir akzeptiert und kommt sofort; wahrscheinlich deshalb, weil ja nachfolgend keine Strafe erfolgte.

An den Weihnachtstagen streiften wir durch den Wald. Meine Hunde voraus an der Flex-Leine. Hin und wieder rief ich „langsam", wenn sie sich allzu stark ins Zeug legten. Wie aufmerksam sie den Wald nach Gerüchen absuchten, mit den Ohren jedes Geräusch wahrnehmend und mir damit Wild anzeigten, das in den letzten Tagen sich öfter zeigte, als wüsste es, dass die Jagdzeit beinahe vorüber war. Ich sinnierte, wie ich meinem Fosty näher kommen könnte, was ihn noch vertrauter machen würde und plötzlich kam mir der Gedanke, ihn mit seinem richtigen Namen zu rufen. Faust tönt in der Schweiz einfach etwas „komisch", streckt man doch eine Faust aus Zorn in den Himmel, macht eine „Faust im Sack" oder schlägt eine „Faust auf den Tisch". Es widerstrebte mir, dieses Wort zu sagen, das sich in meinem Gehirn mehr als Ausdruck des Zornes oder der Macht anfühlt, als ein Wort der Liebe zu einem so sensiblen Wesen wie meinem „Faust", und „Fausto" (Rufname des Erstbesitzers) wollte ich nicht benutzen. Ich überwand mich und rief: „Faust hier!" Er war gleich bei mir, sprang an mir hoch samt seinen schmutzigen Pfoten, aber das störte mich nicht. Ich gewahrte, dass er mich anders anguckte, seine Ohren oben, seine Pfoten grapschten an meiner Jacke und versauten diese, aber ich nahm ihn in die Arme und war ganz erstaunt, wie er diesen veränderten Ruf wahrnahm. Ich machte diesen Versuch noch einige weitere Male, dann auch zu Hause, wo er mir sogar ins Gesicht kratzte, wie er an mir hochsprang, um mich an der Wange kurz zu lecken, ja wirklich, es war keine Einbildung meinerseits. Dies bewirkte etwas in seinem Seelengedächtnis, eine neue Erinnerung erwachte. Aus diesem Grunde finde ich es auch höchst interessant, mit dem Züchter in den nächsten Monaten zusammenzutreffen, denn dies könnte für meinen Faust, den ich nun definitiv ab heute nur noch **„Faust" oder „Fausty"** rufe, eine weitere Türe der Vertrautheit öffnen. Es wird interessant sein, seine Reaktionen zu beobachten, wenn er Jens Ottlinger, Züchter von Faust, erkennt, die damalige Umgebungsluft wittert und den Geruch seiner

Kindheit wahrnimmt. Faust mangelt es immer noch an Konzentrations-fähigkeit, und dies behindert das Folgen einer Fährte. Obwohl er alle Gerüche im Wald wahrnimmt, manchmal scheinbar noch aufmerksa-mer als Jypsy, liegt der große Unterschied beider Hunde darin, dass Jypsy das Wild eher über dessen hinterlassene Spur verfolgt, wogegen Faust bereits in höchste Erregung gerät, wenn er diese nur wittert.

Die Begegnungen auf den Waldwegen mit anderen Menschen und Hunden sollte er noch gelassener hinnehmen. Hier bezahlt er für Kor-rekturen und Frustrationserlebnisse einen zu hohen Preis, aber zu Hause benimmt er sich bereits so, als wäre er bei uns aufgewachsen. Auch gegenüber den Mitbewohnern in unserer Überbauung ist er zu-traulich und freundlich und hat bereits viel an Sicherheit dazugewon-nen, sodass er sich praktisch wie Jypsy verhält und ich ohne Leine über den Lift und Korridor zur Sammelgarage gehen kann, ohne dass er einen meiner Nachbarn belästigt oder sich unsicher zeigt. Das Einzige, was ihn zu Hause von Jypsy unterscheidet, ist sein Verhalten, bevor wir uns zum Spaziergang bereit machen. Jypsy liegt einfach da und wartet, wohingegen er nervös herumtrippelt. Ich versuche, ihn daran zu gewöhnen, sich ebenso hinzulegen, aber er lebt hiermit seine Vor-freude oder Erwartung aus. Das sind noch einige der wenigen Merk-male, die mir zeigen, dass selbst diesbezüglich noch Arbeit ansteht, aber ich wollte ja diese Herausforderung annehmen, und nun muss ich mich in Geduld üben. Sein generelles Verhalten tagsüber entschädigt uns für vieles, und ich bereue es nicht, mit ihm dieses Experiment ge-wagt zu haben, obwohl mit einem Welpen vieles einfacher wäre. Gehe ich mal alleine weg, so liegt er zumeist neben meinem Bett und wartet dort, anstatt mit Jypsy zu spielen. Komme ich zurück, so steht Jypsy bereits an der Türe, und ihn höre ich noch aus dem Schlafraum heran-brausen. Dass er hin und wieder den Überzug meines Deckbettes an einem herunterhängenden Zipfel anknautscht, kann ich nicht korrigie-ren, denn ich bin dann ja nicht da, und so wüsste er nicht einmal, wes-halb ich ihn schelte. Doch selbst hier zeigt er ein Verhalten, das auf frühere Erlebnisse schließen lässt, denn sage ich zum Beispiel: „Was ist denn das?", und zeige ihm den Schaden, so weicht er ängstlich zurück. Was diese arme Seele durchmachen musste, bis er bei uns Schutz fand, ist eine unglaubliche Geschichte. Es ist wie bei den Menschen. Wenn man deren Vergangenheit nicht kennt, kann auch der Seelenzustand nicht nachgefühlt werden. Faust zeigt uns dafür aber seine Zuneigung und sein gewonnenes Vertrauen, was ihn uns gegenüber bereits sicher und berechenbar macht. Fühlt er sich in irgendeiner Situation verunsichert, so legt er sich oft immer noch einfach hin und schaut zu mir auf. So haben wir in keiner Situation Probleme, aber ich wünschte mir, er würde selbstsicherer und auch frecher in seinen gesamten Reaktionen.

Oftmals traut er noch niemandem. Wenn ich ihn mit der Beißwurst bestätige, kann er problemlos von mir weglaufen und einem Jogger nachrennen. So braucht es dann einfach seine Zeit, bis er zurückkommt. Wir haben diese Situation studiert, und ich bin der Meinung, dass ich im Augenblick noch nicht einschreite und gelassen warte, bis er zurückfindet. Selbst einer meiner Kollegen kann ihn rufen, doch er geht nie zu ihnen, sondern kommt am Ende immer nur zu mir. So setze ich das Spiel fort und gedulde mich in der Hoffnung, er entwickle irgendwann eine andere Strategie. Wir haben auch versucht, dieses Ausbüxen mit einer Schleppleine zu verhindern. Das geht, aber ich denke, es liegt an mir, sein Vertrauen so zu bestärken, dass er zuverlässiger wird. So bin ich stets enttäuscht, wenn das „Hier" noch nicht zu 100% klappt, aber meine Zuversicht gebe ich nicht auf.

Silvester offenbarte mir sein möglicherweise erworbenes Verhalten betreffs der „Schussangst". Von Weitem war das Abbrennen von Feuerwerkskörpern, wenn auch nur schwach zu hören, und schon wurde er hektisch, kaum ansprechbar, und es ist wie bei anderen Situationen, in denen Faust in gewisser Weise nicht mehr klar denkt und in Automatismen verfällt. Er begann im Kreis zu gehen, schaute nicht mehr hin, hörte nicht mehr zu und befand sich in seiner traumatischen Welt. Zu Hause angekommen schloss ich alle Fenster, ließ bei der großen Terrasse zum Seebecken die Fensterläden runter, stellte den Fernseher ein und harrte der Dinge. Nun war das Feuerwerk nur noch sehr schwach zu hören, und trotzdem trippelte er nervös herum, konnte sich kaum entspannen, bis wir uns ins Schlafzimmer zurückzogen. Für den Augenblick war es dann relativ still, das Radio ließ ich aber an. Die Hunde ruhig, doch Faust atmete sehr oberflächlich und in einem Rhythmus, der um einiges höher war als der von Jypsy. Alles war ganz so wie zu Beginn, als er frisch zu uns kam. Um halb zwölf war es aber endgültig um die Ruhe geschehen. Faust hielt es nicht mehr auf seinem Bett aus und trippelte nur noch nervös umher. Jypsy lag im Stuhl vor dem Fernseher und genoss ihre Ruhe in der Stube. Ich stand auf, erhöhte die Lautstärke des Radios und sah mir die lautlosen Feuerwerke der Länder an, die bereits Neujahr feierten. Rief ich Faust zu mir, nahm er meine Stimme kaum wahr. Hin und wieder stand er neben mir, um dann aber gleich wieder in großer Nervosität zu kreisen. Seine Atmung gestresst und hechelnd, drehte er seine Runden. Um ein Uhr wurde es langsam still, und wir begaben uns zur Ruhe. Während solcher Ereignisse hat man genügend Zeit, über vieles nachzudenken. Was zum Beispiel die Ursache für sein Verhalten sein könnte. Ich habe später abgeklärt, ob im Wurf oder bei anderen Geschwistern ebenfalls diese „Schussangst" besteht, aber dies wurde mir glaubwürdig verneint. Also hat sich auch hier nach seiner Übernahme etwas eingeschlichen, was für dieses Tier sein Leben lang traumatisch bleiben sollte. Man darf sich allen Ernstes fragen, was würden solche Menschen für Kinder prägen, wenn diese nicht einmal einen Hund ins Leben zu begleiten in der Lage sind?

Nun, der Neujahrsspaziergang war umso herrlicher! Absolute Ruhe, kein Wild zu sehen, Totenstille im Wald bis auf die schweren Tropfen, die sich durch den Nebel gebildet hatten und nun von den Bäumen fielen. Dichte Schwaden hüllten alles ein. Meine Hunde verhielten sich wie eh und je, waren an allem interessiert, und sie hätten fürs Leben gerne gewildert. Selbst die Natur mit ihren Gesetzen ist bei uns reguliert wie das Halten von Hunden. Aber dass die Menschen lernen müssten, wie man mit einem Welpen umgeht, dazu sind wir nicht in der Lage, und so verfolgt die Politik nur das schlechte Verhalten der Hunde, anstatt die Menschen mehr in die Verantwortung einzubinden. Ich denke, dass wie bei Kindern, bei denen neuerdings auch die Eltern zur Verantwortung gezogen werden, dies bei Tieren der erste Halter sein müsste! Schön wär's! Wohl reines Wunschdenken. Mögen alle

Hunde die im 2010 das Licht der Welt erblicken zu kompetenten Hundeführern kommen. Hunde aller Rassen wären in Kürze nicht mehr unterteilt in Sport-, Kampf- oder Familienhunde, sondern sie würden zu dem werden, zu was sie veranlagt sind, nämlich zum FREUND UND PARTNER DES MENSCHEN!

Ich habe mit dem Züchter von Faust, Jens Ottlinger, Kontakt aufgenommen, und im März fahre ich hin. So hoffe ich, meinen Faust einerseits selbst bis dahin weiter voranzubringen, andererseits hoffe ich, dort zusätzlich die eine oder andere Türe zu seiner Seele aufschließen zu können. Wichtig ist für mich seine innere Unruhe in den Griff zu bekommen, damit er sich besser konzentrieren lernt und damit seine Lernfähigkeit steigert. Wie kann man einen Hund bestrafen, der durch unberechenbares Verhalten seiner Umgebung gar nicht mehr kapiert, was von ihm verlangt wird. Seine einzige momentane Waffe ist, sobald er nicht mehr versteht, was gewünscht ist, mit Hektik und Unterwerfung zu reagieren. Es wäre wünschenswerter, er würde sich auflehnen, kämpfen, aber dies hat man ihm möglicherweise schon sehr früh abgewöhnt. Das scheint mir auch einer der Gründe seiner Traumatisierung zu sein. Also leben wir weiter nach dem Motto: „Die Hoffnung stirbt zuletzt!", und so wünsche ich mir, sollte der gesamte Aufbau mit ihm sich auch über Jahre hinziehen, dass ich ihm beistehen kann, damit auch er erlebt, wie sich Sicherheit und Zuneigung anfühlen.

Für mich ist es faszinierend, wie Hunde oft begangene Waldwege betrachten. Jedes Mal, wenn etwas neu ist, verharren sie und betrachten die Situation ganz genau und lang anhaltend. Gerade Faust hat so eine Art, die Umgebung zu analysieren, dass ich staune, welch feinste Nuancen er erkennt. So können es auch nur neue Fahrspuren sein, die sich von der gestrigen Winterlandschaft unterscheiden, oder ein vom Jäger aufgestellter Hochsitz, der für uns unscheinbar bleibt, aber für meine Hunde höchst spannende neue Eindrücke ergibt. Es ist einfach herrlich, durch die Natur zu streifen und zu erfahren, was Hunde alles in ihrem Gedächtnis zu speichern in der Lage sind. Selbst, wie sie Wild erkennen. Ich selbst habe mich oft ertappt, dass ich viel länger brauche, um Wild zu sehen als meine Hunde, die dieses immer schnell und genau orten können. Ihr Peilinstinkt über ihre Ohren ist mit Sicherheit um ein vielfaches präziser als das Gehör und die Augen des Menschen.

Schutzdienst liebt Faust über alles, aber im Grunde hilft es nur dabei, den Menschen als Beuteobjekt „uninteressant" zu machen. Fährten in Schnee und Kälte bringt auch nicht viel, und so bleibt mir nur die Gewöhnung an Alltagssituationen. Hier zeigt er noch immer seine Unsicherheiten, und ich überlege mir oft, wie ich dieser beikommen könnte. Druck ist das letzte Mittel meiner Wahl, und so bleibt mir im Augenblick nur meine Zuneigung, um ihm zu zeigen, wie viel Vertrauen ich ihm entgegenbringe. Ich denke, er hat schon eine gute Bindung zu mir, doch mein Handicap ist einfach, dass ich ihn nicht alleine habe und mit ihm alleine spazieren kann. Er würde mir, wären wir nur zu zweit, möglicherweise viel näher kommen, aber meine Jypsy ist auch nicht dumm und schaut sehr genau, was ich tue, wie ich mit ihm umgehe und sogar, wie intensiv ich ihn streichle. So lebe ich im Augenblick wie ein Mann mit zwei Frauen. Ein Spaziergänger, den wir hin und wieder mal treffen, gibt meinen Hunden in letzter Zeit kleine Häppchen. Dies freut mich, denn so kann ich meinen Faust mit Jypsy an loser, langer Leine auf diesen freundlichen Menschen zulaufen lassen. Faust benimmt sich echt brav, und nach dem Kommando „Sitz" wartet er wie auch Jypsy auf seine Belohnung. Dies ist für mich immer ein freudiger Augenblick, denn hierin erkenne ich bereits das kontinuierliche Wachsen seines Vertrauens zu fremden Menschen.

Interessant ist, dass Jypsy ihre Aufgaben in der Unterordnung besser denn je löst. Irgendwie spürt sie die Konkurrenz und ist bestrebt, im Schutzdienst und in der Unterordnung immer auf gutem Niveau zu arbeiten. So darf ich mich mit einem ganz tollen Gefühl meinen beiden Lieblingen zuwenden, und es scheint, als mache ich doch einiges richtig. Eifersucht ist schlecht für die Harmonie unserer Gemeinschaft, und deshalb verlangt dies viel Fingerspitzengefühl. Wie hervorragend sich beide miteinander vertragen, können nur all diejenigen ermessen, die meine Jypsy früher kannten und noch wissen, wie dominant und grantig sie fremden Rüden gegenüber sein konnte. Faust darf schlichtweg alles. Er ist absolut kein Raufer, sondern sehr sozial zu anderen Hunden. Aber als genialen Jäger kann ich ihn in den vielen Waldregionen hier nie freilassen, außer auf einer eingezäunten Wiese oder auf einer großen, übersichtlichen Ebene. Trotzdem kann ich mit nur einem Hund auf einer einem Wald angrenzenden Wiese Bälle werfen und dies ohne Leine. Aber mit dem Wald im Rücken ist dies einfacher und somit ist der Hund immer in meinem Blickfeld.

Köstlich finde ich im Augenblick, dass Fausty wie durch eine innere Uhr getrieben – vielleicht sogar von Jypsy geschickt? – zur Fressenszeit zu mir kommt und mich beim Schreiben stört, indem er auf sich aufmerksam macht. Nutzt dies alles nichts, kommt ihm auch Jypsy zu Hilfe. Sie umrunden mich, und ich weiß nun genau, es ist nur, weil sie Hunger verspüren. Aber wenn ich noch etwas zu Ende schreibe oder eine Arbeit vollenden möchte, müssen sie wohl oder übel warten. Beide legen sich dann hin, und nach vielleicht zwanzig Minuten wiederholen sie die Aufforderung. Dann geht es erneut los mit der Drängelei. Hunde kennen in der normalen Umgebung ihren Rhythmus genau, aber wenn wir auswärts sind, passen sie sich problemlos den Gegebenheiten an und warten auf das Fressen auch mal bis nach Mitternacht. Aber hier zu Hause, sobald ich mich erhebe, springen sie vor mir her und lenken die „Störung", indem sie zu ihren Fressnäpfen stürmen. Diese klare Aufforderung und Erwartung spiegelt sich selbst in ihren Augen, sodass man blind und taub sein müsste, um dieses Manöver nicht zu verstehen. Ich liebe dieses Forderungsverhalten, denn mir kommt es vor, als lernen wir hiermit mit unseren Tieren zu sprechen. Jypsy kennt bereits viele Nuancen ähnlicher Ausdrucksformen und stellt sich dann einfach vor mich hin, fixiert mich mit ihren Augen, bis ich durch meine Sinne verstehe, was sie mir mitteilen will, oder ich stehe bei Forderungen auf, sie geht mir voraus, um mir zu zeigen, was sie will. Faust macht dies noch deutlich plumper, indem er, will er zum Beispiel gestreichelt werden, mir seinen Kopf einfach unter den Unterarm drückt und damit meine Hand erhebt und er hört nicht auf, bis ich ihn streichle. So entwickelt jeder Hund mit der Zeit eine ganze Reihe eigener Formen der Kommunikation, um seine Bedürfnisse anzumelden. Man soll auch in dieser Beziehung seinen Hund ernst nehmen, denn er kann uns viel mehr vermitteln, als wir glauben. Aber man darf auch mal „Nein" sagen, ohne dass der Hund dadurch etwas von seinen Fähigkeiten verlieren würde. Aber eins ist mir hier wichtig zu betonen, je besser die Bindung, so intensiver entwickelt sich auch diese Zwiesprache zwischen Halter und Hund, und umso erlebnisreicher entfaltet sich das gemeinsame Zusammenleben.

Heute konnte Faust das erste Mal am Morgen, kurz vor dem Spazierengehen, vor der Türe **in der Platzstellung liegen bleiben**. Ich musste während dieser Zeit die Schuhe schnüren, mich anziehen, nochmals meine Haare kämmen, Brille putzen, Radio abstellen und dies alles in anderen Räumen. Zuvor tigerte er immer unruhig herum, konnte sich nicht still verhalten, war nervös und mit keinem Kommando am Ort zu halten. Ich traute meinen Augen kaum, aber er schaute mich mit seinen großen, schönen Augen an, wie um zu fragen: „Mache ich es recht?" Bevor ich dieses Verhalten auflöste, ging ich nochmals in die Küche und holte eine schmackhafte Belohnung. Eine für Jypsy und eine für Faust. Dann stellte ich mich neben Faust, sagte „Sitz", er saß auf, um normalerweise sofort zur Tür zu gehen. Nein, er blieb bei Fuß und ich streichelte und lobte ihn sehr. Das sind Glücksmomente, die kann nur ermessen, wer sein nervenaufreibendes Verhalten zuvor gekannt hat.

Seit über drei Monaten hänge ich, bevor wir unseren Spaziergang beenden, immer noch eine kleine Zusatzschleife an, indem ich nochmals ein Stück des Weges gehe. Nach etwa hundert Metern sage ich „kehren", und wie begeben uns sodann endgültig zum Auto. Diese kurze Strecke nutzt Faust sehr oft, um sich nochmals oder überhaupt zu versäubern, denn er hat gelernt, dass wir danach nach Hause fahren. So ist jeder Hund relativ einfach konditionierbar, denn es kann auch mal sein, dass ich wenig Zeit habe, und wie sage ich dies meinem Hund? So lernt er, nach dem „kehren" gehen wir zum Auto, und er sucht sich so rasch wie möglich ein ideales Plätzchen, um sich zu versäubern. Auch für Jypsy ist dies seit Jahren eine wirkungsvolle Methode, und ich brauche mich nie zu ärgern, weil mir die Zeit davonläuft, denn meine Hunde kennen mein Verhalten, das ich ihnen ohne Druck oder Missmut auf diese Weise beibringen konnte. Ich las über Hunde, bei denen man nur soweit ging, bis sie sich versäubert hatten, um sogleich nach Hause zurückzukehren. Mit der Zeit haben diese gelernt, ihre Notdurft nur noch zu Hause zu befriedigen, und versäuberten sich auf den Spaziergängen nicht mehr. Hunde zu kennen behaupten viele, aber wir sind noch weit davon entfernt, alles über sie zu wissen. Hier darf noch lange erprobt und erforscht werden, und es werden noch viele neue Erkenntnisse auftauchen, die uns aus dem Staunen nicht mehr herausbringen.

Faust hat nun einen weiteren Schritt getan. Wenn ich, wie vorher beschrieben, meine Hunde allein ließ, legte er sich neben mein Bett und zerknautschte die Hülle meiner Daunendecke. Ob er sich damit Trost verschaffte, weiß ich nicht. Dieses Verhalten zeigte er in dieser Phase schon über einige Wochen. Leider konnte ich nie reagieren, denn ich war ja nie vor Ort. Nach einem „Opfer" von drei Hüllen, einem Bettlaken und auch dem Überzug vom Liegeplatz meiner Hunde konnte ich dies endlich bereinigen. Wie ich nach Hause kam und sah, dass er das Leintuch meines Bettes frisch bearbeitet hatte, zog ich dies gleich ab und warf das durchlöcherte Bettlaken in sein Tagesbett, um ihm die Möglichkeit zu geben, nochmals daran zu lutschen (nuckeln). So wartete ich, bis er es anfasste, was ich mit einem lauten „NEIN!" quittierte. Sogleich ließ er davon ab, und seit diesem Zeitpunkt habe ich Ruhe vor dieser „Ersatzhandlung". Es kommt mir vor, als reagiere er wie ein Kleinkind, das in der Entwicklungszeit oftmals nicht ohne ein Nuschi (Windelstück/Nuckeltuch) sein kann. Die einen Kinder brauchen dies, andere irgendwas anderes, wie z. B. ein Stofftier oder Lutscher, und wer diese Entwicklungsstufe nicht durchlebt, wird wie Faust möglicherweise diese Handlung auf seine Weise nachholen. Selbst Jypsy hatte immer das Tüchlein aus ihrer Wurfkiste bei sich, und es dauerte sehr lange, bis sie sich davon trennte. Der Unterschied lag nur darin, dass sie das Tuch in der Anfangszeit weder zerriss noch zerknautschte. Sie schleppte es einfach mit sich herum, als wär's ein Stück schöner Erinnerung.

Köstlich finde ich das beinahe „menschliche" Abwägen gewisser Situationen gegenüber Jypsy. Legt die Hündin sich neben mich, zieht sich

Faust zwei bis drei Meter zurück. Aber dies ist nur zu Hause so. Draußen im Freien will er führen. Er will auch stets schneller sein als Jypsy, aber sie verträgt dies nicht und wird putz sauer, sobald er sie in einem Wettlauf einholt. Aber einen ernsthaften Streit gab es noch nie, und selbst in kritischen Phasen ist er zu Jypsy fair und gibt schnell nach. Ich erkenne oft, dass Jypsy eigentlich die ganze Situation mit ihren Augen beherrscht. Sie kontrolliert förmlich, ob ich zu beiden korrekt bin und irgendwie merkt dies Faust. So denke ich, dass Hunde auch ein Vorbild für uns Menschen sind. Ihre Sensibilität ist meines Erachtens höher einzustufen, als das viele Menschen wahrhaben wollen. So ist unser Zusammenleben auch für mich eine Bereicherung, ja geradezu ein Erlebnis, das ich nicht missen möchte. Fasst er im Spiel mal nach meiner Hand und ich sage „Au!", so knurrt Jypsy sogleich. Faust geht zu ihr, leckt sie an den Lefzen, um ihr kundzutun, dass er mich nicht verletzen wollte. Aber auch umgekehrt passiert dies genauso. Liegt er auf dem Sofa neben mir, und sie stolziert mit hoher Rute vorbei, so erhebt er sich, verlässt seinen Platz, als wolle er ihr sagen, dass sie ja auch neben mir liegen könne, wenn sie nur wolle. So überlässt er ihr den Platz und legt sich ein paar Meter weiter weg, entweder ins Tagesbett oder auf den Boden, aber sie hat den dargebotenen Platz bisher noch nie angenommen. Genauso läuft es ab, wenn ich im Fernsehstuhl sitze. Er kommt zu mir, steigt über meine Knie, legt sein Kopf zu mir. Sobald ich ihn streichle, scheint Jypsy leicht eifersüchtig zu sein, gibt ein komisches Bellen von sich, und schon begibt er sich zu ihr, um sie zu beschwichtigen. So bestimmt hier die Hündin, welche Freiheiten er sich herausnehmen darf, das heißt, was sie tolerieren will und was nicht. All dieses auf Gegenseitigkeit abgestimmte Verhalten, das von einer unglaublichen Feinfühligkeit der Hunde herrührt, ist schlicht überwältigend. Auch die Dominanz der Hündin wird nur durch Blicke durchgesetzt.

Diese kleine, oben beschriebene Eifersucht kann sich dann weiter fortsetzen, sobald sie ihren Platz verlässt und ihn mitzieht, zum Beispiel zum Tagesbett. Dort zeigt sie urplötzlich ihre Dominanz, die er mit „links" natürlich wegsteckt, aber so erklärt sie ihm, dass er sich mehr an sie halten soll. Er kam auch nicht mehr auf das Sofa, als sie ihm kundgab, dass sie dies nicht wünsche. So scheint es mir, dass menschliches Verhalten gar nicht so weit vom Verhalten der Hunde abweicht und mit etwas Fantasie, mit einem herzlichen verschmitzten Lachen und Wohlwollen durchaus zu verstehen ist. So wird jeder Tag zum Erlebnis, man muss sich nur öffnen, sich den Tieren zuwenden, beobachten und mit offenen Augen genießen. Tiere werden mit der Zeit zum Spiegel ihrer Besitzer, genauso wie Kinder im Grunde den Seelenzustand unserer Gesellschaft und derer Erziehungsformen widerspiegeln.

Ein interessantes Erlebnis widerfuhr uns vor ein paar Wochen. Nachdem ich glaubte, dass er nun über das zerstörerische Verhalten im Schlafbereich hinweg sei, kehrte er zu diesem Verhalten zurück. Der mögliche Grundauslöser bestand darin, dass Jypsy auf dem allabendlichen Spaziergang plötzlich wildern wollte. Es war bereits dunkel, und im Wald, wo Nadelbäume und Büsche dicht an dicht stehen, sah man nur noch wenig. Ich ließ die Leine aus lauter Schreck los, um nicht zu verunfallen. Zwei Rehe überquerten unseren Weg, und Jypsy sprintete los. Zum Glück für das Wild wurde sie nach etwa hundert Metern gestoppt, denn der Griff der Leine verfing sich im Gestrüpp. Fluchend wie ein Berserker musste ich nun durch das Dickicht. In einer Hand die Taschenlampe, in der anderen hielt ich Faust. So suchten wir unsere Ausreißerin. Jypsy gab aus der erlernten Gewohnheit im „Platz" lautlos liegen zu bleiben oder vielleicht auch zusätzlich aus Respekt vor einem „Donnerwetter" keinen Laut von sich. Zudem hatte ich „Platz" geschrien und einige Male ihren Namen gerufen. Dies lernte sie beim „Frei-Ablegen" im Hundesport und merkte eben nicht, dass dies keine Übung war, als ich einfach „Platz" befahl. Ich suchte und suchte, wünschte sie derweil wie in solchen Momenten üblich ins Pfefferland, bis ich im Lichte der Taschenlampe zwei funkelnde Augen erkannte. Faust, der nicht genau einordnen konnte, ob sich mein Zorn auf ihn oder auf Jypsy bezog, war eingeschüchtert. Durch einen heftigen Leinenruck machte ich ihr klar, dass ihr Verhalten unerwünscht war, und ich suchte mit beiden Hunden einen gangbaren Weg durch die Dichte des Waldes wieder auf den Waldweg zurück. Dies war mit zwei Hunden gar nicht so einfach, denn Faust wusste nicht richtig mit dem Wort

„Fuß" umzugehen, aber ich musste so gut wie möglich meine Schütz-
linge anleiten und kommandieren. In solchen Situationen ist Jypsy
schon eine superintelligente „Ratte", denn sie weiß praktisch ohne
Worte, was sie zu tun hat, und bleibt hautnah bei mir. Sie spürte auch
meinen Ärger und verhielt sich korrekt, eng bei mir, wie wir uns einen
Weg durch dieses Dickicht bahnten.

Am anderen Abend arbeitete ich im Büro, Faust in meinem Schlafzimmer, wo er sich über das Kissen hermachte. Wie er in seiner inneren
Erregung, möglicherweise hervorgerufen durch das Erlebnis des Vor-
abends, das Kissen mit seinen Zähnen bearbeitete, entdeckte ich ihn,
nahm dieses mit einem forschen „Nein!" augenblicklich weg, er im
Rückwärtsgang aus dem Schlafraum, ich schlug das Kissen an die
Wände und auf den Boden, und Faust flüchtete in den Wintergarten.
Selbst dorthin verfolgte ich ihn und schlug weiter auf das Kissen ein
und beschimpfte dieses. Danach legte ich es wieder ins Schlafzimmer,
wechselte den zerfetzten Überzug, begab mich in die Stube und setzte
mich vor den Fernseher. Nach zwei Minuten kam Jypsy mit Faust und
verlangte durch ein vom Boden aufgenommenes Blatt meines Oran-
genbaumes die gewohnte Belohnung. Faust erkennt in diesen Fällen
sogleich seine Chance, ebenfalls eine Belohnung zu bekommen und
unterstützt sie in ihrer Aufforderung stets durch forderndes Herum-
tänzeln. Ich gab beiden eine Belohnung, denn ein Hund kennt nur den
Augenblick und keine Vergangenheit, weder Reue noch ein schlechtes
Gewissen. Obwohl er eine innere Unruhe über längere Zeit möglicherweise speichert, ist bewusstes nachträgliches Reagieren nie möglich. Es kommt mir vor, als verebben solche Verhaltensformen wie
Wellen im See, aber es braucht scheinbar einiges mehr, bis er größere
Belastungsreize wegzustecken vermag.

Nachdem der Frühling Einzug gehalten hatte, übte ich nach langer Zeit
wieder einmal auf dem Hundeplatz und siehe da, das „Frei-Ablegen"
unter Ablenkung klappte bei Faust! Ich konnte gar nicht sagen, wie
stolz ich war, denn dies zeigte mir, dass sein Vertrauen zu mir gewachsen war. Auch das Apportieren zeigte er ganz ordentlich, aber es
braucht noch lange, bis er es regelkonform beherrscht. Es war schon

weitaus besser als im alten Jahr, und wenn ich ihm gerade bei dieser Arbeit in seine noch immer scheuen Augen sehe, freue ich mich innerlich riesig über seine mir entgegenstrahlende, dankbare Erwartung, Zuneigung und Hoffnung auf eine aufmunternde Bestätigung. Er ist so schön geworden, sein Fell glänzt nun seiden und würde er beim Fußlaufen sich noch freier bewegen, wäre dies für mich ein weiteres Geschenk. Der Weg ist noch weit, aber für uns gilt: **„Der Weg ist ja das Ziel"** und nicht der Erfolg, obwohl auch dies erstrebenswert ist, aber nur über einen ausgeglichenen und glücklichen Hund. Das Wundervollste mit diesem Hund ist, ich muss nichts erreichen, ja gar nichts, nicht einmal BH1, von IPO nicht zu reden, und doch macht es Spaß, ihn bei uns zu haben. Er ist in jeder Beziehung ein wundervolles Tier, und oft kommt mir der Wunsch, ihn zu umarmen und zu drücken.

Ich vereinbarte mit dem Züchter, dass ich nach Cottbus komme, um ihm meinen Faust zu zeigen. Unglücklicherweise sah ich am vergangenen Freitag, drei Tage vor der Abreise, dass sich auf seiner Nase ein zwei-Franken großer dunkelgrauer Fleck mit Geschwulst gebildet hatte und dazu an der Lefze noch ein Knöllchen. Ich besuchte den Tierarzt, welcher eine Spritze mit Antibiotika gemischt mit einem Entzündungshemmer verabreichte und mir zusätzlich noch Pillen mitgab, die diese Wirkung unterstützten. Dazu empfahl er mir noch Betadine-Salbe aufzutragen, sollte dieser Fleck aufbrechen. Am Samstag war es dann soweit und eine wässrige Flüssigkeit trat heraus. Ich benachrichtigte noch den Züchter und glaubte aber nicht, dass es eine übertragbare Krankheit wäre, weder für seine Hunde noch für Jypsy. Bei Welpen ist immer größere Vorsicht angebracht. Ich war bedrückt, ihm meinen Faust in dieser Verfassung zeigen zu müssen, doch wie ich den Züchter am Dienstag traf, war ich erstaunt, wie aufgeschlossen er sich meinem Faust zeigte. Er mochte ihn offensichtlich. Wir gingen noch aufs freie Feld, und ich durfte ihm zeigen, was für ein eleganter und schneller Hund Faust ist. Er meinte danach, er sei ein ganz normaler Mali ohne ersichtliche Probleme. Er sah auch, dass ich recht robust mit ihm umgehe, und Faust zeigte sich sehr korrekt, solange keine störenden Begebenheiten, wie Pferde, Jogger oder Radfahrer die Situation beeinflussen konnten. Aber nichts dergleichen war weit und breit zu sehen.

Jens, der Züchter, zeigte mir auch seine Zwingeranlage – sauber, praktisch eingerichtet, mit tollen Hunden. Der Halbbruder von Faust war größer, im Gehabe dem Faust aber sehr ähnlich. Er zeigte die gleichen Verhaltensmerkmale. Ich mochte diesen Halbbruder, und wir empfanden sogleich eine gewisse Sympathie zueinander. Alle Hunde waren zutraulich, auch die Mutterhündin gefiel mir.

Wie wir danach bei Kuchen und Kaffee zusammensaßen, erklärte Jens mir alle „Eigenheiten" dieser Linie. Es waren dieselben, die ich auch bei Faust erkannt hatte, aber nicht wusste, woher sie stammten. Also, auch die Mutterhündin „nuckelte" gerne an Tüchern und Matten und auch der Halbbruder von Faust hatte die Eigenart, gleich den Arm zu halten, aber für mich war dies so bekannt, als wäre dies Faust selbst. Nun war mir klar, woher er diese Eigenheiten hatte. Weil Faust als Welpe/Junghund hier aufwuchs, hatten sich diese Macken eingeschlichen. Faust habe ich dies sogleich abgewöhnt. Es genügten einfache Kommandos wie „Nein" oder „Hör auf" ohne dabei den Arm wegzuziehen.

Jens, ebenfalls ein erfahrener Hundeführer, erklärte mir viel über den Unterschied zwischen Malinois und Schäferhund. Ich bin mit ihm einer Meinung. Ein Mali ist niemals vergleichbar mit dem Deutschen Schäferhund. Als Welpe ist er bedeutend sensibler und vorsichtiger, und dies setzt viel Rücksichtnahme, Geduld und Bestärkung voraus, um dieses Wesen langsam nervenfest und sicher zu machen. Auch gegen seine natürliche, beinahe ängstliche Vorsicht ist Geduld eine der Voraussetzungen, nebst viel Respekt, ihn durch eine reiche Erlebnispalette zu führen, zu stärken, um seine Belastbarkeit auf das erforderliche Niveau zu bringen. Dies wurde bei Faust sträflich unterlassen, um zu einem gewissen Zeitpunkt mit umso mehr „Druck" Gehorsam und Fügungsbereitschaft in ihn hineinzuprügeln, was logischerweise bei einem durchschnittlichen Malinois zur Katastrophe führt. Faust ist auch unglaublich „schuss-scheu" und flieht bei einem lauten Knall. Dies heißt für mich nicht, dass er so geboren wurde, sondern er verbindet dies möglicherweise mit negativen Erlebnissen aus seiner Zeit als Junghund. Was er alles durchgemacht hat, auch die Wunde an seinem Hals, die er hatte, als ich ihn übernahm, lässt auf eine unange-brachte Vorgeschichte schließen und hinterlässt in einer Hundeseele tiefste Spuren. Hundehalter verhalten sich leider oft nicht anders als die große Masse der Menschen. Sie behaupten, sie wären fähig, Kin-der zu erziehen, doch nur wenige können es wirklich. So verhält es sich auch bei den Hundehaltern und jeder, der mit einer Rasse umgehen kann, muss sich mit einer anderen erneut genauso auseinandersetzen, auf sie eingehen, lernen und sich durch ein gewisses Studium mit de-ren Eigenheiten befassen. Auch die Unterschiede innerhalb einer Ras-se sind enorm, und leider sind Ausbilder oft versucht, trotz allem alle über einen gleichen Leist zu ziehen.

Der Grund meiner Reise war, über die Prägung von Faust, also vor seiner Ablösung zum neuen Halter in der Schweiz und über dessen Veranlagungen respektive seine Mutterhündin mehr zu erfahren. Faust selbst hat dieser Besuch nicht allzu viel gebracht. Ich bin über den Erfahrungsaustausch und das zusätzliche Wissen froh, weiß über seine Anlagen nun besser Bescheid. Unzulänglichkeiten können durch Einfühlungsvermögen und im gegenseitigen Vertrauen verbessert werden. Die Eigenheiten seiner ersten Prägungsphase werde ich ver-suchen, durch mehr Verstand sanft in einem täglichen vernünftigen Ablauf und entsprechender Führung zu verändern. So wird nicht stän-diges Korrigieren und damit ein immer wiederholter Reiz, der seine innere Sicherheit beeinträchtigt, zum Störfaktor einer beginnenden Ausgeglichenheit. Die anerzogenen und teilweise übernommenen Unarten der Eltern zu eliminieren scheint mir kein großes Problem zu sein, denn mit einem „Au!" lernt er sehr schnell, dass er es unterlässt, forsch in den Arm zu greifen, wobei hier auch zusätzlich meine Jypsy zu Hilfe kommt, denn der Schmerzensausruf mobilisiert sie unverzüg-lich, Faust zu maßregeln. Das „Nuckeln" ist in solch engen Grenzen, dass ich auch dies in den Griff bekomme. So bleiben mir nur die nega-tiven Erfahrungen, verursacht durch einen bekloppten Führer. Faust kommt mir vor wie ein misshandeltes Kind, nur ist bei einem Hund die Umkehr einer mangelhaften und verfehlten Prägung hoffentlich noch möglich. Bei einem Wesen wie ihm wird sich mit guter Bindung sein Verhalten mit der Zeit hoffentlich noch beeinflussen lassen. Alles ist möglich, aber in den nächsten Jahren ist und bleibt Faust das Maß, an dem ich mich messe. Ich bin zuversichtlich und mit der instinktsicheren Mithilfe meiner Jypsy besteht für uns die Chance, aus Faust einen ordentlichen und selbstsicheren Hund zu formen, sofern ich mich in seinen Belangen stets emotional im Griff halten kann, denn gerade dies ist die gefährlichste Komponente in der Mensch-Hund-Beziehung. Wie schnell ist doch ein sorgsamer Aufbau in einem kurzen Augenblick eines „Ausrastens" für lange Zeit zunichtegemacht ... und der Malinois erkennt solche Situationen im Ansatz und hat dazu ein vortreffliches Gedächtnis.

An einem schönen Frühsommermorgen folgte nach dem Spaziergang ein kleines Spiel, und hier erlebte ich Folgendes. Wenn früher Faust den geworfenen Ball zurückbrachte, machte er noch einen großen Bogen, kontrollierte die Umgebung, war abgelenkt, und wenn kein Radfahrer oder Jogger unterwegs war, den er jagen konnte, brachte er mir den Ball mehr oder weniger sicher zurück. Heute aber schoss er wie eine Rakete los, fasste den Ball und kehrte blitzartig zu mir zurück, saß vor, und auf das Kommando „Aus", ließ er den Ball los. Nur ausnahmsweise und extrem kurz schaute er einmal links und rechts, aber dies war kaum der Rede wert. Wir übten ohne Leine, und selbst beim Bei-Fuß-Gehen, was er mit meiner steten Ermunterung aufmerksam und ordentlich machte, fühlte ich einen großen Fortschritt. Einige würden sagen: „Sprich nicht so viel mit deinem Hund!" Selbst die Kommandos „Sitz, Platz aus dem Laufschritt, und das Steh" machte er, als wolle er mir zeigen, dass ich mit ihm rechnen könne. Ich lobte und spürte, dass meine Freude für ihn wichtig ist. Am Ende machten wir alle zusammen nochmals einen Rundgang und freuten uns darüber, dass Faust über die lange Pause nicht alles vergessen hatte. Wenn ich zurückdenke, so sind diese Fortschritte beachtenswert, selbst wenn diese auch noch nicht nachhaltig sind. Ein lautes Wort und schon lag er vor einiger Zeit noch flach am Boden, die Ohren angelegt und nur nicht meinen Blick aushalten müssen, also ein klägliches Bild, und nun? Er ist nicht mehr ganz derselbe Hund, und ich respektiere ihn von ganzem Herzen. Sein Bedürfnis an Streicheleinheiten zeigt er immer wieder, als wolle er sagen, ich möge ihm doch zeigen, was für ein toller Kerl er sei. So streichle ich ihn dann einfach und rede aufmunternd mit ihm.

Seine Wunde über der Nase ist verheilt. Der Fleck leuchtet nun rosarot, denn dort sind ihm die feinen Härchen ausgegangen und die Pigmentierung noch nicht genügend fortgeschritten. Mit einem Sonnenschutz decke ich diesen Fleck ab, und ich fühle bereits ein sachtes Sprießen der Schutzhärchen. Nach einigen Wochen war schon nichts mehr zu sehen.

Dass ich gesundheitlich etwas überfordert bin, muss ich leider zugeben. Es ist aber so, dass einerseits Faust vorerst lernen muss, ganz allgemein mehr Vertrauen in die gesamte Umgebung zu gewinnen, andererseits kann man beim besten Willen nicht alles auf einmal unternehmen, denn Jypsy braucht ebenso Anerkennung und Zuwendung. So beobachte ich einfach diese beiden, wenn ich mit ihnen unterwegs bin, versuche, dies oder jenes zu interpretieren, und überlege mir, was ich als Nächstes zu tun habe. Beim Ballspiel hat sich sein Interesse erneut verflacht, und so fühle ich mich im Augenblick nicht gerade gut, denn etwas stimmt einfach nicht. So machte ich heute den Versuch nach dem ersten Spaziergang, nachdem ich mit Jypsy und Faust etwa fünf Minuten geübt hatte und dann noch den Ball warf, beiden einen Ball in den Fang zu geben, und mit diesem den zweiten Rundgang zu wagen. Nach hundertfünfzig Schritten verlor Faust bereits sein Interesse, ließ ihn liegen, denn das Markieren war ihm wichtiger. Jypsy fand den Ball sogleich im Laub, und ich startete einen neuen Versuch. Es war eine vergebliche Liebesmüh, und so steckte ich meine Jypsy ins Auto. Ich begann, mit Faust allein zu spielen. Als hätte er nur das „Aus" gelernt, ließ er den Ball sogleich los, wie ich ihn an der Schnur auch nur leicht anfasste. So sagte ich ihm einfach „kämpfen" und nach einigen Malen verstand er, was ich von ihm wollte, und dann zog er nach Leibeskräften. Ich lobte ihn, und er sauste samt Ball für ein, zwei Runden zwanzig Meter vor mir in der Wiese herum, triumphierend den Ball tragend. Ich rief ihn erneut zu mir, sagte erneut „kämpfen" und schon hatte er das Spiel begriffen, und ich zog weiter, um ihn erneut obsiegen zu lassen. Sobald er bemerkt, dass das

Spiel mit dem Ball nur mit mir stattfindet, wird er mir diesen möglicherweise zielstrebiger zurückbringen.

Gestern Abend hatte ich Besuch und irgendwie ging er wieder ins Schlafzimmer, holte mein Kissen und beschädigte den Überzug. Als ich zu Bett ging und mich ins Badezimmer begab, das direkt vor dem Schlafzimmer liegt, merkte ich, dass etwas nicht stimmte. Faust war sehr hektisch, wich zurück und benahm sich unnatürlich. Ich weiß ja auch nicht, was er alles vor meiner Zeit erlebt hat, aber wie ich sah, dass das Kissen nur leicht feucht ist, war mir klar, dass er unbewusst sich unsicher fühlte. Es war praktisch nichts passiert, und ich legte das Kissen an seinen richtigen Platz. Faust wollte nicht ins Schlafzimmer kommen und benahm sich gestresst, dass ich ihn auffordern musste, zu mir zu kommen. Nach kurzer Zeit beruhigte er sich wieder. Dann verzog er sich auf seinen Liegeplatz und schlief ein. Noch wusste ich nicht, dass seine Unruhe durch die Dominanz von Jypsy hervorgerufen wurde, die „ihr Schlafzimmer" bewachte, und er das Kissen nur traktieren konnte, solange sie noch nicht ihren dominanten Platz auf meinem speziell dafür vorgesehenen Deckenüberwurf eingenommen hatte. So war sie immer zur richtigen Zeit als Erste dort und besetzte diesen und Faust hatte dann dort nichts mehr zu suchen. So musste ich Jypsy erst mal klar machen, dass beide das Recht haben, wenn ich noch nicht im Bett bin, diesen Platz belegen zu dürfen. Dies ist dasselbe, wenn wir die Hunde im Auto frei sich bewegen lassen, dass sie den Fahrersitz dort am tollsten finden. Wo der Chef sitzt, dort wollen eben alle sein.

An einem herrlichen Frühsommertag spielte ich mit meinen Hunden am Waldrand. Zuerst mit Jypsy, dann mit Faust. Als ich sah, dass Faust nach dem Werfen des Balls diesen nicht fand, schickte ich meine Jypsy, um diesen zu suchen. Sie findet ihn stets problemlos, hat sie doch eine sehr gut geschulte Nase. So entschloss ich mich, mit Faust ein paar Konzentrationsübungen mit dem Ball zu machen und bemerkte nicht, dass eine Läuferin sich direkt von hinten auf uns zu bewegte. Faust, voll konzentriert auf den Ball, reagierte in keiner Weise. Ich habe diese Dame nicht kommen hören, aber schon mal angetroffen, und wir hatten uns auch damals kurz über Hunde unterhalten. So wechselten wir erneut ein paar Worte, doch Faust blieb ruhig und gelassen. Ich war sehr erstaunt und freute mich riesig, denn auf diese Weise kann ich ihn mit einem Ball viel mehr ablenken, als wenn ich ihn nur bei Fuß rufe und an die Leine nehme. So steckte ich mir heute Nachmittag zwei Bälle in die Tasche und lief los. Als zwei Menschen auf uns zukamen, rief ich Faust zu mir, gab ihm den Ball und er begann zu kämpfen. Ich ließ ihn natürlich gewinnen, und er freute sich. So passierten uns die zwei Personen. Ich rief ihn wieder zu mir, und er überließ mir die Schnur, damit er weiter ziehen konnte. Er blieb bedeutend gelassener als früher. Noch weitere Personen begegneten uns und oftmals fanden sehr nette Gespräche statt. So denke ich mir, dass ich erneut etwas gelernt habe. Indem ich den Hund aktiv beschäftige, anstatt ihn durch Kommandos zur Ruhe zu zwingen, bleibt er Fremden gegenüber deutlich ruhiger. Alles scheint am Ende oft so unsagbar logisch und einfach, aber selbst durch das eigene Engagement ist man oftmals nicht genügend einfallsreich. Meine Zuneigung zu ihm gibt mir die Kraft, Neues auszuprobieren, und so hoffe ich auf eine langsame aber stetige Festigung seines Nervenkostüms.

Unglaublich interessant ist auch zu sehen, dass, wenn meine Jypsy an der Acht-Meter-Leine durch Stauden und Bäume rennt, sie in der Lage ist, immer wieder auf dem haargenau gleichen Weg zu mir zurückzufinden, ohne irgendwo falsch um einen Baum zu laufen, womit sie sich blockieren würde. Faust hat dies als Welpe nicht gelernt, und wenn er den Rückweg nicht korrekt findet, korrigiert ihn meine Jypsy heftig. Er hat diesbezüglich seit den Anfängen große Fortschritte gemacht, und es ist in allen Bereichen dasselbe: „Übung macht den Meister". So erlebe ich alle Tage viele differenzierte Verhaltensweisen und kein Spaziergang ist gleich, sondern immer wieder neu, unterhaltend und spannend. Ich bewundere meine Hunde, mit welcher Verhaltensvielfalt diese miteinander kommunizieren und finde bei ihnen immer mehr Facetten von Freundschaftsbezeugungen, welche auch bei Menschen beobachtet werden können. So wächst mein Respekt und meine Liebe gegenüber meinen „Hundekindern" täglich, und ich bin dankbar, von diesen ebenso lernen zu dürfen. Ich erinnere mich immer mehr an den Ausspruch von Jack London: „Das letzte Wort über die Wunder des Hundes ist noch nicht geschrieben."

Wenn auch der Hund im Sport harte Arbeit leistet, so ist außerhalb dieser Tätigkeit gerade auch der einfühlsame Umgang des Hundeführers von zentraler Bedeutung, denn kein Säugetier ist nur Befehlsempfänger, sondern verlangt in gewissen Bereichen nach gegenseitigem Verstehen, Freundlichkeiten und Vertrauen. Nur so erschaffen wir die gewünschte Teamarbeit, die durch gelebte Aufmerksamkeit manifest wird.

Sicher ist jeder Hund anders, mehr oder weniger lernbereit, mehr oder weniger sicher im Verhalten gegen die äußerlichen Umstände, doch das Prinzip ist überall gleich. Je mehr Geduld und Zuneigung ich zum Tier empfinde, desto besser entwickeln sich gegenseitiges Verstehen und die daraus erwachsende Selbstsicherheit. So lernt der Hund bereitwilliger, und es wird einfacher, miteinander Probleme zu bewältigen. Konflikte zeugen von vergangenen Missverständnissen, denn durch Härte kann kein lang anhaltendes Können oder Verhalten vermittelt werden. Nur das aufbauende vertrauensvolle Zusammenwirken von Hund und Führer bringt uns der Nachhaltigkeit näher.

Durch das Spiel mit dem Ball als Ablenkung habe ich wiederum ein wenig Stress bei Faust abbauen können und hoffe, dass hiermit der große, dunkle Tunnel der Ratlosigkeit sich aufhelle und die Phase des gefühlvollen Miteinanders anbricht. Auch im Schutzdienst scheint er etwas sicherer. Selbst die gestrige Fährtenarbeit war für mein Verständnis ordentlich. So empfinde ich immer wieder Freude und Stolz, diesen lieben Hund mit uns zu wissen, zeigt er sich doch in vielen Bereichen als Gentlemen, vor allem Jypsy gegenüber. So gäbe es noch viele Beispiele, welchen Einfluss sie auf ihn hat und wie er damit umgeht. Mir gegenüber ist er sehr viel freier geworden einerseits, doch werde ich mal energisch, so kann er dies weiterhin nicht einordnen und tendiert dazu wegzulaufen. Fordert Jypsy durch ein aufdringliches Knurren zur Fressenszeit mich auf, dieses bereitzustellen, und ich sitze dabei vor dem Fernseher, um die Tagesschau zu verfolgen, wirft er sich schützend über meine Knie, um sich dann vor Jypsy zu legen und sie um Verständnis zu bitten, dass er mich beschützt hat. Diese ergreifenden Augenblicke finde ich rührend, erwartet man doch niemals von einem Hund so starkes und gefühlvolles Verhalten. Manchmal scheint mir, als lebte ich bei einer Hundefamilie und wäre für diese einfach der „Über-Hund", respektiert und nützlich, aber doch ausgeschlossen von der speziellen Intimität dieser beiden. Ergreifend für mich sind auch die Beobachtungen, wie sie mit vereinten Kräften mich überreden, hinaus ins Freie zu gehen. Für solche Forderungen arbeiten sie so klug zusammen und suchen ihr Ziel, dass man oft erst danach bemerkt, mit welcher Taktik sie einen aus dem bequemen Sessel holen und überreden sich bereit für den Ausgang zu machen. Kaum erheb ich mich also, zeigen sie ihre Freude wie ein kleines „Hurra, wir haben es geschafft!" So freue ich mich mit ihnen, und schon sind wir unterwegs. Deshalb sind meine Spaziergänge immer ein freudiges Erlebnis mit dem Nebeneffekt, dass ich damit aktiv auch meine Gesundheit fördere.

Manchmal gibt es Momente, in welchen ich mich frage, was habe ich bis heute mit Faust wirklich schon erreicht? So war es eines Abends vor dem Schutzdienst. Übermütig ließ ich meine Hunde frei auf einer großen Wiese spielen. Hinter uns eine Böschung, oben eine Nebenstraße und daneben gleich die Hauptstraße des Ortes. Faust rannte nach Herzenslust, überholte meine Jypsy, die das gar nicht mag und ihn zurechtweisen wollte, er spurtete weiter, die Böschung hinauf, die Nebenstraße entlang und ich konnte es ja nicht mehr sehen, aber bei dem Weg, der wieder zu uns zurückführte, bog er ab, um zurückzufinden. Ich bin immer vollends fasziniert über seine Eleganz in seiner Bewegungen bei schnellem Lauf. So ließ ich beide nach dem Schutzdienst nochmals am selben Ort frei, doch diesmal wollte ich Faust zurückrufen, als er sich erneut anstellte, die Wiese gegen die Böschung hinauf zu verlassen. So rief ich laut und energisch: „Hier!" Wie im Rausch beschleunigte er in dieser Phase noch mehr, rannte zuerst gegen Westen, kehrte dann um, ich rief nochmals und pfiff, so laut ich konnte und sah im Augenblick nur noch seinen Körper am Horizont dahinfliegen. Ich hörte den Verkehrslärm und dachte mir, wenn es das Schicksal will, dann muss es eben sein. Ich rief meine Jypsy zu mir, und zusammen drehten wir um. Plötzlich sah ich, wie eine Kollegin meinen Faust an seiner Halskette in der einen Hand und an der anderen ihren Rottweiler hielt und auf uns zukam. Sie rief mir zu, ich möchte Faust rufen, was ich sogleich machte, und so kam er zurück, behielt aber einen seitlichen Abstand zu mir, und so schaute er mich aus seinen Augenwinkeln genau an, jederzeit bereit, erneut durchzustarten. Ich erkannte in diesem Verhalten seine Erfahrung aus früherer Zeit, als es für ein solches Ausbüxen mögliche „Haue" gab. Ich atmete tief durch und sagte: „Komm doch Faust, ich nehme Dich an die Leine." Er drehte seinen Kopf nun ganz zu mir, kam, ich klinkte die Leine ein, ließ meine Jypsy wieder los und so ging ich mit beiden zum Auto. Ich bedankte mich bei Yvonne und überlegte mir, warum er nicht zu mir ganz hergekommen war. So scheint es beinahe logisch, dass er von einem Mann für dieses Verhalten korrigiert wurde, und somit vertraute er einer Frau viel eher und gehorchte ihrem Rückruf, als sie sah, dass er beinahe panisch umherjagte. Doch mir gegenüber war er sich noch zu unsicher, aber selbst schon dieses Überprüfen meines Verhaltens schätze ich bereits hoch ein. Zu Hause zeigte er sich nervös, dies sogar noch nach dem Fressen, und so nahm ich ihn in meine Arme und bemühte mich, beruhigend zu wirken. Jedes Mal, wenn so was passiert, bin ich traurig. Einerseits, weil der emotionale Ruf (ein überlautes) „Hier!" bei ihm eine Panik auslöst, und andererseits, weil ich mir in dieser Situation sein Vertrauen noch nicht voll und ganz erarbeitet habe. Auch steigt in mir gleichzeitig der Zorn gegen den vorherigen Hundeführer auf, welcher diesen Schaden angerichtet hat. Ändern kann ich nichts. Geduld ist gefragt und so muss Faust noch weiter auf seine „absolute" Freiheit (frei von der Leine) warten. Mein Rückruf muss trotz meiner Angst um ihn leiser werden, denn fühle ich mich besorgt, weil er aus seinem normalen Verhalten ausbrechen könnte, umso lauter rufe ich nicht aus Wut, sondern aus Angst, er könnte mich nicht verstehen. Sobald Emotionen ins Spiel kommen, rastet Faust aus, dabei wäre ich heilfroh, er würde auf mich in jeder Situation einfach nur hören und mir vertrauen.

Erneut versuchte ich ihm den Ball auf dem Spaziergang zu geben, aber als junger Rüde musste er jede Pfütze eines Weibchens überprüfen, und dies schien ihm viel wichtiger. Dort lässt er diesen dann einfach liegen, während er sich das Aroma auf der Zunge zergehen lässt und überlegt, um gar am Ende zu kontrollieren, ob dies vielleicht Jypsy gewesen sei. Kommt aber jemand oder etwas auf uns zu, kann ich ihm den Ball zuwerfen, was sich beruhigend auf sein Verhalten auswirkt. Macht er Platz, dann bleibt er relativ normal, flippt nicht unkontrollierbar aus, zeigt sich gut beherrscht und bleibt bereits schon sicher liegen. Wenn ich ihn freigebe, springt er auf, zeigt noch kurz Hektik im Verhalten, doch dies ist kein Vergleich zu den Anfangszeiten. So erkenne ich Fortschritte, und diese wiegen bedeutend mehr. Aber es gibt auch wieder Rückschritte, die mir helfen, immer wieder nach neuen Ideen zu suchen. Seelische Verletzungen brauchen eben viel mehr Zeit, und wer weiß, wie viele Stationen noch überbrückt werden müssen, um eine Stabilität in sein Verhalten zu bringen. Ich will an ihn glauben, und so besteht auch die Möglichkeit, dass ich eher zu positiv schreibe, als er sich in Wirklichkeit benimmt. Aber was kann er dafür, wenn ich über seine Junghundezeit so wenig in Erfahrung bringen konnte. Zu fragen war keine Option, denn zu oft wird man vom vorherigen Halter angelogen.

Es ist schon interessant. Wenn ich den Ball werfe, schaut er noch nicht über sich wie Jypsy, die ihn bereits in der Luft verfolgt, sondern rennt einfach vor und erkennt den Ball erst, wenn er diesen auf den Boden aufschlagen hört. Liegt das Gras hoch, findet er ihn nicht mehr. Mein großes Glück ist, dass Jypsy keinen Ball verloren gibt, und diesen sucht, bis sie ihn hat. Aber ehrlich gestanden suchte ich, als sie noch klein war, viele Bälle von ihr und verlor auch unzählige. Ja, so ist das Leben, mit Erfahrung wird auch Faust eines Tages seine Bälle mit der Sicherheit eines Routiniers finden, aber Erfahrung entsteht nur durch Üben. Langsam trägt er den Ball nun schon weit länger, legt ihn ab, nimmt ihn oftmals wieder auf, doch er ist noch lange keine Jypsy, aber es sind ja die marginalsten Fortschritte, die zählen.

Wie sensibel sind doch diese Tiere. Das mit dem Kissen haben wir noch nicht geregelt, aber ich denke, wir sind sehr nahe dran. Es berührt mich immer, wenn ich bei ihm Unsicherheiten erkenne, gerade wenn „alte" Wunden aufzubrechen drohen. Erfahrungen durch frühere Strafen, die zu seinem fehlerhaften Verhalten führten, zeigen auf, welches Leid ihm seiner Zeit möglicherweise zugefügt wurde. Man könnte dies interpretieren – was Verhaltensforscher negieren – nämlich mit einem „schlechten Gewissen", das aber effektiv nicht besteht. Richtiger wird sein, dass trotz der Erfahrung aus früherer Zeit dies so registriert wurde, dass, wenn auch kein Wissen über das Angerichtete besteht, immerhin eine unbewusste Unruhe und Angst den Hund beschleicht, die ihn zu einem starken Beschwichtigungsverhalten verleitet, denn allzu oft werden Hunde im falschen Moment sinnlos bestraft. Der Hundehalter wird durch eine Fehlbestrafung unglaubwürdig, unberechenbar und daher die „Theorie des schlechten Gewissens". Schon rein die Körperhaltung des Hundeführers kann Wirkung zeigen. Wenn ich dies bei meinem Faust erkenne, kann ich seine Not nachfühlen, und versuche alles, um ihm Sicherheit, Geborgenheit und Ruhe zu vermitteln. Vielleicht mache ich damit auch Fehler, denn man sagt ja auch, dass bei innerer Angst diese durch Zuwendung verstärkt werden kann, und so muss ich versuchen, dieses Verhalten, wenn es sich anzeigt, ähnlich wie mit dem Ball auf dem Spaziergang durch etwas Lustvolles zu überbrücken. Bei Hunden ist dies alles nicht so einfach, vor allem nicht logisch, denn der Hund ist ja kein Mensch, sondern handelt nur seinen Instinkten entsprechend.

Könnte alles nur mit einem Ball gelöst werden, wäre dies doch viel zu simpel. Das Wissen über dieses Wesen, das Verständnis für ihn, die persönliche Zuneigung, der Respekt, die Wertschätzung zu einem solch facettenreichen Tier bringt Lohn genug, dass sich jeder Mensch anstrengen sollte, dieser Kreatur auch gerecht zu werden. Wir haben aus dem Wolf den Hund gezüchtet und erkennen, dass Hunde weitgehend das sind, zu was wir sie erzogen und geprägt haben. Also liegt es zum großen Teil an uns, den Hund das für unsere Gesellschaft gute und artgerechte soziale Verhalten zu lehren und ihn darin zu bestärken. Das Fehlverhalten eines Tieres entsteht im Grunde aus Mangel an Prägung und fehlerhafter Erziehung, doch heute löst man Probleme mit dem Tier, in dem man Verhaltensauffällige einfach einschläfert. Richtig wäre, mit Respekt und Anstand das Tier durchs Leben zu begleiten. Somit wäre **Ethik ebenso ein wichtiges Pflichtfach** im Bereich zwischen Mensch und Tier und würde zu einer besseren Harmonie und einem fairen Miteinander führen. Dies bedeutet nicht, dass Leben reines Honiglecken ist, denn „Hartes Brot ist nicht hart, nur kein Brot ist hart!" So stellt uns das Leben naturgemäß immer wieder Herausforderungen in den Weg, die gemeistert werden müssen. Gerade dies ist die Lebensschule, die eine vertretbare Härte (Konsequenz) auch für Hunde beinhaltet, und trifft auch auf alle Lebewesen dieser Erde zu. Durch die Weltanschauung einzelner Beamter/Funktionäre, die glauben, der Hund wäre nur ein Streicheltier, degradieren diese den **Hundesport** und erklären diesen damit langfristig zu einer Farce. Solange man **Hunde mit Menschen** verwechselt, ergeben sich zuwiderlaufende Ansichten, und diese schädigen damit die Jahrzehnte alte Selektion für die im Trieb guten, belastbaren und gesunden Gebrauchshunde. Ein Gebrauchshund ist ein Spitzensportler und kein Weichei und darf mit der notwendigen Fairness auch etwas härter angefasst werden. Eine Schädigung kann so absolut ausgeschlossen werden.

Auch wenn ich mit Faust Situationen erlebe, die ich nicht verstehe, z. B. schnüffelt er im Wald unter einem Baum und klemmt plötzlich seine Rute ein, wirkt ängstlich und erschrocken, als würde er bedroht, so warte ich, bis er sich aus dieser Situation selbst befreit. Was dies bedeutet, kann ich nicht sagen. Meine Vermutung ist, dass der dortige Geruch oder die Umgebung in ihm ein altes Erlebnis wachrufen, das ihn verunsichert. So ist kein Tag wie der andere, und gerade dies macht unsere Spaziergänge zum Erlebnis.

Ein regnerischer Tag heute, aber großes Erstaunen erlebte ich, als ich sah, dass Faust den seit ein paar Tagen verlorenen Ball in der Wiese mit seiner Nase aufspürte. Dies hatte er noch nie gemacht, denn bis anhin gab er ihn einfach verloren und irrte umher, als ob er anderes suche. Nun bin ich aber sehr stolz auf ihn. Es ist gut, dass ich ihm Zeit gebe, die er einfach braucht, um sich langsam und sukzessive zu entfalten. Ein Hund ist kein Wesen, das mit Zwang lernfähig oder gefügig gemacht werden kann, sondern er braucht Verbundenheit, Spiel sowie das wichtige gegenseitige Vertrauen.

Auf dem Übungsplatz ist Faust willig und arbeitsfreudig, obwohl er trotz allem Ersatzhandlungen und große Unsicherheiten zeigt. Für Faust, der bereits so viel Negatives kennt, war die Winterpause mehr als notwendig. So konnten seine Wunden vielleicht etwas gebessert werden. Am Ende weiß ich es dann, ob seelische Verletzungen in diesem Ausmaß jemals zu heilen sind. Bei mir zu Hause fühlt er sich sicher. Auch draußen, wenn ich ihn mit viel Ruhe und leiser Stimme rufe, kommt er immer öfter. Dies heißt natürlich nicht, dass sein Appell gut sei, denn je nach Situation kommt er, oder dreht einfach durch. Frei laufen lassen kann ich ihn nur in umzäuntem Gelände. Nur wenn ich mit ihm spiele, also den Ball werfe, bleibt er bei mir. Doch kommt ein Jogger oder Radfahrer dazwischen, sind kleinere Probleme programmiert. Wer weiß, vielleicht hilft uns ein Zufall, ein Wunder oder sonst etwas. Im Augenblick machen wir alles oft mit langer Schleppleine. Im Schutzdienst mit Helfer ist der Beutetrieb so groß, dass er damit eher bei der Beute verharrt, als sonst wohin geht. Schutzdienst liebt er von ganzem Herzen und zeigt sich von seiner besten Seite. Hier beweist er die Qualität als Gebrauchshund, doch der absolute Gehorsam gehört eben auch in diesen Bereich, und deshalb ist es für ihn auch mehr eine nutzbringende Abwechslung dafür, um gestaute Aggressionen in einer kontrollierten Umgebung ausleben zu können. Der Züchter darf auf diesen Hund stolz sein, schade nur, dass er in solche Hände verkauft wurde. Aber dies wissen die Züchter ebenso wenig wie die Hunde. Dies ist auch der Grund, weshalb ich nie züchten würde. Ich könnte kein Tier weggeben, denn mein Motto lautet „TRAU, SCHAU, WEM", und wem würde ich ein so sensibles Lebewesen anvertrauen?

Wenn man überall liest, dass Hunde nur zwei bis höchstens drei Sekunden lang ein Lob für eine Leistung einordnen können, so erkenne ich doch andererseits folgende Begebenheiten, was auch seine Gedächtnisleistung anbetrifft. Der Hund legt den Ball hin, frisst Gras, geht ein paar Schritte weiter, frisst erneut an einem Grasbüschel und nach zwei Minuten sucht er den Ball genau dort, wo er ihn abgelegt hat. So hat er mit Bestimmtheit ein besseres Gedächtnis. Oder mein Hund läuft vor mir, legt den Ball gut sichtbar nieder, geht weiter und spürt, ohne dass er hinschaut, ob ich diesen aufgenommen habe. Nach dem Versäubern kommt er direkt zu mir und fordert den Ball zurück und dies auch nach vier bis fünf Minuten! Oder auch noch etwas anderes: Faust lässt seinen Ball irgendwo liegen. Jypsy scheint dies bemerkt zu haben. Nachdem wir uns über diverse Waldwege entfernt haben, befehle ich Jypsy, den Ball zu suchen. Sie rennt los und findet ihn an der Stelle, wo Faust ihn liegen ließ. Auch vergaß Jypsy einmal einen Ball etwa fünfhundert Meter weit zurück am Wegrand. Wie ich sie fragte, „Wo ist dein Ball?", ging ich mit ihr zurück, und sie verfolgte treu ihre Spur, zeigte mir schon zwanzig Meter zuvor, dass sie genau wusste, wo der Ball lag. Ich war erstaunt, dass sie dies noch wissen konnte, denn sie zog so direkt am Ende des Weges quer über den Waldweg zum Ort des Balls, dass ich klar sah, hier verfolgt sie keine Spur mehr, sondern sie weiß noch, wo sie ihn liegen ließ, und das mit dem Wind im Rücken. Ich denke, dass Hunde ein weit besseres Gedächtnis und eine größere Merkfähigkeit haben, als wir annehmen und gerade deshalb lohnt sich ein fairer Umgang. Wir müssen einander nur mehr Glauben schenken. Diese Art von Zwiesprache führt weiter, als man denkt. So werden Augen und Körpersprache zu wichtigen Kommunikationskanälen zwischen Hund und Mensch, und wer dies entdeckt, erkennt, was für eine Ausdruckskraft im Verhalten unserer Hunde verborgen liegt.

Ich betrachte Hunde ähnlich wie Kinder. Wir spielen mit ihnen, auch wenn es „Ernst" (für uns) wird, zum Beispiel bei Prüfungen. Was machen wir anderes in der Unterordnung, als den gestrengen Führer zu mimen, und fesseln sie durch unsere Körperspannung, um am Ende des Spiels in Freude und durch Lob zu entschädigen. Dieser Aufbau vollzieht sich nur sehr langsam. Die kurze Phase der Strenge und des Konzentriertseins beim Training und bei Prüfungen muss sich für einen Hund lohnen und auch ausgedehnt werden. Doch alles muss von Herzen kommen, denn gespielte Zuneigung erkennt auch der Hund. So wird ein ausgeglichener Hundeführer einen Hund haben, der länger gute Leistungen bringt, als wenn er ihn nur „benutzt", um Erfolg zu haben. Erfolg kann nur entstehen, solange Harmonie im Zusammenleben besteht. Sicher, der eine Hund ist schneller zufriedenzustellen, denken wir an Zwingerhunde, aber Hunde, die immer um den Führer leben und ein wenig verhätschelt sind, verlangen meines Erachtens im Sport mehr Engagement, weil uns der Hund besser kennt und somit auch besser „lesen" kann. So zeigen Hundeführer oftmals ein differenziertes Gehen während der Vorführungen und des Trainings, um dem Hund zu zeigen, es ist kein gewöhnlicher Spaziergang angesagt, und reißen sich auch selbst zusammen. Nicht zu vergessen ist dabei, dass durch die Intelligenz der Hunde all die Schwächen des Halters genauso ausgenutzt werden, wie dies auch Menschenkinder tun, um zu einer Belohnung oder an Aufmerksamkeit zu kommen.

Als wir zum Abendspaziergang aufbrachen, wir standen noch gerade beim Auto, meine Hunde angeleint, kamen vom Wald her palavernd eine Schar Jungs daher, teils im Laufschritt, einige mit Fahrrad und sogar mit einem Moped, bei dem die Zündung spukte und knallte. Dies alles tönte wohl freudig, als hätten diese ein tolles Erlebnis hinter sich, doch Faust begann wie ein scheuendes Pferd seinen Kopf in den Nacken zu werfen, war plötzlich außer sich, kaum ansprechbar, und wie sie alle weg und alles wieder still war, konnte er sich nicht beruhigen. Wir spazierten den Wald entlang, doch Faust war höchst erregt, und selbst das Versäubern wollte nicht mehr klappen. Wir gingen den Weg zurück, er kreiste um meine Jypsy, und irgendwann sagte ich „kehren". Meistens versäubert er sich danach, doch nichts dergleichen geschah. Immer, wenn er Jypsy umkreist, schnappt er gegen sie, als wolle er sie zwicken, doch zugelangt hat er bislang noch nie, und ich denke, es handelt sich hier mehr um eine reine Verlegenheitshandlung. Ich ging mit beiden Hunden in den Wald zurück, doch Faust war immer noch nicht ansprechbar, und nach einer Weile gingen wir zum Auto. Ich überlegte mir, was ich nur tun könnte. Nachdem weit und breit keine Menschenseele zu sehen war, ließ ich Faust von der Leine und wollte wissen, was nun passiert. Wie von einer Tarantel gestochen rannte er in den Wald, und während er mich noch hören konnte, rief ich „kehren", aber ich habe nicht geschrien. Vielleicht war er an die dreihundert Meter weit gerannt, drehte dann um, kam zu uns, ich sprach ihn ruhig an, und er kam auf die ruhige Aufforderung folgsam zu mir. Ich lobte ihn, doch er war immer noch nicht ganz heruntergefahren. So ließ ich erneut los, und da packte ihn der Stress abermals, und er rannte wie ein geölter Blitz wieder in den Wald zurück, kam dann aber auch gleich wieder wie zuvor, nun etwas ruhiger, und entgegen früherer Verhaltensweisen kam er erneut direkt zu mir, und ich entließ ihn ins Auto. Was tun in solchen Momenten? Dies ist die Frage, die mich im Augenblick am meisten beschäftigt. Was würde passieren, ich ließ ihn mitten im Getümmel von Kindern einfach los? Würde er aggressiv reagieren oder könnte er hiermit eine alte „Sehnsucht" abreagieren? Eine Sehnsucht, die er möglicherweise als Frust aus seiner Kindheit im damaligen Gehege neutralisieren könnte, indem er allen sagen dürfte, „Schaut her, ich bin doch ein lieber Hund, streichelt mich, nehmt mich mit euch, ich bin ja so lieb!" Ein solches Experiment in der heutigen Zeit kann sich keiner mehr leisten. Aber wie kann man so eine „Frustreaktion" neutralisieren? Das zusätzliche Verkennen dieser Ursachen während der sensiblen Junghundezeit, sowie die damit zwangsläufige Erfolglosigkeit aller getätigten Korrekturen, die Gewalt oder Druck beinhalteten, senkte das Existenzrecht für Faust auf null, wobei er eben nicht er die Null ist, sondern all diejenigen, die eine sorgfältige Prägung in der Junghundezeit vernachlässigten. Hiermit zerbricht man im wahrsten Sinne des Wortes jede Kreatur, und es bleibt nur die Frage: Können Menschen so abgestumpft und lieblos sein? Für mich gibt es hier keine Entschuldigungen, nur innere Trauer und gegenüber dem ehemaligen Halter echte Verständnislosigkeit. Kurz darauf entließ ich Faust an anderer Stelle erneut in den Wald, und danach versäuberte er sich problemlos.

Hin und wieder schaut mich Faust unverhofft an und kommuniziert Aufmerksamkeit und Zuneigung, verfällt dann aber gleich wieder in seine persönliche Welt der Melancholie und benimmt sich, als würde er nur in unserem Schutze leben können, indem er sich immer in meine Nähe legt. Für mich sind Momente seiner Wachheit und das Aufblitzen seiner Lebensfreude immer wieder Lichtblicke, die mich an ihn glauben lassen. So zeigen wir ihm unsere ganze Zuneigung und versuchen, seine verletzte Seele mit viel Einfühlungsvermögen zu beruhigen und zu heilen. Ich erfreue mich an der „heilen" Welt, die ich mir heute im engsten Kreise schaffen konnte, und erfreue mich des großen Glücks, am Leben meiner Hunde teilzuhaben, welches ergreifend, ehrlich und fair sich zusammenfügt, als wäre es ein wirkliches Abbild einer bescheidenen, genügsamen und edlen Gesellschaft. Meine Jypsy hat bei seinen Ersatzhandlungen, in welcher er bei größter Erregung nach ihr schnappt, noch nie verständnislos reagiert. Hin und wieder keift sie relativ harmlos zurück, aber dies ist dann schon alles. Dies bedeutet für mich nichts anderes, als dass sie dies von ihm einfach anerkennt und nicht als Aggression wertet. So staune ich über ihren natürlichen Großmut und würde sie in solchen Augenblicken am liebsten liebkosen.

Ich erfuhr durch die Fernsendung „Einstein" vom 27.05.2010, dass eine epigenetische Veränderung durch eine posttraumatische Stresserkrankung respektive eine Verhaltungsstörung durch Stress und Angst entstehen kann, wobei eine Heilung im herkömmlichen Sinne noch nicht möglich ist, da dazu die Medikamente erst entwickelt werden müssen. Durch den erlittenen Leidensdruck wird ein Gen bleibend verändert. Somit wird die Steuerung des Stresshormons Kortisol verändert und der Organismus kann nicht mehr angemessen auf Stress reagieren. Erst wenn man den Schaltkreis zu unterbrechen in der Lage wäre, oder die Ablösung des überschriebenen Gens vollziehen könnte und damit das Neutralisieren dieser Veränderung möglich würde, wäre der Ursprungszustand wieder herstellbar. Somit leidet beispielsweise der Mensch bei einer solchen posttraumatischen Stresserkrankung unter Schlaflosigkeit, Schweißausbrüchen und Angstzuständen, was später zu einer ausgewachsenen Depression führen kann. Angeblich dauert es noch Jahrzehnte, bis ein geeignetes Medikament für den Menschen auf den Markt kommt. Diese epigenetische Veränderung wurde bei Tier und Mensch nachgewiesen, was auch Rückschlüsse auf den Hund zulässt. Sie wird auch posttraumatische Belastungsstörung (PTBS) benannt. Dieser Defekt kann auch genetisch weitergegeben werden und sich gleichfalls auf Nachkommen übertragen.

Somit wird mit Faust alles viel schwieriger als angenommen, aber dies ändert nichts an meinem Respekt vor der Kreatur und seiner Seele, die es umso mehr verdient, dass versucht wird, ein Gegengewicht zu seinen Belastungen zu schaffen. Er zeigt sich in den verschiedensten Phasen depressiv und zurückhaltend und teilweise in gewissen Situationen sehr verstört. Ich werde ihn jedoch trotz allem weiterhin fördern und um sein Wohlbefinden ringen. Vielleicht gibt es Möglichkeiten, durch einen Stoff wie Bachblüten oder anderes, unter Umständen auch durch einen glücklichen Zufall aus der Apotheke der Natur diese Zustände zu beruhigen und die fehlgeleiteten Mechanismen damit möglichst zu dämpfen, die den Stress meines geplagten Hundes nähren.

Wird ein Medikament gefunden, würden davon auch Opfer aus allen aktuellen Kriegen, Terroranschlägen wie 9/11 und noch viele weitere misshandelte Lebewesen (Kriegstraumata) ganz allgemein profitieren können.

Für die Hundehaltung könnte dies bedeuten, dass die, die als „Kampfhunde" ausgebildet wurden und während dieser Ausbildung unter starkem Stress standen, daraus ebenso eine Veränderung dieses Gens entwickelt haben. Die Käufer aus solchen Blutlinien müssten sich daher überlegen, aus welcher Zucht Hunde stammen, wie sie gehalten, geprägt und erzogen wurden. Selbst auch Elterntiere könnten somit Träger eines defekten Gens sein, das sie weiter vererben, und damit deren Welpen später in gewissen Situationen nicht mehr kontrollierbar oder verlässlich sind.

Ich erinnere mich, vor einigen Jahren einen Kampfhund erlebt zu haben, der aus einem gewöhnlichen Spiel plötzlich bitterer Ernst machte, ohne dass die damals einjährige Hündin etwas vom Zaun gebrochen hätte. Sie gewahrte das veränderte Verhalten des Spielkameraden, zog unverhofft die Rute ein und ich bat die Halterin, ihren Hund an die Leine zu nehmen. In der Tat befand sich dieser urplötzlich in einer Dominanzphase, und ich glaubte, schon damals festzustellen, dass der Hund wie in eine andere Haut schlüpfte oder ein Kippschalter betätigt wurde, und dass das vorherig friedliche Spiel zu einem Kräftemessen auszuarten drohte. Die Bewegungen des Kampfhundes wurden steifer und aggressiver. Zum Glück erkannte ich die Sachlage und brach das Spiel durch meine Intervention sofort ab. Später hörte ich, dass dieser Hund aus einer Kampfhundelinie stammte und selbst, wohl gut geprägt, große Probleme machte. Wie er endete, ist mir nicht bekannt.

Interessant ist hierbei, dass man schon lange vor dem Wildwuchs von sogenannten „Hobbyzüchtern" warnt, aber jetzt könnte man mit dieser Erkenntnis Argumente ins Feld führen, welche neu und einleuchtender sind. Für den guten und seriösen Rassehundezüchter sind auch dies einleuchtende Gründe, und ich denke, dass auch über Gesetze und Auflagen künftig nachgedacht werden sollte. Von der Käuferschaft sollte genauer die Herkunft der Hunde durchleuchtet werden.

Somit dürfte schädliches Emotionsverhalten, das Gewalt beinhaltet, keinen Platz in der Hundeausbildung finden. Nur dies stärkt das gegenseitige Vertrauen und die Verlässlichkeit unseres Teampartners Hund.

Zurück zu meinem Faust. Auch zu Hause erkenne ich bei meinen Hunden viele Unterschiede. Der Schlaf meines Faust ist bedeutend erlebnisreicher und belastender als derjenige von Jypsy, auch wechselt er nachts oft seinen Liegeplatz. Auch tagsüber träumt er und zeigt eine erhöhte Unruhe, während er schläft. Auch Jypsy zeigt dies, aber nie in solchem Ausmaß.

Liegt Jypsy beim Essen unter dem Tisch mir zu Füßen, legt Faust sich abseits, mit einem Ausdruck zwischen Melancholie und Interesselosigkeit und wendet sich ab, um einem herunterfallenden Happen nicht nachsehen zu müssen. Dieser Ausdruck beeindruckt mich, denn diese Mimik zeigt Frustration und Enttäuschung, überdeckt durch gespielte Interesselosigkeit vermischt mit Trauer und Ohnmacht. Kaum aber rufe ich ihn, kommt er in freudiger Erwartung. Er ist ein bewegender Hund, und ich kann nur sagen: Wir mögen ihn nicht nur deswegen, sondern wegen vieler anderer Verhaltensweisen mehr!

Zu Hause fühlt er sich nur scheinbar wohl, denn es muss ihn etwas bedrücken. Dies schließe ich aus seinem Verhalten. Seine Art sich Hinzulegen, ähnlich einem Embryo, zeigt ihn mit sehr wenig Lebensfreude. Ein purer Gegensatz zu seinem Verhalten in freier Natur! Dies alles interessiert mich, denn im Gegensatz zu draußen im Wald ist er zu

Hause nur ein Schatten seiner selbst. Er legt sich auch im Verhältnis zu Jypsy ganz anders auf das Sofa, indem er beinahe seinen Kopf darin zu verbergen versucht. Es ist, als wäre er traurig, eben depressiv, wie ich schon sagte.

Gehe ich mit meinen Hunden aus der Wohnung zum Lift, fahre hinunter, nehme den Weg durch den langen Korridor zur Garage, sieht man sehr deutlich den Unterschied zwischen meinen Hunden. Jypsy beinahe tänzelnd, erwartungsvoll, selbstbewusst und sich auf den

bevorstehenden Spaziergang freuend, so schreitet Faust wie teilnahmslos mit hängendem Kopf, angelegten Ohren und hängender Rute neben ihr her, als würde die eine zur Hochzeit fahren und Faust zur Schlachtbank geführt. Die Bedeutung dieses Verhaltens erscheint mir als Spiegel seiner Jugend. Gerade diese Unterschiede zeigen, dass mit seiner Psyche etwas nicht stimmt. Ebenso folgt er mir noch heute auf Schritt und Tritt und dies, obwohl nach über einem Jahr er endlich spüren müsste, dass er definitiv zu uns gehört. Wer weiß, ob ich ihm irgendwann einmal kundtun kann, dass er sich auf uns verlassen darf, oder weiß auch er, dass Glück vergänglich ist?

Manchmal denke ich, gerade wenn ich den ganzen Frust von der Seele geschrieben habe, dass mein Faust dies bemerkt. So hat er sich in den letzten Tagen in verschiedenen Beziehungen etwas besser gezeigt als erwartet. Er ließ das Bett-Kissen in Ruhe, und zu Hause scheint mir alles doch etwas „normaler" abzulaufen, was heißt, er zeigte sich in letzter Zeit auch leicht froher.

Lustig war zu sehen, wie heute früh Jypsy ihren Ball bei einer interessant riechenden Hecke liegen ließ, er sich diesen erstmalig schnappte und wegtrug. Jypsy reagierte sehr gelassen, schaute mich nur vorwurfsvoll an, ich rief Faust zu mir, mit „Aus" übergab er mir den Ball und ich gab ihn ihr wieder, womit wir fröhlich weiter des Weges gingen. Ich denke, Faust wie Jypsy sind beide für einen jeden eine Bereicherung. Dies erkennt man, wenn er sich zu stark an mich anschmiegt. Ein kleiner Laut von ihr genügt, und sofort entfernt er sich von mir und versucht, sie zu beschwichtigen. Er ist ein feiner „Herr", von mir aus gesehen ein echter Hund mit Klasse, mit Einfühlungsvermögen und ein Taktiker.

Ein anderes Mal trafen wir am Waldrand eine größere Pfadfindergruppe und ich bemerkte schon, wie Faust unruhig wurde, sobald wir von weitem Stimmen hörten. Zur Sicherheit gab ich ihm einen Ball, nahm die Leine etwas kürzer und wir kamen zu der Gruppe, die vor einem Lagerfeuer hockte. Da zog er ziemlich heftig gegen das Auto. Es war überhaupt nicht so, als wollte er die Kinder angreifen, nein, er will eher dem Lärm oder vielleicht auch dem Geschrei oder einer Gefahr ausweichen. Er war einfach verunsichert, und so marschierten wir in einigen Metern Abstand am Lagerfeuer vorbei und machten sodann noch den gewohnten Zusatzweg, um meinen Hunden die letzte Möglichkeit zum Versäubern zu geben. Danach kehrten wir zum Auto zurück, doch kurz zuvor trat ein Junge aus dem Wald. Dieser „Pfadi" war abkommandiert worden und suchte nach einem nahe gelegenen Brunnen. Ob ich einen nahelegenden Brunnen wüsste, fragte er mich und ich erklärte ihm den Weg. Faust, ich weiß es ja, ist nicht aggressiv, doch er sprang kurz am Jungen hoch, und ich konnte genau sehen, dass er gegen diesen absolut nichts im Schilde führte, weder gegen ihn schnappte, sondern im Grunde um Aufmerksamkeit buhlte. Dieser hielt drei leere Plastikflaschen in den Händen, die er mit Wasser füllen musste, und zuckte nicht mit der Wimper, als sich Faust für ihn interessierte. Ja, er ignorierte Faust förmlich. Der Junge kam noch ein kurzes Stück mit uns bis zum Auto, und Faust lief neben diesem, als gehöre er zu unserem Rudel. Dann wies ich dem jungen „Pfadfinder" nochmals den Weg, und er verabschiedete sich freundlich dankend.

Zu Beginn versuchte Faust stets, durch eine Drehsenkung seines Kopfes sich der Halskette zu entledigen. Anfänglich ist dies ihm hin und wieder gelungen, aber heute versucht er es nicht einmal mehr und haut auch nicht mehr einfach ab oder wartet, bis ich ihm diese wieder übergezogen habe. Grundlos rennt er nicht mehr weg oder umkreist uns auch nicht mehr mit einem „Fang-mich-doch Gebell". Er versuchte es nicht einmal mehr, und so führe ich ihn bereits seit Monaten mit einer üblichen Gliederkette, die bei ihm relativ lose am Hals hängt.

Am 10. Juni 2010, kurz nach 12.00 Uhr mittags, begab ich mich in die Garage zum Auto, um mit meinen Hunden zum Wald zu fahren. Ich verließ den Lift, meine Hunde schlugen sogleich den Weg zur Garage ein. Ich folgte in einem Abstand von vielleicht vier Metern und glaubte zu träumen. Einige wenige Meter vor uns saß ein in etwa 1-½-jähriges Mädchen mutterseelenallein inmitten des Korridors auf dem Boden und strahlte meinen Faust an. Dieser und dahinter meine Jypsy liefen an diesem Kleinkind vorbei, und als ich ebenso beim strahlenden Wesen vorbei kam, erschien gleichzeitig unter der Türe, die direkt zur Garage führt, dessen Mutter. Ich war beeindruckt, wie Faust diese Situation meisterte, hingegen die Mutter dieses Mädchens erschrak, als sie die Hunde vor sich sah. Es schien, dass der ältere Bruder mit seiner Schwester ein kurzes Stück durch den Korridor gegangen war, während die Mutter mit einer Mitbewohnerin des Hauses in der Garage noch Informationen austauschte. Dieser verließ seine „kleine Schwester" und kehrte zur Mutter zurück, die nun erschrocken mit ihm vor meinen Hunden und mir stand. Ich weiß, dass meine Hunde bezüglich Aggression auf Menschen ganz allgemein sehr zurückhaltend sind, denn meine Jypsy ist erprobt und sicher in allen Dingen. Sie lässt sich von nichts dergleichen beeindrucken. Auch Faust ist kein Hund, welcher ein Kind als „Beute" betrachten würde, hat er doch selbst bei hilflosen Tieren eine ausgesprochene Beißhemmung. So war ich echt stolz auf meine Hunde, denn sie ließen sich von diesem alleine dasitzenden Kind in keiner Weise aus der Ruhe bringen und passierten dies ohne jegliche negative Reaktion. Erst im Nachhinein machte ich mir darüber Gedanken, denn man stelle sich vor, es wäre etwas passiert. Sicher sind alle Hundehalter zur sorgfältigen Erziehung angehalten, was meine Hunde für sich hier unter Beweis gestellt haben. Aber passiert so etwas anderswo, und ein Hund würde ein Kleinkind verletzen, ergäbe dies ein „Festessen" für die Presse und eine „Hetze" gegen die Hundehalter. Aber so spricht niemand von all den glücklich verlaufenen Fällen, die wie hier durch die Unaufmerksamkeit von Erwachsenen verursacht werden. Vor allem Sporthundeführer erziehen ihre Hunde bedeutend besser, denn sie haben um ein mehrfach größeres Basiswissen als die meisten „Hundeliebhaber". Auch darüber sollte die Presse hin und wieder schreiben und nicht nur Horrormeldungen verbreiten und über Beißunfälle berichten, die zumeist nur durch verwahrloste und unerzogene Hunde ausgelöst werden. Leider pauschalisieren die Medien wie auch Politiker viel zu schnell, weil es einfacher ist, einen stummen „Schuldigen" zu verurteilen. Ich laufe ja auch nicht blindlings über eine stark befahrene Straße. Gefahren gibt es überall, aber es war ja schon immer so bei den Menschen, dass man gerne die Schwächsten zu Schuldigen macht! Für Sporthunde löst generell der normale Mensch keinen Beutereiz aus, denn dieser wird durch den Sport gestillt. Dies erfolgt durch den Schutzdiensthelfer mit seinem Schutzarm, und gerade das macht eben den Unterschied, wird aber selbst von Politikern aus Unkenntnis der Materie immer wieder fälschlich zum Stimmenfang trotz besseren Wissens uminterpretiert. Viel gefährlicher sind unterbeschäftigte Hunde, die kein Ventil haben sich auszuleben, oder Hunde mit zu wenig Auslauf und Betreuung. Daher ist der Schutzdienst für Sporthunde samt allen Belastungen, wie Stockschlägen, Bedrohung und Fluchtszenarien für die Gesellschaft ein Segen, denn er sichert damit gleichzeitig die Wesensmerkmale und Qualitäten eines guten Gebrauchshundes und bringt diesem wie dem Hundehalter die auch hier bewiesene Alltagssicherheit im Umgang zu den Mitbürgern dieser Welt.

Selbst wenn man die Vorgeschichte von Faust kennt, so ist es nicht ungewöhnlich, in relativ kurzer Zeit durch Selbstbeherrschung und Verständnis für das Wesen Hund, sein Verhalten gegenüber den Mitmenschen positiv zu beeinflussen. Ich bin sicher sehr stolz auf das, was ich bisher erreicht habe, aber auch stolz auf den edlen Charakter meiner Hunde. Man hatte bei Faust als Welpe und Junghund viele Fehler gemacht, und trotzdem hat er sich im vergangenen Jahr gut entwickelt. Er ist weder ein Angstbeißer noch explizit aggressiv, sondern eher ein edler, zurückhaltender, doch vom Menschen verunsicherter, freundlicher Hund geblieben.

Das Nuckeln am Deckenüberzug oder Kissen hat er bereits seit vielen Wochen völlig abgelegt. Ich freue mich, dies gewaltlos vollbracht zu haben, denn die Gründe lagen kaum nur an schlechter Gewohnheit oder Genetik, sondern ich denke, dass er mit diesem Gehabe seinen seelischen Stress abzubauen versuchte.

Sein Gehör, oder besser gesagt das Gehör meiner Hunde ist unglaublich. So hören sie die Pferde schon lange, bevor ich sie überhaupt sehe oder selbst wahrnehme. Faust reagiert genau gleich, als wäre Wild in unmittelbarer Nähe. Er ist in diesen Augenblicken angespannter und aufmerksamer als Jypsy. Kommen die Pferde näher, so rufe ich ihn zu mir, und ich brauche nichts zu sagen, schon legt er sich hin und wartet, bis sie vorbei sind. Danach würde er ihnen aber nachjagen wollen, wäre er frei, doch diesen Drang verhindere ich damit, dass ich ihn recht lange im Sitz behalte und aufrichtig lobe. Danach lasse ich ihn in die Leine laufen, doch bevor er das Ende dieser acht Meter erreicht, dreht er bereits ab um nochmals ein oder zwei Runden anzufügen. Ich denke, dass er im Moment dieses Ventil noch braucht, um seine innere Erregung besser in den Griff zu bekommen.

Ich genieße diese Spaziergänge ganz besonders, denn früher schmerzte mich jeder Schritt und ich war daher nur selten optimal eingestimmt. Aber jetzt, nachdem eine engagierte Oberärztin mir zu enormen Fortschritten verholfen hat (Danke, liebe Frau Doktor N.S.!), sind die „grauen" Gedanken verflogen, und ich frage mich nicht mehr, ob ich die Übernahme von Faust nicht besser gelassen hätte. Ich denke, im Gegenteil, dass gerade meine Hunde mir die Kraft geben, mich immer durch gewisse Krisen zu beißen, um meine Verpflichtung ihnen gegenüber wahrzunehmen, was sich auch auf meine Füße positiv auszuwirken scheint. Auch das Ziehen an der Leine hervorgerufen durch Wild, das vor uns auftaucht, ist heute nicht mehr so problematisch wie früher, denn sie kennen zu 80 Prozent das Ende der Auszugsleine. So stehen sie bei gestreckter Leine und beobachten fasziniert das Wild, wohl wissend, dass ich keine Jagd zulasse.

Im Buch „Wölfisch für Hundehalter" von G. Bloch und Elli H. Radinger wird „Von Alpha, Dominanz und anderen populären Irrtümern" gesprochen. Hier wird anhand von Freiland- und Vergleichsstudien zwischen Hund und Wolf mit vielen Irrtümern, die noch heute im Volksmund kursieren, radikal aufgeräumt. Wir erfahren eine abgeklärte Sicht, vor allem zum Verständnis des genetisch bedingten Verhaltens unserer Hunde. Viele begründen ein Verhalten vom Wolf ableitend, doch unsere Hunde sind ebenso geprägt von ihrer direkten Umgebungsstruktur und daher eine Mischung. So sind schlecht betreute Hunde bedeutend schwieriger einzuschätzen als gut geprägte mit ausgeglichenen Führern.

Es gibt immer wieder Argumentationen verschiedenster Autoren, die je nach Standpunkt widersprüchlich erscheinen, doch es ist eben oft auch das persönliche Augenmaß und Einfühlungsvermögen gefragt. Man muss vieles lesen, um das Verständnis zu erweitern, denn es ist auch die Persönlichkeit jedes einzelnen Individuums, das die Sicht verändern kann. Wenn der Sinn eines Ratschlags nicht überzeugend ist, soll man diesen überdenken, eigene Beobachtungen mit einfließen lassen und nach eigenen Wegen suchen. Jedes Tier ist so einzigartig wie auch der Mensch, und diesem Wissen zur Folge hat keine Theorie Anspruch auf absolute Gültigkeit. Doch viele Erfahrungsberichte schaffen Bandbreiten, die dem Hundehalter helfen, mit seinem Tier eine erfolgreiche Übereinstimmung zu finden. Es scheint mir aber auch, dass je nach Situation oder der persönlichen Verfassung Faust mehr oder weniger stark auf die Umweltreize reagiert. So gibt es Tage, wo er gegenüber Joggern, Reitern oder sonstiger Wanderer unsicherer wirkt und stärkere Emotionen anzeigt als an anderen Tagen. Es wird noch viel Zeit vergehen, bis er mehr innere Sicherheit erlangt, aber sind wir als Menschen genauso sicher in allem, was wir tun? Die Harmonie, wie ich sie bei meiner Jypsy empfinde, scheint noch in weiter Ferne. Aber sie ist hoffentlich nicht unerreichbar, und ich wünsche mir nichts sehnlicher, Faust möge eines Tages die kleine Türe zu seiner verletzten Seele um einen größeren Spalt öffnen.

Seltsam berührte mich ein Erlebnis während der vergangenen Woche. Ich war bei meinem Freund Bernard zu Besuch in Marly. Bevor wir zusammentrafen, ließ ich meine Hunde ins Freie, damit sie sich etwas Bewegung verschafften, denn wir waren schon seit gut zwei Stunden unterwegs. Ich fuhr gegen Granges-sur-Marly hinauf und führte dort beide an der Leine durch die Landschaft. Plötzlich zog Faust zu einem Baum, und ich dachte so für mich, was mag dort so Spezielles sein, außer er will seine Präsenz markieren. Auch Jypsy zog es magisch zu Faust, und so verharrten beide vor etwas „Schwarzem", und erst näher tretend erkannte ich, was sie dort so spannendes vorfanden. Eine Krähe, möglicherweise verletzt, schmiegte sich mit ausgebreiteten Flügeln an den Boden am Fuße dieses Baumes leicht verdeckt von jungen Blatttrieben, die wie schützend über dieses Wesen sich erstreckten. Keiner meiner Hunde, nachdem ich „Platz" befahl, nun beide vor der Krähe liegend, zeigte Aggression, noch getrauten sie sich, dieses Tier mit ihren Pfoten zu berühren. Sie beschnupperten die Krähe hautnah mit großer Vorsicht und Zurückhaltung, obwohl sie normalerweise diesen Vögeln beherzt nachjagen. Ich kenne keinen Hund, der jemals eine Krähe fangen konnte, denn Krähen verstehen und beherrschen das Spiel mit unseren Vierbeinern. Ich zog Faust und Jypsy zurück, befahl beiden, sich erneut hinzulegen, um mich selbst nahe genug heranzuwagen. Nun beäugte mich die hellwache Krähe mit ihren blitzenden und im Lichte funkelnden Augen, als wolle sie sagen: „Was gaffst du so blöd, lasst mich doch in Ruhe!" Mir kam das Buch „Wölfisch für Hundehalter" in den Sinn, wo die Symbiose zwischen Wölfen und Krähen beschrieben ist und war mehr als erstaunt, dass meine Hunde diesen Vogel nicht angegriffen hatten. Dieses Erlebnis ist bemerkenswert und geht mir nicht mehr aus dem Sinn. Könnte Genetik über so viele Jahrtausende und Generationen noch immer ihre Wirkung zeigen, oder war es nur ein ungewohntes und überraschendes Zusammentreffen? Ein Fuchs hätte diese Begegnung mit meiner Jypsy nicht überlebt, da bin ich mir aus Erfahrung sicher.

Fausts Verhalten beim Knall von Feuerwerkskörpern zeigte er am vergangenen 1. August nicht mehr so heftig wie früher. Wenn ich alles beschreiben müsste, benahm er sich weniger gestresst und stand weniger unter Druck als selbst am vergangenen Silvester oder am Nationalfeiertag im Vorjahr. So bin ich im Grunde zufrieden mit seiner Entwicklung. Ich weiß ja selbst, wie schwierig es ist, einen Hund mit diesem Handicap in eine Schussgleichgültigkeit zu führen. Allerdings muss ich hier anfügen, dass ich alle Gäste auf die Problematik hingewiesen hatte, und sie versuchten das Knallen in der Nachbarschaft zu ignorieren und streichelten ihn auch nicht, obwohl er sich sehr unruhig zeigte. Aber durch die Gäste war er selbst auch abgelenkt, und somit blieb alles in einem gewissen Rahmen.

Die Ausgeglichenheit von unserem Faust hängt von so vielen Faktoren ab, und man weiß nie mit Sicherheit, welche Folgen ein unbestimmter Auslöser wie auch nur minimalste Einwirkungen zum falschen Zeitpunkt auf seine undurchsichtige und belastete Seele haben. So zeigt es sich einmal mehr, dass, wenn selbst Kollegen der Meinung sind, ich wäre allzu nachsichtig, es sich langfristig lohnen kann, vor allem Geduld zu haben und nach humanen Wegen zu suchen. Genauso ist es bei einem Welpen, denn wer nicht mit Liebe und Geduld diesen auf das Leben vorbereitet, wird kaum zu einem glücklichen Team wachsen.

So ging dieses Gratwanderung immer weiter. Meine Bemühungen und Fragen, mit welchen ich alle Bekannten und Freunde weiterhin durchlöcherte, brachten nichts zu Tage. Ich kenne nun schon so viele „Besserwisser", die mir erzählen, wie ich mit meinem Faust umzugehen hätte, als könnten diese meinen Faust mit all seinen Erlebnissen sofort einschätzen und wüssten, was zu tun wäre und woran alles liegt ...??!! Zu oft hörte ich Vorwürfe über meine Schwäche als Hundeführer, aber immer, wenn ich meinen Hund in seinem gesamten Verhalten beobachtete, erkannte ich seine immense Sensibilität und fühlte mich glücklich mit dem, was er mir zeigte. Wir verstehen uns besser, als die Umwelt zu ahnen vermag.

Befindet er sich mitten unter Pferden, Menschen mit Hunden, Joggern und Spaziergängern, selbst in dichtem Gedränge an belebten Orten wie Bahnhof, Menschengruppen oder Gondelbahn, so ist er ruhig und normal, zeigt weder Angst noch übermäßigen Stress, aber möglicherweise wurde er in solchen Situationen auch nie beschädigt. So spielen Erlebnisse in den genannten Situationen keine negative Rolle, welche sein Denken ausschalten würde. Sobald seine persönliche Emotionalität oder diejenige des Hundeführers durch einen plötzlichen Auslöser über ihn hereinbrechen und seine schlechten Erfahrungen ins Spiel kommen, so flippt er aus, und selbst in der Position „Platz" kann er sich nicht mehr entspannen und bleibt in Erregung, bis Pferde, Spaziergänger oder was auch immer vorbei sind. Die Kompensation erfolgt, indem er nicht unbedingt dem Jogger nachspringt, sondern weiter in unsere Laufrichtung rennt und kurz vor dem Ende der Leine zurückkommt, um gleich wieder dasselbe Spiel zu machen. Nach einigen „Ellipsen" beruhigt er sich, und sobald seine „Erregung" für ihn vorbei zu sein scheint und sein Ritual abgeschlossen ist, wird er wieder so normal wie zuvor. Wenn ich ihn aber zwinge, bei mir zu bleiben, und er seine Emotion nicht ausleben darf, kann ich minutenlang warten, und er zeigt dieselbe Reaktion einfach in sich langsam abschwächender Form. Oft frage ich mich, ob es sich um eine Hirnstörung handeln könnte, die bei einer entsprechend nervlichen Anspannung sich kurzschließt, um nach einer gewissen Zeit erst wieder abzuklingen?

Nun habe ich auch noch meinen Freund Beat Brügger aufgesucht, der mir einige Tipps gab. Allerdings hat auch er Zweifel, ob das Fehlverhalten geheilt werden kann. So sagte er, wenn die Prägungsphase versaut wäre, seien Fehlverknüpfungen die Folge und erschweren ein konstruktives Umpolen. Wer denkt, einem Malinois mit handfester Einwirkung während der Jugendzeit etwas beizubringen, irrt, denn dieser Hund lernt wohl sehr schnell, aber durch seine Intelligenz und sein Lernvermögen erkennt er ebenso schnell, woher Ungemach droht. Eine Strafe, die der Hund mit dem Hundeführer verbindet, wird dieser in kürzester Zeit vorwegnehmend erkennen und der Hund lernt lediglich ein Ausweichen oder Fliehen." Beat hatte auch einige Ideen, was in Faust in etwa ablaufen könnte, und wie er dies unter Umständen als

Kompensation zu seinen Erlebnissen zeigt. So konnte er aufgrund meiner Schilderungen Möglichkeiten aufzeigen, mit welcher Strategie ich erfolgreich sein könnte. Selbst wenn ich versuche, alles richtig zu verstehen, so schien es mir wie im Hundesport, wenn ein Ausbildner die Lernschritte erklärt. Zuerst darüber schlafen, dann im Kopf alles nochmals durchdenken, um alsdann die Lernschritte vorsichtig und spielerisch einüben.

Die Kollegen aus dem Tierheim, wo er vor mir war, machen mir meine Führungsschwäche zum Vorwurf, was zeigt, wie wenig diese von einem belgischen Schäferhund „Malinois" verstehen. Dieser weckt nämlich in mir gerade den allergrößten Respekt. Dies habe ich ebenso mit meiner Jypsy erfahren, welche durch die gegenseitige Kommunikation imstande ist, sich mir tatkräftig mitzuteilen. Sie konnte sich auch mutig zur Wehr setzten, wenn sie etwas nicht verstand. So reagiert sie energisch und schnappt auch, wenn ich ihr aus Versehen auf ihren Fuß trete. Dies zuzulassen ist nur möglich, wenn gegenseitiger Respekt gepflegt wird. Ihr Verhalten „Sich-zur-Wehr-Setzen" bedeutet für mich keine Führerschwäche meinerseits und wird vom Hund auch nicht so interpretiert. Jedoch in diesem Falle wäre es grundfalsch, meinen Hund für den mir zugefügten Schmerz und ihn wegen seiner berechtigten Reaktion zu bestrafen. Das Beste war immer, wenn ich in solchen Situationen absolute Ruhe bewahrte und ihr Verhalten ignorierte. Zurückschlagen würde nur in einen Kampf münden, und hier ergäben sich nur Verlierer. Sie verlöre das Vertrauen in mich und ich eine freudige Mitstreiterin. Faust im Gegensatz zu Jypsy reagiert bestenfalls mit „Flucht" oder nimmt einfach alles hin. Ob dies darauf hindeutet, dass er gebrochen worden ist, bleibt dahingestellt. Ich kann mir dieses Verhalten bei einem im Trieb hochstehenden Hund auch nicht besser erklären.

Wenn wir so mutterseelenallein im Wald spazieren, ist Faust sehr umgänglich. Oft lasse ich meine Jypsy an einem Ast nagen und halte mich zurück, um ihr dazu auch Zeit zu lassen. Faust hingegen umkreist uns, als wüsste er nichts anderes zu tun, als seinen Tätigkeitsdrang durch diese Ersatzhandlung auszugleichen. Er kommt kaum mehr aus dem

Schema seines heutigen Verhaltens heraus. Er braucht viel Geduld und Zuneigung, ohne dass ich dabei meine Jypsy vernachlässige, denn auch sie beansprucht meine Aufmerksamkeit und mein Wohlwollen. Ich hoffe immer noch auf ein kleines Wunder, aber dies dauert beim Faust einfach etwas länger ...

So bleibt am Ende bei Problemen meist nur der vorsichtige Versuch, sein Verhalten für mich selbst durch genaues Beobachten zu interpretieren und gleichzeitig mit fantasievollem und sachtem Gegensteuern, den Hund wieder zur Normalität zu führen. So erhalten wir das gegenseitige Vertrauen und lernen, mit ihm über verschiedenste Ebenen zu kommunizieren. Wir alle machen Fehler, aber solange Vernunft, Verstand und der gegenseitige Respekt gewahrt werden, kann im Grunde nichts schief gehen. So bietet sich jedem die Möglichkeit, einen Hund erfolgreich zu führen und auszubilden, denn der Hund ist bei engagierter Motivation von der Seite des Hundeführers immer bereit, seine Verhaltensweisen unseren Ansprüchen anzupassen und stellt sich im Normalfall erwartungsvoll und positiv auf ein Spiel über verbales Lob oder Belohnung ein. Wichtig ist, dass der Hund fair und mit Sachverstand geführt wird, und keine Emotionen außer positive ausgelebt werden. Bei jeder Korrektur ist es wichtig, dass stets das Lernen, sein Wohl und gleichzeitig die persönliche Zuneigung im Vordergrund stehen. Nur so formen wir ihn.

Vor einigen Tagen streiften wir durch den Wald, als hinter uns eine Reiterin langsam zu uns aufschloss. Faust verfiel wie üblich in ein hektisches Traben, indem er sich im Kreis vor mir bewegte. Als die Amazone nahe genug war, befahl ich ihm, sich ins „Platz" zu begeben, und er legte sich artig neben mich. Meine Jypsy stand teilnahmslos daneben und war unbeeindruckt. Gleichzeitig, als die Reiterin auf unserer Höhe war, kam noch ein Förster mit seinem Auto und fuhr im Abstand von wenigen Sekunden ebenfalls an uns vorbei. Nach einem kurzen Moment wollte ich weiter gehen, gab das Kommando bei mir zu bleiben, aber Faust war innerlich so erregt, dass er einen Spurt hinlegte und ich vor lauter Schreck, er könnte mich umreißen, die Leine losließ. Faust stürmte gegen das Pferd, wetzte unter dessen Bauch durch, die

Ausziehleine schlug kurz an dessen Hufe, und er blockierte es durch kurzes Bellen. Das Pferd ging vorne hoch, die Reiterin parierte und ritt gegen meinen Faust. Hiervon beeindruckt floh er einige Meter, die Reiterin drehte ihr Pferd und ritt von dannen. Ich rief Faust zu mir und staunte über die Coolness dieser Reitsportlerin. Faust kam, den Griff der Leine im Schlepptau, direkt zu mir. Es ist möglicherweise für ihn zu viel, wenn gleichzeitig ein Pferd und ein Auto im Wald so kurz nacheinander auf uns treffen. Es dauerte noch eine gewisse Zeit, bis er sich wieder beruhigte. Dass er umgehend zurückkam, war wohl eines Teils wegen der störenden Auszugsleine (Flex) und andererseits der Beherztheit der Reiterin geschuldet, welche mutig und gekonnt auf ihn zuritt. Das anzufügende „Leider" ist, dass er hieraus einfach nichts lernt, denn alles geschieht aus meiner Sicht, als mache er dies einfach aus Verwirrtheit, als fege ein Sturm durch sein Gehirn, der klares Denkvermögen verhindert.

Nun hat Faust wieder etwas ganz Spezielles entdeckt. Sobald meine Jypsy mit einem Blatt aus dem Wintergarten zwischen ihren Lippen sich vor mich hinsetzt, mich fixierend eine Belohnung für ihre Bring-Leistung einfordert, so kommt nun neu auch Faust hinzu, steht an mir hoch, und zeigt mit seiner Schnauze auf das Blatt zwischen ihren Lippen. Abwechslungsweise schaut er auf mich und zeigt auf das Blatt und wiederholt dies mehrere Male. So fordern sie gemeinsam, als würde er sagen: „He Dummerchen, siehst Du nicht das Blatt zwischen den Lippen von Jypsy? Du weißt doch, was dies bedeutet!", und unterstützt die Handlung von Jypsy, indem er mir sogar den Weg zur Belohnung durch wenige Schritte in Richtung Futtertonne anzeigt. So ist man immer wieder überrascht, wie intelligent so ein Hund in Wirklichkeit ist, und lernt damit ermessen, wie gut die Denkleistung sich bei guter gegenseitiger Bindung entwickeln könnte. Ich weiß noch von vielen weiteren Kooperationen zwischen meinen Hunden, die sie klar gemeinsam anzetteln. Dieses Harmonieren immer wieder zu erkennen, ist eine wunderschöne Bereicherung im Alltag. So gestaltet sich das Zusammenleben lebendig und abwechslungsreich. Hierzu gehört das „Wecken" am Morgen, ohne dass ich bemerken soll, dass meine Hunde die Störenfriede sind, oder wie sie mir ihre Bedürfnisse erklären. So entwickeln die Hunde sehr schnell ihre eigene Sprache und Schlauheit, die sie gekonnt einsetzen, wo sie profitieren können oder auch, um mich zu ihrem Vorteil ideenreich zu beeinflussen. Oft sind es nur die Augen respektive der entsprechende Blick mit dem dazugehörigen Ausdruck und Verhalten, das mich lenken soll, denn jeder Hund hat seine eigene Form und in dieser auch sein eigenes, vielsagendes Gesamtbenehmen. Je besser wir uns gegenseitig kennen, desto offener und klarer entwickelt sich deren Forderungsverhalten. So wird eine gewisse Zwiesprache mit seinem Menschen möglich. Auch dies ist ein Stück der großen Faszination, die Hunde zu einem der beliebtesten Begleiter des Menschen gemacht hat. Die Augen des Hundes sind wie ein Spiegel seiner Seele. Wie ich meiner Jypsy beim Start zur Unterordnung bei der Weltmeisterschaft in ihre klaren Augen schaute, wusste ich, nun gibt sie alles, und ich kann auf sie zählen. Faust hat noch einen weicheren, weniger direkten und weniger fordernden und selbstbewussten Blick, beginnt aber gleichwohl, zu Hause immer mehr mit mir zu kommunizieren. Er drückt seine momentane Stimmung noch durch komplexeres Verhalten aus, indem er mich wohl oft nur ganz kurz ansieht, aber gleichzeitig auch seinen ganzen Körper miteinbezieht. So zeigt er sich ungestümer als Jypsy und benimmt sich wie jemand, der etwas erklären will und die richtigen Worte nicht findet. Ein Beispiel hierfür ereignete sich auf dem Spazierweg. Jypsy will den Weg links entlang, ich dachte, wir gehen rechts. Sie bleibt stehen, schaut mir in die Augen und signalisiert links. Faust unterstützt ihre Signale und geht hektisch im Kreis, als wolle er sagen: „He! Wir wollen den linken Weg gehen, siehst Du nicht, wie Jypsy dich ansieht?!" So bleibt mir oft ein Lächeln auf den Lippen, aber ich entscheide am Ende trotzdem, indem ich meine linke Schulter in die Richtung des mir vorgestellten Weges wende, nämlich nach rechts, was Jypsy bestens lesen kann, obwohl ich auch hin und wieder nachgebe, ganz zur Freude meiner Hunde.

Die Diagnose

In der Zeitschrift „Hunde" 2/11 vom 18. Februar 2011 las ich einen Artikel unter **„Gewusst?"** von der Tierärztin Dr. Christina Sigrist vom SKG-Arbeitsausschuss Verhalten: **„Leiden auch Hunde an Depressionen?"** und vereinbarte einen Besuchstermin. Ihre Diagnose lautete: Faust weise eine unübersehbare Hyperaktivität/ADS auf, und daher macht jeder Druck ihn noch hektischer, weil er in diesem Zustand nicht mehr in der Lage ist, Verlangtes einzuordnen. Mein Gott, wie war ich erleichtert zu wissen, unter welcher „Krankheit" Faust litt. In dieser Situation konnte er Korrekturen erdulden, aber er konnte sie nicht zuordnen. Das ist es ja, was ich immerzu zu erklären suchte und ihn am Ende nur noch mit viel Verständnis, Geduld und im gegenseitigen Vertrauen führte, entgegen der Meinung einiger aus der Gruppe von Faust, die dominantes Führungsverhalten von mir forderten. Auch meinten sie, ich wäre diesem Hund nicht gewachsen usw.

Eine Verhaltenstherapie für dieses Problem hätte eindeutig ins Welpenalter gehört und frühzeitig erkannt und eingeleitet, wäre sein heute problematisches Verhalten nie entstanden. Dies wäre die optimale Ausgangslage für dieses Geschöpf gewesen. Aber sein damaliger Halter war zu unwissend, die Probleme eines Welpen durch aktives Beobachten zu erkunden und aufzudecken. Selbst das gesamte Umfeld hatte von einem Malinois weder eine Ahnung, noch führten sie diese Rasse im Sport erfolgreich. Von dieser Sorte „Hundehalter und Ausbilder" kenne ich leider noch allzu viele. Der Hund muss im Hundesport ja nur funktionieren, sonst wehe ihm, heißt bei gewissen Menschen die Devise! Ein Hinterfragen des gezeigten Verhaltens steht aus Zeitgründen bei vielen kaum zur Diskussion. Es fehlt meist auch an Zeit, Geduld und Herzblut, einen ansonsten guten Hund voranzubringen. Gerade hier zeigt es sich, wie nützlich eine kompetente Prägungs-Schule für dieses Wesen gewesen wäre, aber viele betrachten dies als „Kindergartenarbeit" und verzichten und verpassen so Wesentliches.

Aber so, wie ich im Großen und Ganzen seine Geschichte mir zusammenreime, wurde mit ihm möglicherweise alles falsch gemacht, was man falsch machen konnte. Faust war die total unverstandene arme

Seele. Selbst ich bedauere die verlorene Zeit, während ich auf der Suche nach einer Lösung selbst Tierärzte befragte, aber auch kein einziger Hundesportler, von denen ich namhafte kenne, wusste Bescheid über dieses Verhalten, noch konnte man mir eine kompetente Anlaufstelle benennen. Das Schwierigste für mich war, wenn man das frühere Umfeld kennt und daraus die Ursachen seines Verhaltens abzuleiten versucht, dass die gezeigten Muster sich immer wieder bestätigten. So war für mich seine gezeigte Panik nur eine Reaktion auf falsche Korrekturen. Und dies dürfte auch richtig sein. Aber dass man vor dem Korrigieren das Hirn einschalten sollte, das fehlt bei sehr vielen sogenannten „Weisen" des Hundesports, die vielleicht einmal mit einem guten Hund das „Glück" hatten, Erfolg zu haben. Dass es sich hier um eine Hyperaktivität gekoppelt mit ADS handelte und eine Korrektur den Hund nur noch mehr verwirrt hätte, erkannte keiner in meinem Umfeld und nur Frau Dr. Christina Sigrist, welche Erfahrung mit solchen Hunden hat, konnte das Problem auf Anhieb erkennen. So bin ich mehr als erleichtert, diese dramatische Geschichte und das ewige Suchen nach kompetenter Hilfe hinter mich gebracht zu haben. Ich freue mich außerordentlich, diese Ärztin durch den Artikel in der Zeitschrift „Hunde" nun zu kennen. Ihre Hilfe ist mir Ansporn, das Beste zu geben. Es ist einfach unglaublich, wie wenig an psychologischem Erfahrungswissen und Gefühl in diesem Sport und generell bei Sporthundehaltern vorhanden ist. Dies zeigt das Niveau, auf welchem wir uns heute bewegen, obwohl die SKG sich redlich bemüht, ganz speziell durch die Zusammenarbeit mit solch fähigen Ärzten spezielle Erscheinungsbilder aufzuzeigen, damit rechtzeitig Therapien eingeleitet werden können. So kennen zu wenig Menschen diese wichtige Anlaufstation. Man verliert sich zum Leidwesen dieser Tiere in unzählige vor allem für das Tier belastende und unnötige Korrekturversuche, wobei auch vereinzelt „Scharlatane" sich freuen, an solchen Problemhunden gutes Geld zu verdienen. Durch den verspäteten Beginn der Behandlung wird dies ein schwieriges und langwieriges Unterfangen, denn durch die lange Leidensdauer konnten sich falsche Verhaltensmuster noch tiefer einprägen, die das Tier zum Entlasten nutzt. Dadurch wurde die Problematik leider noch verschlimmert.

So begannen wir die Therapie mit Faust. Dass diese viel Zeit in Anspruch nehmen wird, hat mir Frau Dr. Sigrist von vornherein klar gemacht, aber ich gebe mir Mühe, Faust auf seinem künftigen Weg nach Kräften zu unterstützen. Dass dieser Hund mit seiner Eigenart als „gefährlich" eingestuft wird, ist mir zwar nicht ganz klar, denn ein „gebrochener" Hund wird nicht mehr gefährlich. So freue ich mich auf die Zeit, wenn ich die Gewissheit habe, dass sich Faust sicherer und glücklicher fühlt und sich mit seiner Umwelt wieder in Einklang befindet.

Als wir mit der Medikation begannen, waren die ersten Tage eine herbe Enttäuschung. Alles schien in den alten Bahnen zu verharren, und ich berichtete der Ärztin bereits, dass das Medikament nicht wirke. Doch urplötzlich begann sich nach dem dritten Tag einiges zu verändern. Nun brachte jeder Tag zusätzliche positive Überraschungen aber ebenso auch Rückschläge. Mit der guten Betreuung durch Frau Dr. Christina Sigrist werden viele Hindernisse zu überwinden sein. Hilfreich ist mein gutes Vertrauensverhältnis zu Faust, um ihn weiterhin ohne allzu viel Druck zu fordern und zu fördern.

Jypsy gehört an dieser Stelle ein dickes Lob und Dank, denn sie ist für mich nicht nur ein grandioser Hund, sondern der wichtigste Eckpfeiler, weil sie Faust so bedingungslos und rücksichtsvoll akzeptiert, denn bislang wusste sie möglicherweise als Einzige durch ihren Instinkt, dass Faust sehr litt und schwer krank ist. Herzlichen Dank an dieser Stelle auch an Frau Doktor Christina SIGRIST, die die Defizite von Faust für mich nachvollziehbar machte!!!!!!!

Bereits nach gut einer Woche Therapie war der heutige Sonntagsspaziergang direkt erholsam im Gegensatz zu demjenigen der Vorwoche. Ich konnte Faust beeinflussen und führen, und er gehorchte trotz der vielen interessanten Erlebnisse auf dem heutigen Umgang. Wir meisterten bereits Dinge, bei denen Faust früher explodiert wäre, aber heute war er bedeutend beherrschbarer. Sicher noch nicht die absolute Perfektion, aber trotzdem schon so gut, dass ich mich nicht mehr so gestresst fühlte und auch die Mitmenschen ihn nicht mehr als so hektisch und unsicher – „als unberechenbar" – wahrnahmen. So konzentrierte er sich auf den dargebotenen Ball, und Mensch und Tier konnte an uns vorbeigehen, ohne Faust als Bedrohung zu empfinden.

So macht er nun, wenn auch sehr langsam, Fortschritte, und ich bewundere ihn genauso wie zu Beginn, wo er hilflos und absolut unverständlich reagierte, weil man eindeutig sah, dass er nie richtig zuhören oder Gesagtes einordnen konnte. Ich hoffe immer, dass er dies mit der Zeit und den Medikamenten lernen wird.

Noch zeigt er weiterhin große „Verlassensängste" und verfolgt mich in der Wohnung auf Schritt und Tritt. Danach liegt er aber immer ruhig neben mir und schläft entspannt. Also alles in allem ist er ein Hund, der von Beginn weg bewegt, und heute, mit der Therapie, kommen zusätzliche Facetten dazu. Das hat die Folge, dass ich mich mit ihm nun auch vermehrt beschäftigen muss. Dies hatte ich eingeschränkt, denn was nützte es, wenn er früher durch seine Hektik nichts verstehen, noch verarbeiten oder sich merken konnte.

Gewisse Aufs und Abs mit seiner Psyche wird es noch über längere Zeit geben. Meine Zuversicht ist durch die Medikation um ein Vielfaches größer als noch vor wenigen Wochen. Ich denke, dass seine damit möglich gewordenen Fortschritte im Umgang mit seinen „Nervenkratzern" (Fußgängern, Jogger, Reiter etc.), und durch meine Ablenkungsbemühungen mit dem Ball nun sukzessive das alte und über lange Zeit eingeschliffene Negativmuster seines Verhaltens überzeichnen könnten. Andererseits ist neues Vertrauen zu den normalen Situationen aufzubauen und zu festigen. Im Grunde lehrte ich Faust Ähnliches, was als Welpe hätte gemacht werden müssen. Ich versuche, seine Verhaltensunsicherheit zu beeinflussen. Dies ist beim gut vierjährigen Hund bedeutend langwieriger, als bei einem lernbereiten, unverdorbenen und vertrauensvollen Junghund. Für eine erfolgreiche Prägung braucht es Einfühlungsvermögen. Durch nie verstandene Korrekturen veränderte sich vieles, sodass es für einen Laien immer schwerer wurde, auf das eigentliche Problem überhaupt zu stoßen. Auch die vielen Behauptungen sogenannter „selbsternannter Hundekenner", dass mit diesem Hund alles in Ordnung sei, bewies die fachliche Inkompetenz dieser Menschen. Selbst Hundeschulen, die sich mit V.I.E.T.A. (Berufsverband

Diplomierter Psychologischer Beraterinnen und Berater) anpriesen, konnten die Probleme von Faust nicht aufdecken und wollten zunächst nur durch „Übungen" sehen, wie man dies korrigieren könnte, und glaubten, dass sein Verhalten für eine Therapierung kein Problem darstelle. Dies ließ ich aber nicht zu, denn diese „Chefin mit ihren Schülerinnen" wollte sich nicht in sein beschriebenes Verhalten einlesen, das Aufschluss über seine Problematik gegeben hätte. Auch weitere Hundetrainer, die sogar Bücher über Hunde schreiben, wollten nur den Hund ansehen, aber nur ein paar Zeilen über sein Verhalten zu lesen, wurde als Misstrauen ihnen gegenüber gewertet und alsdann abgeblockt. Aber gerade dies machte mich stutzig, denn erst wollten diese durch ein paar Ausbildungsstunden gutes Geld kassieren, um alsdann mir das gleiche vorzuschlagen, was ich ohnehin schon tat. Für diese Experimente war mir mein Faust zu schade. Vielleicht hatten diese Leute über sein Verhalten auf meiner Homepage insgeheim doch gelesen, wollten aber einfach nur kassieren. (Trau, schau, wem)

Gute Hundekenner unseres Vereins, Hannes und Barbara Tobler, verwiesen mich an Frau Astrid Scheurer, die in kürzester Zeit erkannte, dass Faust sich nicht konzentrieren kann und eine große Unsicherheit aufweise. All dies brachte mich in dieser Odyssee des Suchens zum Entschluss, die wahren Probleme meines Hundes mit einer Ärztin zu besprechen, die sich in der Verhaltensproblematik bei Hunden auskennt. Und dies rate ich einem jeden, der mit seinem Hund nicht zurechtkommt. Trainer haben sehr oft wenig Einfühlungsvermögen und sind meist keine Psychologen für Hunde. So war es geradezu fatal für Faust, dass er hier in der Schweiz als Welpe/Junghund nie fachkundig abgeklärt wurde.

Wenn zwischen einer Vielzahl von Hunden Kranke so schwer erkannt werden, ist dies ein Armutszeichen für unsere Gesellschaft. Es scheint, als brauche es für alles nur noch Spezialisten, denn der gesunde Menschenverstand wird oft ersetzt durch rein technisches Ausbildungswissen. Folge von Zeitnot, gepaart mit falschem Ehrgeiz? Überall erklärte ich meine Probleme mit Faust, beschrieb ihn auf meiner Homepage und keiner gab einen Rat, mit dem etwas anzufangen war. Ich musste mir beinahe vorwerfen lassen, mit Hunden nicht umgehen zu können, oder einen Hund übernommen zu haben, der nichts wert ist, aber positives Verständnis erfuhr ich nur von sehr wenigen Freunden.

Doch die Probleme liegen zusätzlich auch noch woanders. Wenn man bemerkt, dass der Hund gewisse Dinge nicht versteht, soll man nie mit der Brechstange ihn zu lehren versuchen. Ein Tier, das nach vielen Versuchen noch immer nicht begreift, wäre gründlich abzuklären, um sein Verhalten genauer zu ergründen. Aber nun ist dies bei Faust nur noch kalter Kaffee oder Schnee von gestern, denn dies hätte ja bereits in frühester Jugend erfolgen müssen.

Faust macht durch die Medikamente nun leichte Fortschritte und bewegt sich schon bedeutend normaler, sofern in kurzen Abständen nicht mehrere Problemsituationen in Folge auftreten. Die Medikation betäubt den Hund nicht, nein, er scheint einfach etwas normaler und kann mit Emotionen im Moment besser umgehen. Sein „angestrengtes und nervöses Suchen" nach seinen „Nervenkratzern" hat er zu einem Teil abgelegt und konzentriert sich mehr auf seine unmittelbare Umgebung. So üben wir nun die aktive Ablenkung, und diejenigen Menschen, die wir im Wald antreffen, sind überrascht, wie gesittet er sich während eines Gesprächs bereits benimmt. Er „lädt" sich nicht mehr zusätzlich innerlich auf, und kaum gehen wir auseinander, explodierte er auch nicht mehr wie früher. Heute zeigt er noch emotionales Verhalten, doch dieses klingt rascher ab, und seine Erregung ist auch nicht mehr so hoch wie früher. Ich denke ungern zurück, wie viel Mühe er mir zuvor bereitet hat, und schätze mich glücklich, dass Faust sich nun gesitteter aufführt.

Ich sehe, dass Faust noch viele Situationen nicht bewältigen kann. Nach der Beurteilung der behandelnden Ärztin weist sein Verhalten auf irreparable Schäden hin, die ihm physisch und psychisch zugefügt wurden, doch fehlen in solchen Fällen stets die Beweise. Somit schließt sich der Kreis zu einer sehr bekannten Tierkommunikatorin, Frau Helene Gerber, welche mir die Misshandlungen von Faust aus seiner Jugendzeit so erschreckend schilderte, dass ich es kaum fassen konnte. Aber sein Verhalten zeigt es ja selbsterklärend.

So beende ich diese Geschichte und denke, dass, wer nicht versucht, mit Originalität, sorgfältigster Prägung, Sachkenntnis, Herzblut und der dazugehöriger Hingabe einen Hund auszubilden, nie eine stabile Vertrauensbasis aufbauen wird oder langfristig Erfolg hat. Hunde sind sensible Wesen und brauchen für eine nachhaltige Ausbildung Respekt, Zeit, Geduld, Fantasie, Fairness und Einfühlungsvermögen. **Es wird der Tag kommen, wo bei Prüfungen die Lebensfreude des Hundes, das gezeigte gegenseitige Vertrauen und Verstehen höher bewertet wird** als die perfekteste Leistung ohne Ausstrahlung und Harmonie. **Ohne diese dritte Dimension verkommt dieser Sport zu einer Vorführung, die nur der persönlichen Selbstdarstellung dient.** Denn für den Hundeführer gilt oft nur Erfolg als das Maß der Dinge und weniger die einfühlsame Teamarbeit. So führt dieser Irrweg oftmals zu gefügig gemachten Hunden, und wir verstehen, weshalb diese durch Überforderung und psychischen Stress oft auf der Strecke bleiben, unerwartete Formschwankungen aufweisen oder sogar wie im Falle von Faust letztlich in psychischer Erkrankung enden. Wenn Richter im IPO-Hundesport selbst ihre eigenen Hunde nicht absolut ohne Zwang ausgebildet haben, solange sind diese weder gewillt noch in der Lage, eine gute, faire und dadurch nachhaltige humane Ausbildung zu beurteilen und schauen bei Ersatzhandlungen der Hunde einfach weg.

Nach wenigen Monaten zeigt Faust bereits neue und weitere Veränderungen! Die Grundkrankheit, seine Hyperaktivität, konnte medikamentös nur noch leicht eingedämmt werden. Obwohl das zuerst angewandte Mittel grundsätzlich im Welpen/Junghundealter gegeben wird, sah sich Frau Dr. Christina Sigrist veranlasst, zusätzlich ein zweites, effizienteres und dem heutigen Krankheitsbild entsprechendes Produkt einzusetzen, dessen Wirkung seine Lernfähigkeit nachhaltiger beeinflussen sollte. So wurden seine „Not-Reaktionen" in seinem Verhalten je nach Tiefe der Einprägung sukzessive leichter zu kontrollieren. Dies gänzlich aufzulösen ist schwierig, um nicht zu sagen nunmehr unmöglich.

Einen gesunden Hund aufzubauen wäre weit weniger schwierig, doch so ein Wesen in seiner Not zu übernehmen, war selbst für mich Neuland mit vielen Unbekannten. So lernte ich auch, Hundehalter und „Hundehalter" besser zu unterscheiden, und bin immer mehr davon überzeugt, nicht einem jeden, der in früherer Zeit einmal erfolgreich war, darf und kann vertraut werden.

Meinen herzlichsten Dank entbiete ich an Frau Dr. Christina Sigrist, die mit großer Kompetenz Faust von seinen traumatischen Erlebnissen sukzessive zu befreien versucht, was mich bis heute doch merklich entlastet. Sein panisches Fliehen, Verwüstungsattacken im Auto oder unkontrollierbares Verhalten bei Begegnungen und vieles mehr ist viel besser als zuvor. So erwuchs anstelle des Mitleids für dieses geschundene Wesen echte Zuneigung, und ich wünsche mir, er möge seine innere Sicherheit wiederfinden. Er ist ein grundehrlicher Gefährte und entschädigt uns durch kurzeitiges Aufflammen seiner ihm sehr eigenen Liebenswürdigkeit.

Dies alles zeigt, dass es für das Halten eines Hundes vor allem soziale Kompetenz braucht, Selbstbeherrschung und ebenso viel Verstand, denn Nachhaltigkeit entsteht nur durch Einfühlungsvermögen und durch gegenseitiges Vertrauen.

Schön umschrieb Maria Hense im Buch „Der hyperaktive Hund", erschienen im Animal Learn Verlag, die Eigenheiten dieser hyperaktiven Hunde. Hätte ich meine „Jypsy de la Videmanette" in gewissem Sinne nicht bereits während der Junghundezeit unbewusst vernünftig und in vielen Beziehungen obigem Buche entsprechend ausgebildet, so hätte ich Hyperaktivität gefördert und damit Ersatzhandlungen erzeugt, anstatt einen normalen und zuverlässigen Hund zu erziehen. Viele sogenannte „angekratzte" Hunde sind Grenzwanderer der Hyperaktivität, und es bedarf einer größeren Rücksichtnahme und Kenntnis über deren Veranlagung und verlangt eine ruhige und vor allem zu Beginn eher gelassene Ausbildung. Gerade „angekratzte" Temperamentsbündel bieten sich am besten für überbordende Spiele an, verfallen aber gleichzeitig in eine Hyperaktivität, und sind danach kaum mehr zu führen. So ist bei diesem Typ Hund weniger eben mehr!

Selbst Außenstehende erkennen bei Prüfungen, speziell in Unterordnung und Führung, durch nervendes Bellen als Ersatzhandlung, sowie weiteren Ungehorsam wie nachrobben, nachlaufen, angelegte Ohren, eingeklemmte Rute, Probleme beim freien Ablegen und sonstige Verunsicherungen den **Vertrauensverlust** oder die **Überforderung** durch zu harte und damit unsachgemäße Ausbildung.

Nun, seit wir unser neues Heim in Engwilen bezogen haben, begann nach ein paar wenigen Wochen der Eingewöhnungszeit das „Ausschleichen", das heißt das sukzessive und langsame Verringern der Tagesdosis bei Faust. So riet mir Frau Dr. Sigrist, Woche für Woche zunächst ein Viertel der Tagesdosis über eine Woche lang weniger zu geben, was Faust bis heute gut verkraftet. Es zeigen sich keine negativen Veränderungen. Sein Vertrauen, sobald er sich von mir löst, bleibt weiterhin relativ stabil, sodass er stets zu mir kommt oder nach kurzem Zuruf meinen Ruf zumeist befolgt. Dies und neu Gelerntes bleiben stabil und lassen erkennen, dass seine Fortschritte sich leicht stabilisieren. Gewisse Erlebnisse, die in seiner Seele allzu tief eingeprägt waren, bleiben, sodass ich weiterhin vor allem unterwegs bei Begegnungen auf ihn achten muss. Im Grunde genommen sind Faust und Jypsy praktisch seelenverwandte Hunde. Vor allem zu Hause scheinen beide, als wären sie Geschwister. Ich glaube, dass gerade dieses Verhalten in mir all das bewirkte, was ich für Faust in meinem Innersten empfinde. Er ist Jypsy ähnlich und beide verstehen einander bestens. Beide sind eben hyperaktiv. Dies erklärt mir, was die Unkenntnis des früheren Halters bei einem solch sensiblen Wesen ausgelöst haben mag. Faust hatte die Veranlagung zum „Spitzenhund", aber die Rohheit und Ignoranz der früheren Umgebung zerstörte alles, was an Qualität genetisch angelegt war. So wurde Faust zum Schatten seines ursprünglichen Wesens, und dies stimmt mich traurig, denn viele Sporthunde erleiden Negatives, aber was mit Faust geschah, sprengt den Rahmen des Erträglichen um ein Vielfaches. Wenn Verhaltensirritationen dermaßen „eingebrannt" werden und sich heute nur noch minimal korrigieren lassen, so scheint es klar, dass die, welche ihnen das angetan haben, von Hunden einfach nichts verstehen. Noch immer glauben viel zu viele, „Gewalt wird dem Hund wohl zu Verstand verhelfen", doch das Resultat ist ja bleibend sichtbar, und deshalb erkennt man die „Handschrift" des Hundeführers an jeder Reaktion dieser Wesen. Der Ausspruch von Manfred Müller im „DER ERFOLGREICHE FÄHRTENHUND" war doch treffend: **„Wenn die Leidenschaft zur Tür hereinkommt, springt der Verstand durchs Fenster"**. Selbst Leistungsrichter im Hundesport schauen nicht hin, obwohl das Verhalten des Hundes Fragen aufwirft. Nur die Hinweise durch sein spezielles Verhalten ergeben schlüssige Interpretationen und entsprechende Zweifel an der Ausbildung. Doch dieses Erfahrungswissen verleugnen viele, weil sie es oftmals selbst nicht besser können, oder wer will sich schon mit „Freunden" anlegen? So ist niemand bereit, sich zu exponieren, und dies ist im Grunde die eigentliche Bankrotterklärung gegenüber diesem an und für sich erfüllenden und äußerst interessanten Sport, wo der Hund naturgemäß mit all seinen Veranlagungen glänzen könnte. Aber nicht nur Richter tragen eine Mitschuld, sondern auch offizielle, vom Verband anerkannte Helfer, die hyperkinetische oder hyperreaktive bzw. hypermotivierte oder unsichere Hunde im „Wehr" aufbauen. So ist es an der Zeit, dass mit dem Einfluss von harter und veralteter Ausbildung Schluss gemacht wird und neue, sensiblere und hierfür fähige Schutzdiensthelfer sowie sensiblere Ausbilder für die Unterordnungsarbeit rekrutiert werden, die mehr Einfühlungsvermögen mitbringen, als nur Kondition und Technik. Ein Hund ist ein sensibles Wesen und verlangt zwingend nach gegenseitigem Respekt und Rücksichtnahme! So ist zu hoffen, dass die heutige junge Garde sich mehr engagiert und auch das wichtige psychologische Engagement übernimmt, um erfolgreich zu sein. Nur auf diese Weise wird ein Umdenken eingeleitet und dem Hundesport ein würdiger Stellenwert erhalten. Dies wäre die letztendlich echte und verdiente Aufwertung des Hundeführers, welcher damit an Ansehen gewinnt, denn bis heute legt NIEMAND für NIEMANDEN betreffs einer fairen Ausbildung seine Hand ins Feuer! Man könnte all den Missständen entgegenwirken, indem bei größeren Prüfungen verhaltensgeschulte Psychologen den Richtern beigestellt würden, welche über das Bestehen einer Prüfung mitentscheiden. Schon eine solche Maßnahme könnte in Kürze viel bewirken und zu einem entsprechenden Umdenken führen.

Nach dem Ausschleichen aus der Medikation erhöhte sich sein Leidensdruck wieder. Meine Jypsy ist weiterhin die große Stütze meiner Bemühungen und zeigt dies durch tolerantes Verhalten, das sie nur ihm gegenüber an den Tag legt.

Eines ist sicher, rohe und unüberlegte Korrekturen haben Faust zu einem „Krüppel" gemacht, und ich staune als „Hundeliebhaber", dass noch kein Mittel gefunden wurde, um solch gravierende Misshandlungen zu ahnden. Vernachlässigung während der Prägungszeit und danach lieblose, tierverachtende Korrekturen müssten zwingend vom Verband verfolgt werden.

Ein erschreckend normales Todesurteil

Früher hatte ich hingesehen, doch die Folgeproblematik verkannt,
stets Grenzen in Jypsys Augen gesehen, das Resultat ist ja bekannt
heute kämpfe ich um Faust, der ignorant behandelt
meine Ansicht hat sich deshalb von Grund auf gewandelt
wie kann man, ein Wesen mit fahrlässiger Prägung
gerade biegen ohne fachlichen Verstand und Erwägung

Normal sei er, ich könne nicht Führen
Ausreden von „SKG-Instruktoren!", die zu Tränen rühren
missachtet, die Schmerzen in Fausts Augen
sein Verhalten, noch heute, ist schier nicht zu glauben
mein langes Mühen umsonst, nun wird mir klar
trotz ehrlichem Herzen, ist nur noch wenig umsetzbar

Fortschritte in kleinsten Schritten und erst nach Jahren
beruhigte sich minimal sein hektisch Gebaren
mal geht es besser, mal gelingt's ihm nicht
er meint's nicht bös, zeigt eben sei' G'schicht
unwiederbringlich, sein Stolz zerstört
faktisch umgebracht, so ist's im „Sport", doch dies empört

Zum „Verlierer", gemacht durch Menschenhand
Gefühlslosigkeit gepaart mit Unverstand
dass diese „Macher" sich nie bekennen
soll besser schärfen unsere Antennen
Tierschutz ist wohl allen bekannt
doch wer schaut schon hin, im weiten Land

So beende ich diese traurige G'schicht
es wäre schön, führte dieser Bericht
zu weiteren Fragen im Hundesport
Ethik und Mitgefühl fehlt oftmals dort
es verhält sich mehr, wie in der Politik,
wenn viele involviert, gibt's nur noch Scheinkritik!

Faust, einst ein König seiner Klasse
würde nun landen auf der Gasse
wer hat die Kraft ihn auszuhalten
sein Leben ihm anzupassen und zu gestalten
nur wenige Hunde haben eben Glück
Faust war ja nur deren „Probestück!"

Faust

Wir geben uns Müh' und versuchen es weiter
selbst mit seiner Verlustangst, als heimlich Begleiter
traumatisierte Wesen, sind kaum mehr zu heilen
ich hab Verständnis, und muss mich nicht beeilen

Viel Hilfestellung hab' ich erbracht
Medikamente, keine entscheidende Entlastung gebracht
das Trauma-Rätsel, ich hab's beschrieben
hat mich beeindruckt, und ist Tatsache geblieben

Und käme demnächst der große Entscheid
wie sehr empfindet man Unsicherheit
denn nachträglich, wissen's ja alle besser
zu rasch verlangte man nach dem Messer

Wie dies einen Menschen emotional engagiert
solch Urteil zu fällen, wer hat's schon probiert
eigenmächtig über Leben oder Tod entscheiden
wird keinen Menschen in Wahrheit kleiden

Es muss doch nicht immer nur IPO sein
wer nur dies vor Augen hat, ist selbst nicht stubenrein
der Hund muss erst erzogen werden
ein freudig Team, wächst wie eine Blume auf Erden

Vorbilder wären notwendiger als Nieten
Menschen sollten den Hunden was bieten
man stelle sich vor, wo führte dies hin
ohne echte Kenntnis macht dieser Sport nie Sinn

Wer Hunde liebt und respektiert
wird bekommen, was ihn ziert
Fairness mit Freundschaft zusammen vereint
so lautet das Motto, womit Bindung gemeint

So bleibt mein Faust noch weiter am Leben
mit allen Problemen dazu gegeben
man denkt über Wert und Unwert dieser „Rettung"
kämpft vergebens und endet in Rechtfertigung

Organe, was können die noch sagen
wenn weiter Hunde die Menschen anklagen
schnell heißt es: „Gefahr!", für uns und die Kinder
doch rohe Ausbildung, wirkt viel schlimmer

Genial, man hätte ein Gerät
das böse Korrekturen registrieren tät
so schützten wir Mensch und Tier
und fördern damit ein ehrlich WIR!

Obwohl ich ihn gerade wegen seiner Liebenswürdigkeit unsäglich schätzte, musste ich mich dazu entscheiden, **seiner steten Unsicherheit und Angst vor Strafe ein Ende zu setzen.** Außerhalb der vier Wände offenbarten sich seine Ängste in permanentem Stress, vor allem, wenn ihm auf einem Weg Reiter, Radfahrer, Jogger, Autos jeder Art oder auch nur Wanderer begegneten. Auch bei Wild im Wald war es dasselbe. Dies manifestierte sich in ängstlichem Kreisen und großer Hektik. Selbst seine Verlustangst, sobald ich ihn auch nur für kurze Zeit mit Jypsy im Haus zurückließ, ließen ihn in die Wohnung pinkeln, was er bei meiner Rückkehr durch hektisches und ängstliches Verhalten anzeigte, obwohl ich ihn nie dafür bestrafte. Meine Enttäuschung und Leidensdruck über den Umgang mit ihm während seiner Jugendzeit wurde über die Zeit selbst für mich immer unerträglicher. Seine erlebten Korrekturen als Junghund wirkten traumatisch und machten somit sein heutiges Verhalten unumkehrbar.

Schweren Herzens habe ich den liebenswerten Faust am 8.11.2012 über die Regenbogenbrücke entlassen ...

Meine Ohnmacht über das, was ihm angetan wurde, war nicht mehr auszuhalten.

Ich bin sicher, er hat nun seine Ruhe gefunden und verschied friedlich in meinen Armen. Was mir verbleibt, ist nur unendliche Trauer über den endgültigen Verlust eines unschuldigen und missverstandenen Hundes, der sich nur noch marginal erholte. Das Abwägen zwischen wahrem Wert von Lebensqualität und seinem Gefangensein in seinem Stress war ein langer und belastender Weg, auf welchem ich klar und deutlich mich in seine Not einfühlen lernte, stets mit leiser Hoffnung auf ein Wunder.

Lieber Faust, ich danke für alles, was ich durch Dein gezeigtes Verhalten erfuhr! So ist gewiss, dass trotz eines großen Engagements in Umgang und veränderter Umgebung fahrlässige Prägungsfehler wie auch emotionale Korrekturen mit Starkzwang zu bleibenden Verhaltensstörungen eines Hundes führen.

Nur sorgfältige Prägung, Respekt und ehrliches Einfühlungsvermögen, die wichtigsten Elemente in der Hundeerziehung, werden Hunde selbstsicher, glücklich und lernfähig erhalten.

Wir vermissen Dich.

Fragwürdige Intoleranz in IPO und anderen Schutz-Hund-Sparten

Aus meiner persönlichen Erfahrung heraus denke ich, wir müssten Kompromisse zwischen absolutem Starkzwangsverbot und einem normalen Führungszwang aus nachfolgenden Gründen finden. Die Trieblage der Hunde im IPO-Sport ist zu differenziert und kann im Vergleich zu anderen Hunderassen nie über einen Leist gezogen werden. Die Vorstellung von einer humanen Ausbildung sollte nicht heißen „kein Führungszwang", sondern es sollten sich „Gegendruck" auf Beuteverlangen und Unterordnung die Waage halten. Dass dieser Druck je nach Hund verschieden ausfällt, ist klar, da es fügsame (triebschwächere) und ungestüme (triebstarke) Tiere gibt. Wird Führungszwang durch den Hundeführer nicht mit Sachverstand eingesetzt, so zeigt dies der Hund durch Übersprunghandlungen, was weiter auf ein Fehlverhalten im Umgang und damit verursachten Bindungsverlust hinweist. Durch Unkenntnis mussten viele Tiere diesen Sport viel zu früh aufgeben und/oder die Hunde wurden zu sogenannten „Frührentnern", da sie nicht mehr zu führen waren. Sie kooperierten nicht mehr und das gegenseitige Vertrauen war durch übergroßen und nicht verständlich gemachten Zwang zerstört worden. Korrekturen sind eben keine Strafen, sondern machen dem Hund nur klar, dass das eben gezeigte Verhalten nicht gewünscht ist, und „wie macht man dies auf Distanz!?" Im hohen Trieb fruchtet weder lautes Rufen oder Schelten. Noch nie habe ich von einem sinnvollen **Konzept ohne Führungshilfen in Sachen Schutzdienst-Ausbildung gelesen!** Immer erfuhr ich erst später, dass Ausbilder, die den Weg für eine drucklose „spielerische" Ausbildung propagierten, im Geheimen bei triebstarken Hunden ebenfalls Hilfsmittel nutzten, womit sich alles als Augenwischerei entpuppte!

Damit gehört der Schutzdienst zur größten Herausforderung im IPO-Team-Sport.

Leider erfüllen bei internationalen Prüfungen nur absolut triebstarke und selbstsichere Hunde die Anforderungen, und damit wissen wir, wer hier mitmacht, kann seinen Hund meines Wissens niemals nach Tierschutz gerechtem und unnatürlichem Wunschdenken ausbilden. Wo fänden wir eine anerkannte offizielle Ausbildung und entsprechende Helfer für den Schutzdienst in der heutigen Clublandschaft? Auch wenn der Hund aktiven Gegendruck wegsteckt, und dies kann er, wäre dies hierzulande offiziell schlicht nicht mehr möglich. Zu stark haben sich aus- und inländische Helfer und Ausbilder den sogenannten „Kontrollen" entzogen und tolerieren im Verborgenen Hilfsmittel, die durch Gruppen oder auch Hundeführer selbst, wenn auch versuchsweise, oft nach eigenem Gutdünken oder auch durch Amateur-Ausbildner mit wenig Kenntnis und Erfahrung empfohlen und begleitet, angewendet werden. Der triebstarke, IPO-fähige Hund hat ein Kämpferherz und empfindet im Spiel um Beute (Helfer mit Schutzarm) keine Berührungsängste. Durch den Adrenalin-Ausstoß empfinden diese weder Stockschlag noch fliehen sie, sondern weichen nur aus, wenn sie falsch ausgebildet sind. Ich habe noch nie einen ausgebildeten IPO-fähigen Hund gesehen, der beim Stockschlag ausgelassen hätte oder bei sonstiger Einwirkung abgelassen oder einer Bedrohung gewichen wäre, denn dies alles ist für ihn und den Helfer nur ein gut eingeübtes Kampfspiel. Mit Aggressionsförderung hat dies nichts zu tun! Im Gegenteil, diese Hunde sind genauso friedfertig wie gute Familienhunde!

So manövriert sich der IPO-Sport in die völlig falsche Richtung. Nämlich keiner kann mehr zu dieser einzigartigen Ausbildung stehen und entschwindet wegen Konzeptlosigkeit der verantwortlichen Gremien (auch international) in verschworene Gruppen, anstatt in heute anerkannten Clubs eine Unterstützung zu finden. Jeder weiß es, aber keiner wagt, dies anzusprechen. Starkzwang wird zur Drohung, ist das Damoklesschwert schlechthin und schweißt somit alle Mitwissenden zusammen. Dass beinahe alle, die diesen Sport lieben, in diesen verdeckten Gruppen ein Zuhause finden, ist bezeichnend. Wie kann dieser Sport noch objektiv beurteilt werden, wenn selbst Leitfiguren und Gremien wie die TKGS, alles Leistungsrichter mit Ausbildungserfahrung in IPO3, auch deshalb wegschauen und Ersatzhandlungen ignorieren, weil sie zur gleichen Gruppe gehören. So kann der IPO-Sport nicht überzeugen. Ich sehe die faire Anerkennung unserer seit Jahren aufgebauten Hundezuchten gefährdet und einige warten möglicherweise nur noch auf das Ende dieser Sparte! Dies müsste nicht sein!

Die Frage sei erlaubt: IPO Sport – Quo Vadis ...?

Sollten wir den Schutzdienst nicht besser erneuern und den Tatsachen ehrlich ins Gesicht schauen? Die Zukunft wird es an den Tag bringen. Eine Ausbildung IPO-fähiger Hunde ist nach heutiger Gesetzesauslegung absolut verunmöglicht, da der Tierschutz hier Auflagen erfand, die diesen Tieren nicht gerecht werden. Solange der Schutzdienst nicht einheitlich überwacht, Fachwissen nicht besser vermittelt und die Hundeführer aus Zeitmangel die Hunde auf die „Schnelle" ausbilden, solange besteht ein Markt zu unkontrolliertem Einsatz verbotener Führungshilfen. Die heutigen triebstarken Hunde sind dank Zuchtmaterial und guten Hundeführern bedeutend selbstsicherer, sozialer und dies in allen Situationen. Nicht umsonst „kränkeln" die Sektionen der Hundevereine, weil definitiv all die IPO-Sport liebenden in private Gruppen abwandern, und für diese attraktive Sparte somit nur noch wenig Nachwuchs generiert wird. Ebenso fehlt die Vorbildfunktion führender Sportler, die das gesamte Programm nur noch „unter sich" und im nahen Ausland ausüben. Die Gründe liegen auf der Hand. Hilfsmittelverbot und Konzeptnotstand! Damit haben Vereine nur noch inaktive „Mitglieder", aber im IPO-Sport können diese wenig bis nichts an Ausbildungsunterstützung im Schutzdienst auf ihren Sportplätzen anbieten, weil dies unter den heute geltenden Bestimmungen nicht mehr toleriert wird, und in diesen Kreisen bereits zum Teil Wissen und Erfahrung fehlt.

Auf der anderen Seite, wie kann man mit gutem Gewissen Hunde für internationale Wettkämpfe selektionieren, alle glauben lassend, wir hätten diese mit „Würstchen" belohnt und nach heutigem „Zeitgeist" ausgebildet? Kann man bald nur noch mit Hunden, **im Ausland gekauft und dort für den heutigen Begriff gekonnt mit „Führungszwang" ausgebildet**, an hiesigen nationalen Wettkämpfen und Selektionen an internationalen und nationalen Prüfungen teilnehmen?

Will man gleich lange Spieße schaffen, so braucht es eine tiergerechte, aber keine erst vor wenigen Jahren erlassene Einschränkung. Nur so kann man der verdeckt gehandhabten Ausbildung entgegen treten. Seit dem Starkzwang-Verbot weisen die meisten Hundeführer diesen **zu ihrem persönlichen Selbstschutz weit von sich.** Dies deshalb, weil Hunde diesen Einsatz problemlos wegstecken, sofern man kompetent und mit Können diese Hilfsmittel korrekt einsetzt. Es bliebe die Frage der Verantwortlichkeit, doch diese sollte nicht nur der Hundeführer, sondern auch begleitende und erfahrene Übungsleiter und Schutzdiensthelfer mittragen, denn wer Hunde während der Phase der Belastung lesen gelernt hat, erkennt ihre seelische Verfassung und ist verpflichtet, verantwortungsbewusst zu handeln, sodass das gegenseitige Vertrauen zum Hundeführer nie zerbricht. **Denn dies ist das wahre Geheimnis eines Teams!** Verliert der Hund durch falsche oder allzu emotionale Einwirkung sein Vertrauen zum Führer, entstehen sichtbare und selbsterklärende Ersatz- oder sogenannte Übersprunghandlungen! So einfach ist dies und genau gleich, wenn man Führungshilfen bei der UO oder auf der Fährte unsachgemäß einsetzt! Es ist oft unglaublich, zu was Menschen greifen, wenn diese sich nicht auf die „Schnelle" durchsetzen können, jedoch für Fährte und Unterordnung darf und soll nichts toleriert werden, denn dies wird durch Herzensbildung und Führungskraft sowie viel Einfühlungsvermögen bewerkstelligt und bringt so das wirkliche Können des Hundeführers zum Tragen.

Woher nähmen in Zukunft die Polizei und Militär noch gute Hunde? Sind Hunde künftig nur noch im Ausland zu kaufen, weil die Eigenselektion und Ausbildung hierzulande durch Tierschützer verhindert wird? **Dürfen nur noch Polizei und Militär Führungszwang nutzen, die meines Wissens keine Aufzuchten betreiben? Zwei unterschiedliche Rechte im selben Staat, geht das überhaupt?** Müssten im Ausland ausgebildete Hunde in Zukunft nicht auch denselben Ausbildungsschutz aufweisen? Diese Fragen werden uns in Zukunft beschäftigen. Nationale Verbote nützen nichts, wenn nicht auch die ganze Welt mit aller Konsequenz am selben Strick zieht. Doch eines ist sicher: Mit einem Verbot der Hilfsmittel werden Hunde insgesamt nicht besser oder schlechter behandelt als zuvor. Wenn Auffälligkeiten im Verhalten der Hunde durch Prüfungsrichter oder Hundepsychologen im Sport gekonnt beurteilen würden (oder dürften), hätte dies eine zusätzlich ermahnende Wirkung auf Hundeführer und derer Hunde.

Die Freude des Hundes an diesem Sport ist durch dessen Engagement augenscheinlich. Ob man die eingeschlagene Entwicklung des Gebrauchshundesports noch umlenken kann, wird die Zukunft zeigen. Wäre die IPO-Ausbildung unter der Anleitung von kompetenten Leistungsträgern innerhalb der Vereine geblieben, hätte sogenannter **„Führungszwang nicht zum Reißen der Not-Leine geführt."** Eine Voraussetzung ist, dass diese Schulung der Hunde durch vernünftige Ausbilder überwacht würde. Das absolute **Hartzwang-Verbot** (unkontrollierte Anwendung in anonymen Gruppen und außerhalb der Vereine) sollte durchgesetzt werden. Nur so könnte man den Aufbau eines Hundes überwachen, begleiten und den Weg zu Prüfungen ermöglichen. Dies würde verhindern, dass zu viele Hunde über Hartzwang geschädigt würden, denn von all diesen spricht hier niemand! Es gäbe keine Experimente mehr in Sachen Aufbau und letztendlicher Umsetzung, sondern es müsste immer das modernste Wissen in diese doch speziell differenzierte Ausbildung mit einfließen. Selbst Situationen, wie ich sie persönlich erlebte, würden der Vergangenheit angehören, denn noch im Jahre 2003/04 versuchten „hoch angesehene schweizerische Schutzdiensthelfer" den Malinois im „Wehr" aufzubauen, und gerade dies war für meine Jypsy absolut kontraproduktiv. Es darf keine Tragik sein, wenn ein Hund diese Ausbildung mangels genetischer Voraussetzung nicht schafft, aber wichtig ist, dass sämtliche Hintertüren konsequent geschlossen würden. **Die Schutzdiensthelfer** müssten parallel zu **Übungsleitern ausgebildet und überwacht** sein, damit eine Strategie überhaupt erst entstehen könnte. Allerdings müsste man in der ganzen Schweiz Ausbildungsstätten an diversen Club-Standorten definieren, die den neuen Anforderungen entsprechen, wobei auch die Kosten auf den Tisch kommen müssten. Stellen Verantwortliche fest, dass ein Hundeführer oder Schutzdiensthelfer sich anderweitig

„verdeckt" engagiert, würde er aus dem Aufbauprogramm ausgeschlossen. So könnte ein Konzept aussehen, das zu vertreten sich lohnen würde. Für ein Konzept braucht es aber auch unbedingt klare Strukturen!

Noch habe ich keinen Tierschützer kennengelernt, der seinen Hund im IPO bis zur Leistungsspitze geführt hätte, schon deshalb nicht, weil er sich nie in einen Sporthund einfühlen wollte und daher falschen, wie auch allzu menschlichen Gefühlen folgt! Es gibt einen wohlüberlegten Führungszwang, der dem Hund und seinem Führer hilft, eine zu hohe Triebveranlagung auf verständliche Weise in kontrollierbare Bahnen zu lenken. Aber dies setzt Verantwortungsbewusstsein, maßvolles und **frühzeitig** angewendetes faires Korrigieren voraus, wobei das Wohlbefinden des Tiers stets in den Mittelpunkt zu stellen ist, denn nur so wird das gegenseitige Vertrauen nicht beeinträchtigt. So ließe sich sicherstellen, dass eine faire und dem IPO-fähigen Hund entsprechende Ausbildung auch in Zukunft **mit Vernunft und kontrollierten Führungshilfen** möglich ist. **Dies ist das Ziel** und nicht unkontrollierte und konzeptlose Anwendungen verdeckt gekaufter, unerlaubter Hilfsmittel, welche in den Händen von Scharlatanen und Naiven diesem Sport mehr Schaden als Nutzen. Dies würde die praktizierenden Hundeführer, Helfer und Übungsleiter ebenso entlasten und zu alledem auch dem Wohl der Hunde dienen. Leider liegt ein Sinneswandel in weiter Ferne; so lange, wie allesamt mehr oder weniger „verdeckt" Zwang ausüben, denn so ist es doch, wenn sogenannte „Verbote" überall ignoriert werden nach dem Motto: „Keine Krähe hackt der anderen ein Auge aus (Macrobius Theodosius)"!

Dumm gefragt: Sind Elektrozäune, die überall übers Land aufgestellt sind, für Tierschützer ebenso ein Anlass zur Klage wegen Tierquälerei oder sind diese vernünftigen und erlaubten Führungshilfen auf Pferde- oder Kuhweiden nur für die Bauernlobby straffrei? Hierin liegt ein Widerspruch, der aufzeigt: Jeder möchte noch „menschlicher" aufscheinen (besser scheinen als sein) und erwähnt zu werden wie der Vorangegangene, und damit werden Hunde undifferenziert und nicht mehr rassegerecht behandelt. Die faire Ausbildung wird aktiv behindert, indem lange zuvor gezeigtes Fehlverhalten nicht korrigiert werden kann und damit werden grundlegende Frühkorrekturen für das Wohlbefinden der Hunde verhindert!

So wende ich mich meiner Jypsy zu. Sie hat ihren Weg bestens gemeistert und bereitet mir täglich Freude. Ist sie trotz Führungszwang mit Augenmaß ein liebevoller, edler, intelligenter, menschenfreundlicher und selbstsicherer Hund geblieben. Aber es ist schon so, dass jeder Hund dem Führungsdruck oder Zwang, auch wenn dieser schwach ausfällt, auszuweichen versucht und deshalb immer wieder nachgemahnt werden muss. Das ist so bei jeder Ausbildung. Dies zeigt seine Intelligenz! Vor Meisterschaften genügt ein Aussetzen, und das gewünschte Verhalten bleibt über ein bis zwei Wochen stabil. Das ohne Druck, und daher nachhaltig Erlernte wie Unterordnung oder Fährten bleibt jederzeit mit großer Zuverlässigkeit immer wieder abrufbar.

Die nie wahr gemachten „Drohungen" gegen aktive Führungshilfen samt „Ehrenkodex?!?" (was dies im Hundesport auch bedeuten soll) **seitens wichtigster Organe des Hundesports** (inkl. Bundesamt für Lebensmittelsicherheit und Veterinärwesen **BLV**), welche hiermit mehr Abhängigkeit und eine verschworene Glaubens-Gefolgschaft der Sporttreibenden schürt und zementiert, **machen sich mitschuldig** an der heutigen Situation. Andererseits werden im besten Falle nur krasse und öffentlich gewordene Legitimationsopfer verurteilt, was „scheinheilig" oder eben nur halbherzig ist und einer Alibiübung gleichkommt. Die Doppelzüngigkeit der Führungsgremien in diesem Sport versucht über das Synonym des „Drei-Affen-Prinzips" (nichts hören, nicht sprechen, nicht sehen und dies SCHWEIZ- ja sogar WELTWEIT) sich so über die Runden zu wursteln. Ob dies eine würdevolle Haltung ist, bleibe den Lesern überlassen.

Entsprechender Gegendruck zur Führung eines Hundes ist und bleibt unumgänglich für alle, die IPO oder ähnliche Sportarten betreiben.

Gebrauchshunde verfügen über Trieb, Mut und Härte, und dies zeichnet sie auch aus. Deshalb brauchen sie eine entsprechend anders strukturierte Ausbildung. Nichtsdestotrotz gehen diese Hunde eine sehr enge Bindung zum ihrem Führer ein, sofern die Ausbildung fair und ohne Bindungsverlust vollzogen wird. Tierschützer, die Gesetze vorangetrieben haben, glauben lediglich, nur sie hätten das Wissen über das Funktionieren der Tierseele und ignorieren, dass es immer in unserer Natur Leistungsträger gab, die mehr Kräfte mobilisieren können, als „Otto normal Verbraucher", genau wie im heutigen Leistungssport der Menschen. Daher meine Forderung für eine vertretbar kontrollierte und offiziell begleitete Ausbildung, die dem Wohl ausbildungsfähiger Rassen dient!

Auch gilt es zu bedenken, dass selbst in der Natur stets Zwänge zu Veränderungen und Anpassungen führen. Unverständlich ist, dass heute noch zu viele Tiere durch falschen und unkontrollierten Umgang mit Hilfsmitteln geschädigt werden, wofür scheinbar nur der Halter des Hundes verantwortlich gemacht wird, anstatt die Mitbeteiligten der Ausbildungsgruppe. **Eine Einzelperson hat keine Möglichkeit, seinen Hund im Schutzdienst auszubilden.** Aus diesem Grund ist die Einbindung aller Verantwortlichen in diese Ausbildung wichtig, sprich: Hundeführer, Helfer und hierfür ausgebildete Übungsleiter!

Ich wünschte für die Zukunft, man bekenne sich zum Hund und wäre genauso ehrlich zu allen Facetten dieses wunderbaren Sports, denn alle würden verstehen, dass Tiere eine Kontrolle der Triebveranlagung brauchen, um zu „Beute-Erfolg" zu gelangen. Dies entspricht ihrer Natur und dem Urinstinkt unserer speziell gezüchteten Sport-Hunde. Was von uns Menschen weg vom „Wildern" glasklar weiterentwickelt wurde, ist für diese Hunde schlicht ihr Lebenselixier. Selbst der Mensch befriedigt seine Instinkte, und so tragen auch wir gegenüber unseren Hunden eine Verantwortung, indem wir sie nicht mehr „jagen", aber doch sich kontrolliert ausleben lassen. Was wäre, würden wir gewisse Triebe der Menschen unterbinden? Dies wäre unvorstellbar, denn wir würden degenerieren oder entarten! So muss dies gesehen werden und nicht aufgrund einer Sichtweise, die gegen die Natur verstößt, so wie sie der Tierschutz darzustellen versucht, und Hunde mit Wolfserbe mit hilfsbedürftigen und wehrlosen Kuscheltieren gleichsetzt, ja es gibt Kuschelhunde, aber ist ihr Leben denn wirklich um so vieles besser? Die Natur ist der Beweis meiner Darstellung und sollte der Leser darüber nachdenken, so wird ein jeder zum selben Schluss gelangen.

Fair zum Tier und verantwortungsbewusst – das ist die Lösung; wollen wir glaubwürdig auch in Zukunft unseren IPO und weitere Schutzhunde-Sportarten betreiben dürfen, können oder wollen!

Jypsy mit zehn Jahren

Die dreijährige Pause durch mein Engagement mit Faust und nach dessen Tod ließen Jypsy in keiner Weise verdummen, und sie zeigte mir ihr früheres Können selbst nach einem langen Unterbruch ohne Probleme. Nach einem Unfall vor anderthalb Jahren habe ich mich wieder hochgerappelt, sodass ich mit Zuversicht und Training mich bereits wieder etwas sicherer fortbewege. Seit dem 4. August fühlte ich mich fähig, einen langsamen Laufschritt zu zeigen. So meldete ich mich selben Tags zur Prüfung am 15. September, denn ich verspürte wieder Lust, mit Jypsy zu arbeiten. Lange Spaziergänge sind keine Lösung für einen wachen und aktiven Sporthund, und so nutzte ich bereits zuvor meine Kontakte mit Gleichgesinnten, um mich einem neuen Verein in dieser Region anzuschließen.

Meine Jypsy wird im kommenden Monat zehn Jahre alt, und damit war IPO nicht mehr die richtige Option. Aus Rücksicht auf ihre Gesundheit, aber auch, weil die damalige Situation im Schutzdienst nicht auf Nachhaltigkeit beruhte, entschied ich mich für die Ausbildung zum Begleithund. Ich stellte schnell fest, dass viele Übungsbereiche bei anderen Prüfungsvorgaben in der Unterordnung identisch geübt werden, was mir Jypsy durch ihr tadelloses Verhalten bestätigte, indem sie selbst nach drei Jahren ohne jeglichen Hundesport noch problemlos die Unterordnung umzusetzen wusste. Ein Hund, der zuhören lernte und Befehle dadurch befolgt, vergisst nichts von einmal korrekt Gelerntem. Was der Hund nicht mehr gleich umsetzt, ist nur die Geschwindigkeit in den Bereichen, wo dies verlangt wird. Dies muss neu trainiert werden, sowie auch die Systemabfolge einzelner Übungen, denn dies ist wichtig, wollen wir den Hund zum Mitdenken animieren und sein Potenzial ebenso würdigen. Hunde sind keine reinen Befehlsempfänger, sondern mitfühlende und mitdenkende Wesen! Aus diesem Grunde sind klare Strukturen im Übungsablauf eine der Voraussetzungen, weil wir mit ihnen eine Zwei-Kanal-Kommunikation nutzen; nämlich die Körpersprache und die Verständigung über das Wort.

Stimmt eine nicht mit der anderen überein, hat der Hund ein Problem, und gerade dann wird seine Kenntnis der Abfolge zur großen Hilfe.

So meldete ich uns schon gleich nach geglücktem Laufschrittversuch zur Prüfung in sechs Wochen, und wir bestanden das BH2 mit 255 Punkten. Dies ist nicht besonders glanzvoll, aber in Anbetracht der Umstände ist dieses Resultat beachtlich, ist diese ja nur der Zwischenschritt zur BH3 Prüfung. Nun können wir diese ins Auge fassen und ich freue mich auf die Herausforderung.

Eine Kostprobe bekam ich knapp anderthalb Monate später, aber die Auslegung des Richters machte uns zusätzlich einen Strich durch die Rechnung. Ebenso schien es mir, dass meine Jypsy nicht in Form war. Auf der Fährte fraß sie krankhaft Gras, als müsste sie Ihren Magen beruhigen, aber was soll's! Ich habe schon immer gesagt, der Weg ist das Ziel, und die Resultate kommen, sobald Hundeführer und Hund die Ausführungen in verschiedensten Variationen kennen. Weil ich die Vorgaben aus dem Internet nicht herunterlud, wurden wir überrascht vom Recht des Richters zu bestimmen, aus welcher Position das Apportieren und das Voran/Voran geschehen soll. Irrtümlich übten wir dies aus verschiedenen Positionen, aus ganz links das Apportieren und das Voran/Voran aus der Position ganz rechts. Dies brachte meinen Hund aus dem Konzept. Ich freue mich aber darüber, dass Jypsy mich korrigieren wollte und so haben wir diesen Teil der Übung eben nur knapp „bestanden", anstatt ein „Vorzüglich" zu erzielen. Aber auch im Revier verhielt sich mein Hund rätselhaft. Sie suchte kaum und zeigte sich äußerst hektisch. Fährte und Revier mit ungenügend hieß: Prüfung nicht bestanden.

Nun habe ich die Ursache über das „Versagen" bei dieser Prüfung herausgefunden. Gerade ein paar Tage zuvor empfahl mir der Gärtner, um „Unkraut" in meiner Gartenanlage zu mindern, eine dünne Schicht von „Choco d'Or" innerhalb der Abgrenzungen der Pflanzen zu streuen, damit diese sich besser vom Rasen abheben einerseits und andererseits Unkraut gleichzeitig keine Chance erhält (im Fachgeschäfte erhältlich). Dies ist fabelhaft, sofern keine Hunde sich in der Anlage befinden. Diese lieben den Schokoladegeschmack, aber wie ich ein paar Tage später erfuhr, ist nicht nur das Schokoladenfertigprodukt für Hunde giftig, sondern selbst die Schalen und Kerne dieser Früchte. Diese enthalten nämlich das Purin Alkaloid Theobromin. Für den Menschen ist diese Substanz unschädlich und hat höchstens eine leicht anregende Wirkung. Beim Hund dagegen ist bereits eine Dosis von einhundert bis zweihundert Milligramm pro Kilo Körpergewicht tödlich. Auch geringere Mengen führen zu heftigsten Verdauungsstörungen. Dies veranlasste meinen Hund, auf der Fährte permanent Gras zu fressen und im Revier verhaltensgestört zu agieren. Ich entfernte diese Deckschicht und die Kontrolle der Blutwerte zeigen wieder normale Werte ohne bleibende Organschädigung. (Durch Zufall erfahren aus der Zeitschrift: „The Dog – Frühling 2013 „Bekömmlich & fein")

Dies war Glück im Unglück, aber es zeigte mir, wie sich mein Hund trotz allem durchzukämpfen verstand, und war von ihr auch nicht enttäuscht, denn ich sah, dass einfach etwas nicht zu stimmen schien. So lobte ich sie trotz allem. Für mich ist und bleibt sie einfach die Beste der Welt. Aber nun machen wir eine kleine Pause, und so erfreue ich mich ihrer Lebensfreude, ihrem Schalk und ihrer Liebenswürdigkeit. Aber eines ist sicher, ein gut geführter IPO 3 Hund erlernt in drei Monaten die Anforderungen eines BH3 Hundes. Warum finden wir in dieser Sparte nur wenige ehemalige IPO Hunde? Werden diese Hunde nur überbewertet oder deren Halter als „zu hart" für das sensible Training gehalten, obwohl auch bei der IPO-Unterordnung Ähnliches gefordert ist. So drängt sich die Frage auf: „Sollte nicht IPO durch eine schwierigere UO (Interordnung) aufgewertet werden, durch welche das Feingefühl des Halters genauer unter Beweis gestellt würde?" So könnte man einem „Führungszwang" in der Unterordnung entgegentreten. Ein breites Gebiet für Hundepsychologen. Das „Voran/Steh/Voran/Steh, danach Verschieben" ist nur ein Gedanke, der mir dazu gekommen ist, aber sicher gibt es auch noch weitere Ideen. Je selbstständiger und erweiterter die Arbeit des Hundes in dieser Beziehung wird, umso weniger wird „Führungszwang" zur unterstützenden Option.

So erhalte ich noch heute meine Jypsy durch den BH-Sport mit Fährte, Reviersuche, Unterordnung und Führigkeit möglichst lange körperlich und geistig frisch.

Eine alte Verletzung der äußersten linken Zehe des Vorderlaufes bereitete ihr seit Jahren Probleme. Eine Arthrose bildete sich und schränkte ihren Bewegungstrieb ein. So entschied ich mich, diese Zehe operativ zu entfernen und erfreue mich nun wieder ihrer alten Arbeitsbereitschaft. Sie spielt auch wieder mit Hunden, hat bedeutend mehr Spaß bei Übungen und auch die Spaziergänge sind wieder aktiver mit längst vergessen geglaubten altem Forderungsverhalten, Schalk und Lebensfreude.

Was eine solch unscheinbare Verletzung doch über die Zeit ausmacht, ist kaum zu glauben. So erhöhte sich ihr Körpergewicht, obwohl ich fälschlicherweise glaubte, dass die Ursache an ihrem Alter läge und sie dadurch alles automatisch etwas gemächlicher angehe. Alles war falsch angedacht. Meinen Hund wieder mit voller Aufmerksamkeit und Arbeitsfreude laufen zu sehen, ist ein beglückendes Gefühl. Dazu kommt, dass sie bereits beginnt, durch den natürlichen und nun wiedergefundenen Bewegungsdrang ihr Übergewicht abzubauen. Allerdings musste sie vorerst die neue Technik der Belastungsverteilung durch das Fehlen der kleinen Zehe neu koordinieren lernen, was sie anfänglich durch eine gewisse Schonung anzeigte. Selbst die Muskulatur und Sehnen bedürfen einem Aufbautraining. Ältere Hunde brauchen, wie wir Menschen ja auch, einiges mehr, um die Koordination und Kraft wieder zu aktivieren. So litt sie anfänglich unter dem uns allen wohlbekannten „Muskelkater". Damit erkannte ich, dass auch hier der Aufbau angepasst werden musste. Mir tut es leid, sie nicht früher dieser Operation unterzogen zu haben, da die Beeinträchtigung beim täglichen Spaziergang eben nur minimal auffiel. Sie zeigte bis kurz vor Sommer 2013 weder ein (lahm gehen) Hinken noch anderes, sondern war nur irgendwie kontrollierter in ihren Bewegungen. Beim Spiel mit anderen Hunden zeigte sie seit Jahren bereits Hinweise durch nachträgliches leichtes Lahmen.

Nun habe ich die Frühjahrsprüfung im BH 3 beim SKG Bischofszell mit einem SG abgeschlossen und freue mich auf die Zeit, in der alles etwas gemütlicher angegangen wird. Jypsy zeigt über all die Jahre bis heute so viel Arbeitswille und Lebensfreude, und es fällt mir schwer, sie nicht mehr fordern zu dürfen. Selbst ich war ja eher zu „faul" für meine Jypsy, aber gerade diese Symbiose erwies sich am Ende als erfolgreicher für mein Energiebündel. Geistige Schonung wird es kaum geben, aber die körperliche Rücksichtnahme ist Pflicht, und somit breche ich das Ballwerfen oftmals einfach ab, weil ich Angst habe, sie könnte sich überanstrengen. Mit einem bald elfjährigen Hund gibt es noch viel zu erleben, und ich wünsche mir, noch lange in ihre weisen, wissenden, wachen, auffordernden, verstehenden und aufmunternden Augen sehen zu dürfen, ist sie mir doch während all der Jahre unglaublich ans Herz gewachsen. So entwickelte sie sich zu meiner großen Liebe mit Wertschätzung und Respekt. Wenn ich bedenke, wie wenig ich das Fährten übte, wie wenig Unterordnung, so überzeugte mich ihre Leistung umso mehr bei der letzten Prüfung, und ich darf behaupten, was ein Hund mit Liebe und Einfühlungsvermögen fair gelernt hat, bleibt für unendliche Zeiten problemlos abrufbar!!!

Es ist auch wunderbar anregend, mit einem Hund zusammenzuleben, der nicht nur „ausgehalten" wird, sondern täglich Überraschungen bereithält. Gerade deswegen erlebe ich eine intensive Kommunikation. Der Hund wird nie dümmer oder einfach „alt", sondern fordert mich zum Beispiel durch sein Verhalten in unendlich vielen Situationen, ob ich wohl nichts vergessen habe. Jypsy erkennt aus meinem Benehmen, „was ich vergessen könnte" und schaut genau hin, wenn ich ein Ritual zu ignorieren versuche. Dies antizipiert sie sogar, indem sie z. B. nicht ins Auto einsteigt, wenn ich selbst nur den Versuch wage, ihr nicht die ihr zustehende Belohnung auf den Spaziergang mitnehmen zu wollen. Indem ich auch schon nur „scheinbar" in die Futtertonne greife, befolgt sie das „Einsteigen bitte" wie gewünscht. Unsere Zuneigung zueinander ist so gewachsen und beweist mir, dass etwas zwischen uns ist, das unendlich stärker ist als einfacher Gehorsam. So wird der respektvolle Umgang zueinander zu einer weiteren Dimension des Zusammenlebens, und ich wünsche einem jeden Hundehalter, er möge dies ebenso erleben, denn so wird das Altern des Hundes zum gleich starken Erlebnis wie ein Aufbau in der Jugendzeit, das es zu genießen gilt. Es mag alternde Hunde geben, die Einschränkungen haben, aber meine Jypsy ist so vif wie eh und je! So genieße ich unsere Spaziergänge, ihr heutiges Verhalten, ihren Instinkt, ihre Aufmerksamkeit weiter in vollen Zügen und wünsche mir eine solche Beziehung würde nie enden. Ihre Augen scheinen zu sprechen und erkennen oft meine Gedanken, indem sie z. B. auch ihren Wunsch, nach draußen zu gehen, mir klar und deutlich vermittelt. Dies gilt auch Aufforderungen, die auf eine von ihr aus gesehene gute Tat hinweisen, um dafür eine Belohnung zu erhalten. Ein auf dem Rasen liegendes Blatt zu bringen, um zu sagen: „Hab ich es gefunden und dir gebracht, also gib mir was dafür", oder „Komm mit, ich muss raus, ich will mich nicht in unserem Garten versäubern", indem sie den Gartenausgang meidet und gegen die Eingangstüre schreitet, usw.

Seit etwa zehn Monaten schläft sie nicht mehr durch. In der Nacht, zwischen 02.00 Uhr und 03.00 Uhr weckt sie mich durch ein leises und freundliches Knurren auf und will hinaus. Dies zeigt sie mir durch ihr erwartungsvolles Vorangehen. Damit sie im Garten sich nicht „herrisch" benimmt, werfe ich stets ein paar kleine Futterstücke auf den Rasen und verhindere so, dass sie bellt. Nach kurzer Zeit kommt sie wieder in die Stube und legt sich in meinen Fernsehstuhl und bleibt dort bis kurz nach 05.00 Uhr. Dann kommt sie immer in mein Schlafzimmer und weckt mich freundlich auf, indem sie einfach ihre Nase flüchtig an mein Gesicht drückt oder meine Innenhand leckt, als würde sie mich kurz küssen, und legt sich danach in ihre Schlafhöhle. Manchmal höre ich sie kommen und erwache bereits. So weiß ich dann, dass es Zeit wird aufzustehen und streichele sie kurz zur Begrüßung zum neuen Tag. Will ich mich nicht erheben, so schläft auch sie weiter, aber ich gehöre eher zu den Frühaufstehern. Auf das störende Wecken während der Nacht hin ließ ich sie gründlich untersuchen, aber nichts deutete auf eine Veränderung ihrer Gesundheit hin. So nehme ich dies hin, ja ich genieße ihren zurückhaltenden und freundlichen Weckruf und freue mich an aller Kurzweil, die ich durch sie erlebe. Ich denke, dass ein Hund selbst nach erfülltem Leben im Sport, wenn gut geprägt, am Ende seines Lebens viel mehr zurück gibt an Einfühlungsvermögen und gegenseitigem Verstehen, das man selbst erleben muss, um dies zu wissen und erfahren zu dürfen. So beschäftigt mich immer wieder ein Ausspruch eines Hundesportlers, der mir einmal sagte: „Das schönste wäre, der Hund könnte vierzehn Tage nach der letzten Prüfung sterben!" Für mich wirft dies die Frage auf, was für ein Mensch muss dies denn sein, der so denken kann, aber auf der Welt gibt es Tausende von Meinungen, und so muss jeder mit sich selbst zurechtkommen. Vielleicht brauchte dieser Mann den Erfolg mit seinem Hund, um erfolgreich zu scheinen. Aber so geht es ja mit Tausenden von Hunden, die nach einer Hunde-Sportkarriere einfach abgeschoben werden. Ich kann die Enttäuschung der Tiere nachfühlen, die durch einen jungen Hund ersetzt werden und nur noch auf ein paar Worte, ihr Fressen und kurze Ausläufe hoffen dürfen. Zuwenig werden Hunde als Wesen mit Herz und Seele wahrgenommen und nur gezüchtet und gehalten, um sportliche Erfolge für Menschen zu generieren. Zum Glück gibt es auch Menschen, die sich dieser armen Kreaturen danach noch annehmen, diese pflegen und umsorgen. Dies verwehrt jedoch seinem Ex-Halter die gesamte Spannweite des Hundeherzens zu erleben. Die Vielfalt an Kommunikation, die Hunde zu bieten in der Lage sind, die ehrlich und glücklich geprägt, aufgezogen und bis zum Lebensende in ihrem Rudel (Familie) gehalten werden, bleibt unübertroffen. So erscheint es mir wichtiger, mehr das Wissen über erfolgreiches Prägen zu verbreiten, um selbst weitere Empfindungen und Ausdrucksweisen ihrer Intelligenz und wahren Werte für jedermann aufzuzeigen. Dies könnte ihnen das Altern in Würde sichern, sofern deren Halter das Durchhaltevermögen besitzen, um das für ein komplettes Hundeleben effektiv notwendige und lange Engagement zu erfüllen.

Hier noch schnell die Auflösung zum nächtlichen Wecken: Ein Freund brachte mich auf die Lösung. Es waren Füchse, die in der Gegend herumstreichen, die sie gehört hat und vertreiben wollte, und daher weckte sie mich. Später sah ich sogar deren Spuren in unserem Garten. Danach sagte ich nur zu ihr, wenn sie mich wecken wollte, „Lass die Füchse sein", drehte mich um und wir beide konnten ab diesem Zeitpunkt wieder durchschlafen.

In den vergangenen Wochen besuchte ich den Ausbildungskurs eines FCI-Weltmeisters (Mario Verslipe), um zu lernen, wie professionelle Hundetrainer heutzutage einen Welpen prägen, und vor allem wie und wann diese mit einer Ausbildung beginnen. Diesen Kurs besuchte ich nicht, weil ich einen jungen Hund kaufen will, sondern einfach um vorbereitet zu sein, wenn ich diesen Schritt in Zukunft irgendwann vielleicht doch noch einmal tätige. Meine Jypsy ist mir zu schade, als dass ich einen jungen Hund dazu nehme, nicht weil ich zu alt wäre, aber sie soll Gewissheit haben, dass ich ihr treu bin. Auch würde dies dem jungen Welpen nicht gerecht, der gleich einem Kind viel wichtige Zeit von uns beansprucht, und so müsste meine Jypsy dies in irgendeiner Weise büßen, und dies hat sie nicht verdient. So kenne ich heute bereits schon viele Möglichkeiten, meinen künftigen Hund einer positiven Ausbildung entgegen zu führen, und vielleicht wird hierdurch der Abschied von meiner besten „Freundin" eines Tages etwas leichter. Nun, so hoffe ich, wird dies noch lange nicht der Fall sein, und ich bemühe mich sehr, sie in allen Belangen in Form zu halten. Ich hoffe, sie möge mir weiterhin solch glückliche Jahre des harmonischen Zusammenseins schenken, denn unser gegenseitiges Verständnis ist so stark gewachsen, dass ich nicht wüsste, wer mir diese Lücke füllen könnte. Ein gut geprägter Welpe ist halt nicht nur ein Hund, sondern er wird mit der Zeit ein Stück von uns mit unzähligen Facetten, die nur wir kennen und nachempfinden können. Jeder Hund hat einfach eine einzigartige Persönlichkeit, die wir im Verlaufe unseres Zusammenlebens modellieren, ganz nach dem Motto: „Zeige mir Deinen Hund, und ich sage Dir, wer Du bist". So ist gerade die Prägungsphase äußerst wichtig und ebenso die Vorkenntnisse des Halters, was ein riesiger Vorteil gegenüber denen ist, die einen Hund einfach bei guter Gelegenheit kaufen und dann enttäuscht sind, wenn so vieles nicht gelingen mag. Ja, dies hört man viel zu wenig propagiert und man glaubt, ein guter Hund könne alles einfach lernen, ohne dass wir selbst zuvor lernen müssten. Einfach kaufen und sich nicht damit befasst zu haben, dass er irgendwann zwar vieles kann, aber nicht genügend schnell, nicht genügend konzentriert und mit vielen Missverständnissen zwischen Halter und Hund. Ein Hund ist viel zu wertvoll, als dass man hier einfach konzeptlos drauflos erzieht. Ein Hund soll nicht leidend erzogen werden müssen, sondern die Freude und das Erfolgserlebnis sollen das Maß der Dinge sein. Was habe ich nicht schon alles gesehen; wie Hunde qualvoll lernen mussten, nur weil man ihnen zu Beginn vieles nicht richtig beigebracht hatte.

Ich pflege seit Jahren den Ausspruch „Ein Hund ist kein Kauf, sondern eine Investition in die Zukunft"! Deshalb an alle, die sich einen Hund wünschen: Informiert Euch für seine Art zu lernen, sein Wesen, seine Eigenschaften, über die beabsichtigte Prägung, wie sieht die künftige Umgebung aus, wie viel Zeit steht Euch für den Hund zur Verfügung ... also stellt ihn Euch vor, als lebe er bereits mit Euch.

Danach informiert Euch über die idealen Zuchtstätten, Vorprägung, Abstammung und Gesundheit des Hundes, bevor ihr auswählt. Habt ihr noch wenig Erfahrung, so wäre eine triebschwächere Variante des Hundes lehrreich, denn mit einem Sporthund sind viele, die wenig Erfahrung besitzen, schnell überfordert. Wenn man mit einem Familienhund gewisse Erfolge verbucht, und die Szene des Hundesportes kennt, sieht man, sofern man sich weiterbildet, worauf es ankommt. Nur so soll man sich heranwagen an die Herausforderung, einen Sporthund zu führen und auszubilden. Während meiner Zeit sind zahlreiche Techniken entwickelt worden, und diese muss man kennen, denn jeder Hund ist verschieden, und darauf muss man sich einstellen. Menschen wie Hunde können nicht über einen Leist geschoren werden, aber mit Herz, Verstand, Gelassenheit und Erfahrung lernen wir, zielgerichtet und human unseren Hund zu führen. So entsteht nicht unbedingt ein Hund, der Weltmeister wird, aber sich mit ihm weltmeisterlich zu verstehen, ist ja gerade das, was wir anstreben und gleichwohl Stolz, Freude und eine tiefe Befriedigung in uns auslöst. Aus einem genetisch vortrefflichen Wurf verfügen nicht alle Welpen über eine außergewöhnliche Genetik, aber gut ausgebildet können auch Mängel in einigen Belangen wettgemacht werden, sodass alle ihre Chancen haben. Selbst meine Jypsy war „nur" durchschnittlich, aber wir harmonierten zusammen, und sie tut alles, um mir zu gefallen. Legt ab die altertümlichen Meinungen, man müsse sich auf Teufel komm raus durchsetzen, sondern bleibt einfühlsam, gleich wie in meinem Vers über Welpen:

Jedes Geschöpf sucht seinen Wert
urteile nie mit einem Schwert
überprüfe alles, oft ist's verkehrt
Gelassenheit hat oft Chancen vermehrt

Dies war stets mein Leitsatz.

Konsequenz heißt nicht „Härte", sondern nur fest in der Vorstellung und beharrlich in der Ausführung zu sein. Aber diese soll freundlich sein, und nur so bleibt der Halter für den Hund verständlich. Sobald dieser unseren Wunsch herausfindet, wird er bestätigt und belohnt. Es ist alles einfach, aber es braucht Geduld, Fantasie und Einfühlungsvermögen; ist doch unser Welpe noch neugierig und unerfahren. Lassen wir ihn, zumindest durch uns selbst, keine schlechte Erfahrung machen und erst später erkennen wir, was wir mit dieser Einsicht geleistet respektive erreicht haben, denn gerade dies widerfuhr mir in der Erziehung mit möglichst wenig Bindungsverlust. Dies dürfte der Schlüssel ganz allgemein zu einer erfolgreichen Hundeausbildung sein. Eine Korrektur, die der Hund mit etwas anderem als unserer Person verknüpft, ist sinnvoller und beschädigt die heranwachsende Bindung nicht. Man muss achtgeben, den Hund trotz allem nicht zu verunsichern und nur gut überlegt, indirekt und sinnvoll eingreifen, denn auch hier gilt „weniger ist mehr". Keiner weiß bis heute, wie viel ein Welpe aufnimmt, erkennt, durchschaut oder zu fühlen in der Lage ist, und daher entwickelt sich möglicherweise wie beim Menschen ein sogenanntes „Bauchgefühl", eine unbewusste Beeinflussung seiner Grundstimmung, (seelisches Gleichgewicht) in künftigen Lebenssituationen.

Heute, wo die Menschen nur wenig Zeit haben, kastriert man Rüden am „Laufmeter", und dies oft viel zu früh! Wenn ich diese vom Stolz verlassene Kreatur mir ansehe, überkommt mich Wut und Bitterkeit. Man will scheinbar nur einen Rüden, weil er imposanter ist, aber gleichzeitig soll er mit weniger Engagement zu führen sein, eben ein „Schlappschwanz" der nur noch zu wenig taugt. Er soll nur „in die persönliche Schublade des Halters passen", die heißt: Er darf ums Haus herum streunen, muss reinlich sein und wird auch mit wenig Bewegung nicht aggressiv, macht weniger Unsinn selbst bei Unterbeschäftigung, weil „triebamputiert". Man wünscht nur noch einen Hund, wie es die Eunuchen seinerzeit im Harem waren. Er darf keine Persönlichkeit mehr haben, keine Händel mehr ausleben, denn sonst wäre der Halter überfordert, noch darf er sich an Hündinnen erfreuen. So verkommt er zum Liebesobjekt nicht kastrierter Rüden, aber entspricht das der Natur? Dass normale, gute Hündinnen solche Hunde missachten und verjagen, ist klar, aber zu wenig bekannt. Selbst deren Halter wissen dies zumeist nicht einmal und kommt es auf ein Aufeinandertreffen Hündin/kastrierter Rüde, so schlagen deren „Halterinnen" mit allen zur Verfügung stehenden Mitteln oft hysterisch und kopflos auf die Hündin ein. Weil Hunde im Kampf untereinander immer vom Hund her taxieren, bedeutet dies, je mehr man dreinschlägt, umso härter fällt die Reaktion der Hündin gegen den kastrierten Hund aus, und schon wird der Halter der Hündin zum „Aggressor" respektive seine Hündin als asozial taxiert. Dies, weil der Schmerz immer mit dem eben betrachteten Objekt verbunden wird. Man lernt nicht ohne Grund bereits im Grundkurs der Hundehaltung, man möge sich bei Streitigkeiten zwischen Hunden nicht einmischen, sondern sich entfernen, doch damit überfordern wir bereits viele Hundehalter. Diese sind selbst für eine Hundehaltung nicht gelassen genug (ungeeignet), geschweige zur Erziehung von Kindern. Die Erfahrung zeigt, dass Hündinnen Rüden selten verletzen. Ohne fremde Einwirkung lassen diese von alleine vom Raufen und Verjagen ab. Ein Hund an der Leine fühlt sich stark, doch ohne Leine und frei wird auch dieser unsicherer und muss sich der Körpersprache des anderen unterordnen. Diese Unkenntnis über den Umgang mit kastrierten Rüden herrscht in weiten Kreisen, aber Tierärzte empfehlen das Kastrieren mit viel Lust, weil sie damit enorm Geld verdienen, aber sie sind kaum bereit, die Hundehalter auf die Konsequenzen hinzuweisen, wie triebgebundener Lernfähigkeitsverlust und alle damit zusammenhängenden Auswirkungen. Liegt dies vielleicht auch an der Ängstlichkeit der sogenannten Hundeführer, nicht einmal mehr im Privatbereich Verantwortung übernehmen zu wollen oder zu können?

Nun ist meine Jypsy älter geworden. Die Operation an ihrem Fuße vorne links wurde leider mangelhaft ausgeführt oder einfach nicht korrekt nachbehandelt, und so entstanden zusätzliche Schmerzen, denn der Verband drückte damals, den sie deshalb mehrmals entfernte, sodass ich gezwungen war, die Wunde mit all den dadurch entstandenen Entzündungen zu reinigen, denn die gefundenen Fremdkörper verursachten Irritationen. Die Untersuchung einer anderen Arztpraxis und die Analyse des Gewebes zeigten Materialien, die nicht körpereigen sind, sodass dies eine Notwendigkeit war. Nun wurde alles korrekt gesäubert und vernäht und sie ließ den Verband an Ort und Stelle. Trotz noch möglicher Phantomschmerzen ist ihr Herz und Geist immer noch jung, und so freue ich mich jeden Tag, mit ihr die Natur zu erleben. Ja, ihr Triebverhalten ist nach wie vor typisch für einen Malinois, und so vergisst sie oft, dass sie nicht mehr die Jüngste ist. Jagdgelüste machen sie zu einem faszinierenden Begleiter, denn nur vereinzelt sind Hunde in der Natur dermaßen angespannt und aufmerksam. Sie registriert alle Veränderungen, sodass für mich Spaziergänge noch heute kurzweilig sind.

Hiermit schließe ich den Werdegang von Jypsy und freue mich, belegen zu können, dass ein Hund mit sorgfältigster Prägung zu Erlebnissen führt, die unerreichbar schienen. So führte die Prägungsphase mit breiter Spannweite gekoppelt mit dem ach so wichtigen Bestreben nach gegenseitigem Vertrauen (Bindung) unseren Weg zum Erfolg. Wenn ich selbst als pensionierter Amateur auch Fehler machte, so steckte sie doch vieles weg, weil wir uns gegenseitig vertrauten und so zu einem guten Team zusammenwuchsen. Jeden Tag kann sie mich überraschen durch gelebtes Vertrauen und Aufmerksamkeit. Sie horcht und durchschaut meine Signale und Befehle selbst über große Distanzen, und es ist für mich immer wieder bewegend, wie sie mir auch in kniffligen Situationen vertraut. Was man nie mit Worten ausdrücken kann, ist das Gefühl der Dankbarkeit gegenüber einem Wesen, mit welchem man ehrlich und echt verbunden ist!

Dies ist echtes und wahrhaftiges Glück, wenn man mit einem naturnahen Hund eine ehrliche Bindung lebt!

So ist man immer wieder überrascht, wie witzig, opportunistisch und trotz allem rücksichtsvoll diese Tiere zu reagieren in der Lage sind und mit uns aktiv unser Leben teilen. Jede Faser meiner Zuneigung zieht mich hin zum Versuch, die Bedürfnisse meines Hundes möglichst zu verstehen, und ich erlebe so meine glücklichste Zeit mit ihm. Ich fürchte den Tag der Trennung, und somit genieße ich jeden Augenblick. Nie im Leben glaubte ich an solch echte Gefühlswelten und verstehe daher immer weniger, wie ehrgeizige Hundesportler einen Hund austauschen können wie ein kaputtes, altes Fahrrad. Mit dem Erfolg im Sport hört das Leben eines Hundes nicht auf, sondern nach kurzem Verschnaufen beginnt ein neuer, wunderbarer Abschnitt. Ein Hund hat viel mehr zu bieten als nur Sport. Er schenkt uns mit seinem Verhalten weitaus differenzierteres Können. Manchmal möchte man seinen Hund von ganzem Herzen gleich einer Trophäe hochhalten, um aller Welt zu zeigen, was dieser Teampartner für einen bedeutet, aber dafür muss man etwas tun. Und gerade dieses Wissen ist es, weshalb ich meinen Hund so ausführlich beschrieb. So führt diese Erfahrung zur Erkenntnis, indem man von frühester Jugend eines Wesens alles vorerst mit Ruhe kennenlernt und somit weiß, dass auch der einfachste Hund außergewöhnlich wird, sofern wir ihm mit Respekt und Edelmut begegnen. Nur so erleben wir echtes Teamwork. Er wird im Zeitraffer zum Partner, selbst wenn gewisse Zwänge ihn während der Ausbildung auch belastet haben. Wichtig ist eben die echte Bindung, und wie fragil diese ist, erkennt jeder nur allzu schnell. Daher plädiere ich für eine sorgfältige Vor-Ausbildung und wünschte mehr Verständnis und Toleranz gegenüber dem Sporthundeführer und seinen Hilfsmitteln. Es gibt noch viel zu viele Scheinheiligkeiten in unseren Führungsgremien, und somit beherrscht die Schattenszene weiterhin die Prüfungslandschaft. Mit Verboten wurde noch nie eine Gesellschaft „entkriminalisiert"! Aber ich gebe zu, wenn es so viele unfähige Tierschützer und Hundehalter gibt, überlasse ich es ihnen, ihren Traum vom „Kinder-Ersatz" zu leben. Aber damit werden Hunde weder schutz- noch einsatzfähig für Polizei, Militär, oder den Spitzensport. Die hohe Sport-Hunde-Ausbildung ist die Basis unserer Hundezuchten, welche (noch) belastbare und gute Hunde zu selektionieren verstehen.

Was habe ich doch schon alles erlebt! Hundeführer bei einer Feld-, Wald- und Wiesenprüfung in niedrigeren Kategorien, deren/dessen Hund erhielt hinter dem Auto einen Tritt, und die Antwort auf meinen fragenden Blick lautete, „heute hat er mir wieder einmal den Stinkefinger gezeigt." Ja, so funktioniert keine Bindung. So gibt es wie überall menschliche Unzulänglichkeiten.

Jeden Tag wächst mir mein Hund stärker ans Herz. Dies ist auch der Grund, weshalb ich mich für diesen Sport einsetze. Ich freu mich jedem zu sagen, wie herrlich es ist, einen gescheiten, erfahrenen, gut ausgebildeten Hund als Begleiter zu haben. Ich könnte mir keinen besseren und ehrlicheren Teampartner vorstellen, obwohl dies jeder selbst durch eine sorgfältige Ausbildung in der Hand hat. Nur man muss sich die Zeit nehmen, wie bei allem im Leben, gute und wetterfeste Kleidung haben und die Natur lieben. Ich wünsche allen viel Glück auf diesem Weg und eines Tages, ja eines Tages werde ich dies alles vermissen. Aber es dauert ja noch – und damit auch mein größtes Glück!

Verse

Fairness

Was heißt denn Fairness zu dem Hund
Freudlosigkeit und Verhalten geben Kund
Ausbildung mit vielen miesen Mitteln
das Tier zu zwingen und zu „knütteln"

Es ist für viele zu Komplex
die lesen nie, selbst diesen Text
sicher, kann er auch so lernen
ob dies fair ist, steht in den Sternen

Um zu zeigen wie es auch noch geht
gibt es einen weiteren Weg:

Der Schlüssel zum Hund, das ist die Bindung
erst durch Bindung entsteht die Zündung
der Motor ist gleichsam die Aufmerksamkeit
und hier parallel die Lernfähigkeit

Mit dieser Portion an Vertrauen
können sich alle in die Augen schauen
ich sage Dir, so macht es Spaß
und zu Hause hast du auch noch was

Ein liebender Hund mit vielen Facetten
braucht weder Zwinger noch lange Ketten
er wärmt Dein Herz, ja, er spricht mit Dir
dies aufzuzeigen, drum schreib ich hier

Seelenverwandtschaft

Freude zeigen, heißt der Reigen
mit dem Dein Hund so begehrlich wird
durch Stimme und Gebärden zeigen
damit erwartend er dich umwirbt

Herzliches Lob – das bringt Stimmung
Wünsche erfüllt er dadurch gern
schenke ihm viel Anerkennung
mehr braucht es nicht für deinen Stern

Intelligenz prägt, Dummheit schlägt
bedenke dies und üb' mit Verstand
bestärke ihn, bis es Früchte trägt
so wirst auch du ihm seelenverwandt

Wie empfindsam sind doch Hunde
träges Üben macht keinen Spaß
mit Elan und Lust eine kurze Runde
teil' nur Freude, so erfährst du das:

Beglückendes Erkennen
zu täglich tollem Spiel
Harmonie ist das Geheimnis
und erstrebenswertes Ziel

Schutzdienst

Schutz macht Ausbildung kompliziert
der Trieb hat manchen irritiert
dies zu lenken in kontrollierte Bahnen
totale Konsequenz lässt dies erahnen.

Dies ist's was jeden anspornen wird
ohne Übermaß den Hund korrigiert
wie schnell ist wichtiges zerbrochen
schlimm wär's, er käm daher gekrochen.

Zu zeigen, wie man's haben will
ist oft schwierig und braucht viel
klare Kommandos sind Bedingung
korrekt umgesetzt unterstützt's die Bindung.

Eine Korrektur kann nur verschmerzen
wenn sie vollzogen aus freiem Herzen
logisch, korrekt und ohn' Emotion
der Lohn ist des Helfers Reaktion.

Mit Anbiss gelangt der Hund zum Ziel
lernt durch Erfolg in diesem Spiel
echtes Glück, wenn's der Hund versteht
er hat hiermit die Vollendung gelehrt.

Gehorsam im Trieb und Aggression
dies bleibt für niemand nur Vision
wer dies beherrscht hat alles gegeben
darf seinen Hund zum Vorbild heben.

Namen

Das Zwiegespräch mit der Natur
reden auch Bäume oder meinen wir's nur
so macht es Spaß durch die Welt zu geh'n
jeden Tag alte Freunde zu sehn

Wie munter das Hündchen an der Leine
so wachsam wie es, es ist ja der Deine
er späht umher, die Äuglein so frisch
nichts entgeht ihm, dem kleinen Fisch

Wie viele Namen wir Tieren so geben
alles wiederholt sich, Gott mag vergeben
wir sind verliebt, es ist keine Sünde
ein Hund ist oft besser als andere Bünde

Drum gebe Dir Mühe, es lohnt sich sehr
ein gefreuter Hund, was will man noch mehr
er springt an Dir hoch, zeigt Dir SEIN Glück
ein wahrhaftiger Partner, dies ist DEIN Glück

Die Fährte

Hopp ins Auto, wir fahren zur Wiese
mit Fähnchen und Futter für meine Liese
eine Länge, ein Winkel und wieder zurück
ich habe mich viele male gebückt

Das Futter gelegt, auf dass sie fährte
die Zeit verging langsam, bis der Abdruck gährte
komm ich zum Auto explodiert sie beinah
sie weiß was kommt, „das Fressen" ist nah

Sie springt hinaus und zieht an der Leine
so konzentriert wie sie, kenne ich keine
die Belohnung liegt auf der langen Spur
so sehen wir, was blieb von der Natur

Überleben, heißt der Trieb zum Fressen
oft wird hier zu genau gemessen
ob Winkel, Gerade, genau geschafft
nur Menschen setzen die Natur außer Kraft

Hunde mögen das Suchen sehr
doch ganz genau zu sein, ist schwer
es braucht Geduld bis sie's versteh'n
ganz präzis über die Fährte zu geh'n

Drum lieben sie den guten Meister
der nicht verlassen aller guten Geister
sie geben sich Müh' und sind nicht erschreckt
war es selbst diesmal nicht völlig perfekt

Sie erschnüffeln von ganzem Herzen
füllen ihre Lungen bis fast zum Bersten
sei lieb zum Hund, er dankt es dir
doch wer hat Verstand und sagt schon WIR

ER/SIE ging mit dem Hund zum fährten
will Leistung nur für sich bewerten
doch eins ist klar, wenn's der Hund nicht versteht
gerade dies „vor die Hunde geht"

So achte auf deines Hundes Vertrauen
lerne ihm in die Augen zu schauen
ob gut oder schlecht, eines ist wichtig
ohne beider Verstand, wird's niemals richtig

Das Spiel

Was für Augen, die mich locken
welcher Wunsch mag dies denn sein
Spielerwartung zu den Morgenglocken
er sucht den Einfluss auf mein Sein

In meiner Seele liegt heut Schwere
Schatten verhüllen meine Brust
mein Hündchen will, dass ich mich kehre
zurück ins „Jetzt" und nicht zum Frust

Beim Betrachten dieser Augen
voller Unschuld, selbstbewusst
gewinne ich erneut Vertrauen
wend mich zu, ganz unbewusst

Entzünde mich durch sein Erwarten
zieh den Ball zum Spiel heraus
kämpfen, rennen, in Edens Garten
große Freude wächst daraus

So führt der Tag zu tollem Spiele
rasch ein Sitz oder Platz gemacht
kurz bestätigt mit dem Ziele
wie schnell hat er's denn heut' gemacht

Wie stolz mein Hündchen mit dem Ball
will immer wieder fordern
die Schnur zu fassen, noch einmal
nah sind wir am überborden

Kämpfen ist naturgegeben
ja, so freut sich jeder Hund
er will immer alles geben
voll Eifer gibt er dies uns kund

Nun lasse „Aus", gib ab das Spiel
ich geb' dir was dafür
ein Leckerli, nicht allzu viel
beendet ist die Kür

Jetzt darfst du schnuppern, alles tun
lebe auch dein Leben
beruhige dich und renne nun
auch Hunden kannst du vieles geben

Waldspaziergang

Vogelgesang zu unseren Schritten
mein Hund und ich, danken und bitten
uns zu erhalten dies Glück auch morgen
dies schützt und lindert unsere Sorgen

Wir fühlen die Jagd und den Druck der Natur
zuzuschauen mit dem Hunde nur
wir wandern leise durch kleine Wege
niemand zu sehen, für die Seele Pflege

Wir hören, riechen und empfinden das Sein
zugehörig und eins mit der Natur zu sein
Hund zeigt durch Haltung, was sich bewegt
es ist das Getier, Wildhüter gehegt

Ein Leben in dieser heimlichen Stille
es erfüllt die Seele, in all der Idylle
wir riechen Harz, es streichelt der Wind
ein Reh enteilt aus den Augen geschwind

Wir fühlen uns glücklich und es lässt mich ahnen
mit dem Hund vereint auf verträumten Bahnen
der ist hell wach, mit all seinen Sinnen
er schnuppert und horcht in das Waldesinnern

All dies Glück, das sich zeigt auf Erden
wandernd, vergessen sind all die Beschwerden
so schön ist das Träumen mit offenen Augen
der Wachheit meines Begleiters kann ich vertrauen

Ein Ruck an der Leine
und schon bin ich wach
das Eichhorn, das Braune ... ach!
entflieht in des Baumes Dach

Der Hund, der bellt !
oh, komm doch runter
ich möchte' mit dir spielen
nun bin auch ich munter

Wir spielen und ich bin der Ersatz
so ist beendet die natürliche Hatz
wir wandern weiter, ich denke und schau
die wärmende Sonne lässt steigen den Tau

Der Hund blockiert, horcht in das Gras
ein überraschender Sprung, ist da nicht was
nichts ist's geworden, mit der fiependen Maus
mit frischen Gedanken, kehren wir nach Haus

Mein lieber Hund

Hund, Du bist ein feines Wesen
Klasse bist Du heut' gewesen
mit dem Spiel hast mich erfreut
ja, die Lebenslust überzeugt

Ungeduld prägt noch dein Spiel
Übermut hast beinah' zu viel
in deinen Augen lodert Feuer
mancher denkt, dies Ungeheuer

Hast verlernt durch langes Warten
ja gespielt mit neuen Arten
verkürzt hast deine Pflicht
und bist doch nie ein Bösewicht

In deinen Augen las ich Verlangen
rasch möglichst zum Helfer zu gelangen
ja, er steht hinter der sechsten Wand
was du geleistet, war allerhand

Das Training hat dir schon gefehlt
und deshalb die Selbständigkeit gewählt
so geht es nicht mein lieber Hund
nun heißt es üben, und gleich läuft's rund

So ist das Leben mit den Hunden
rasch verpasst sind einige Runden
vieles beginnt sehr oft von vorn
nur Herzblut bringt's erneut in Form

Hundesprache

Mit großen Bernsteinaugen
schau ich dich fragend an
erkenne bald, auch dein Vertrauen
ja, ich fühle es, so fängt es an

Warnen, vertreiben und das Schützen
dies tragen wir im Blut
wir tun ja alles, um zu nützen
auch deine Liebe tut uns gut

So brauch ich viel Verständnis
bleib beherrscht, und schau mich an
damit erfährst, durch die Erkenntnis
was meine Seele ausdrücken kann

Vieles ist oft neu für mich
muss immer wieder lernen
mit Liebe unterstützt, so freu ich mich
will leisten und dich wärmen

Weil ich mit Dir nicht reden kann
versuch' ich's mit Gebärden
Dir zu zeigen, soviel ich kann
auf dass wir glücklich werden.

Hundemorgen

Ein kurzes Lecken übers Gesicht
es ist halb sechs, steh auf, du Wicht
er muss noch duschen und zieht sich an
alles zu langsam, ich verzweifle dran
bettle nach Brot mit etwas drauf
beobachte scharf, halte die Pfote auf

Zerteilt er die Wurst, gibt's was zu tun
wir gehen Fährten, was macht er nun
endlich geht's los, wir fahren hinaus
es regnet, das Wetter ein wahrer Graus
rasch versäubert, so gehört es sich
meine Arbeit überrascht, er lobte mich

Wir spielten am Ende, unsere Freude war groß
mein Freund, er ließ die Leine nun los
er wirft den Ball, ich bring ihn zurück
begierig genieß ich dies freudige Glück
wir wandern, schauen und gehen einher
für mich heißt dies Freiheit, was will ich noch mehr

Meine Leitgedanken

Die Prägung und Ausbildung des Hundes ist wie das Schleifen eines Edelsteines: Will man zu viel, können Hunde und Steine zerbrechen; nur Bindung, Können und Verständnis bringen die Einzigartigkeit dem Vollkommenen näher.

Jeder sucht nach dem Sinn des Lebens, hofft oder denkt zurück. Der Hund lebt nur vom Augenblick und schenkt uns damit sein Glück!

Die Seele des Hundes, wie man sie auch betrachtet, ist als Ganzes viel zu einmalig, um sie erfassen zu können. Über einzelne Aspekte nachzudenken ist auch so wunderbar, denn kein Mensch besitzt das totale Wissen, sondern immer nur Ansichten.

Ein Hund ist kein Kauf, sondern eine Investition in die Zukunft.

Der Schlüssel zu jedem Lebewesen ist der absolute Respekt vor der Natur und der darin innewohnenden Seele. Nur wer sich hineinzudenken vermag, wird das Glücksgefühl der Innigkeit erleben, und damit Verstehen gewinnen.

Das Ausleben negativer Emotionen zerstört das gesamte gegenseitige Vertrauen.

Konflikte sind nur beim Menschen über die Verstandesebene lösbar, denn auch höhere Säugetiere kennen weder Einsicht noch Logik und lernen nur über Erfahrung. Ganz einfach ausgedrückt: Über angenehm oder unangenehm.

Die Auseinandersetzung mit dem Wesen Hund ist deshalb so faszinierend, weil Verhaltensforscher uns Wege aufgezeigt haben, wie Hunde „verstandesmäßig" funktionieren. Was jeder Einzelne daraus macht, um seine Ziele im Team zu erreichen, ist aber seiner Fantasie und Beobachtungsgabe zu überlassen. Gegenseitiges Vertrauen ist lediglich die Grundvoraussetzung.

Die Kinder des gegenseitigen Respekts und Vertrauens sind Aufmerksamkeit und Lernfähigkeit.

Sorgfältiger und liebevoller Umgang mit dem Tier fördert die soziale Kompetenz des Menschen.

Ein Hund ist vergleichbar mit einem Resonanzkörper, sein Geigenbogen ist der Mensch. Was nützt es, wenn der Mensch die Seele des Hundes durch Unkenntnis nicht zum Mitschwingen bringt?

Ein Hund empfindet wie ein Säugetier, empfindet der Mensch etwa anders? Oder glaubt er, Schmerz, Lob und Tadel, Freude oder sogar Enttäuschung verstehen nur Menschen?

Der Hund ist ein lernender, natürlicher, von Instinkten geleiteter ehrlicher Opportunist.
Der Mensch, der der Logik folgende und Berechnende, deshalb: „trau, schau, wem!"

Viele sind zu sicher, ihren Hund erziehen zu können, doch nur den Wenigsten gelingt dies!
Warum wohl?
Weil man sich nicht ernsthaft mit dem anvertrauten Lebewesen vor der Übernahme befasst. Ein Welpe wächst zu schnell und überfordert damit Laien!

Hundeliebhaber gibt es viele, gute Hundeführer wenige, genauso wie Eltern ...! Aber ein Hund gibt Einsicht in die Führungsfähigkeit und damit gleichzeitig Selbsterkenntnisse über das persönliche Verhalten und deren Folgen, ohne Kinder zu schädigen!

Das Schöne an Kindern: Irgendwann werden diese in die Eigenverantwortung entlassen, jedoch der Hund bleibt und wird damit ein wandelnder Spiegel seines Halters.

FSC
www.fsc.org
MIX
Papier | Fördert
gute Waldnutzung
FSC® C083411

Zeitfracht Medien GmbH
Ferdinand-Jühlke-Straße 7
99095 Erfurt, Deutschland
produktsicherheit@kolibri360.de